LES ÉVANGILES

Les Évangiles est publié par Novalis et Les Éditions de l'Atelier.

Couverture et mise en pages : Audrey Wells
Illustrations : Alida Massari, Donata Dal Molin Casagrande, Alessandra Cimatoribus, Marisa Moretti

Dépôts légaux : 3e trimestre 2006
Bibliothèque nationale du Canada
Bibliothèque nationale du Québec

Novalis, 4475, rue Frontenac, Montréal (Québec), H2H 2S2
C.P. 990, succursale Delorimier, Montréal (Québec), H2H 2T1

Les Éditions de l'Atelier/Les Éditions Ouvrières, 51-55 rue Hoche, 94200 Ivry-sur-Seine (France)

Nous reconnaissons l'aide financière du gouvernement du Canada par l'entremise du Programme d'aide au développement de l'industrie de l'édition (PADIÉ) pour nos activités d'édition.

Texte biblique : La version utilisée dans cette publication est celle de la *Bible en français courant*

ISBN – Novalis : (10) : 2-89507-781-9
(13) : 978-2-89507-781-7

ISBN – Les Éditions de l'Atelier : (10) : 2-7082-3886-8
(13) : 978-2-7082-3886-2

Imprimé au Canada

Catalogage avant publication de Bibliothèque et Archives Canada

Bible. N.T. Évangiles. Français. Français courant. 2006

Les Évangiles
ISBN 10 : 2-89507-781-9
ISBN 13 : 978-2-89507-781-7

1. Bible. N.T. Évangiles - Illustrations. I. Massari, Alida, 1970- . II. Titre.

BS2554.F7 2006226'.0541 C2006-940268-X

NOVALIS

LES ÉDITIONS DE L'ATELIER

LES ÉVANGILES

Le mot Évangile, emprunté au grec, signifie Bonne Nouvelle. L'Église l'a repris pour désigner le message annoncé par Jésus de Nazareth.

Quatre évangiles, écrits par Matthieu, Marc, Luc et Jean, nous rapportent les paroles et les actes de Jésus. Quatre portraits différents donc, quatre points de vue, quatre interprétations de son visage, chaque évangéliste faisant ressortir un aspect de l'Homme-Dieu qui l'a particulièrement frappé. Aussi convient-il de lire les évangiles non pas comme des biographies mais comme des témoignages.

Pour l'évangile de Matthieu, les controverses avec les Pharisiens suggèrent une date de composition après 70. Beaucoup d'exégètes proposent une date entre 80 et 90. Matthieu présente Jésus comme l'accomplissement de la Loi et des prophètes, car il révèle la véritable signification des commandements de la Loi de Moïse. Jésus est le sauveur d'Israël annoncé par les prophètes, notamment Isaïe, Malachie et Zacharie. L'évangile de Matthieu souligne la continuité entre Jésus et l'Ancien Testament, l'appelant fils d'Abraham et fils de David.

La plupart des biblistes sont d'accord pour affirmer que l'évangile de Marc a été écrit à la fin des années 60 ou peu de temps après 70. Marc écrit dans un grec populaire; il fait preuve de grandes qualités de narrateur, intercalant souvent un récit à l'intérieur d'un autre ou entourant un récit de deux récits semblables. Il crée ainsi une tension dramatique et révèle le sens des événements. L'évangile de Marc peut se lire comme un drame autour de l'identité de Jésus. Dans les huit premiers chapitres, Jésus annonce la Bonne Nouvelle surtout en Galilée, où les foules se questionnent sur son identité, tandis qu'une opposition grandit peu à peu au sein des autorités. La confession de Pierre au chapitre 8 constitue un tournant : à partir de ce moment Jésus enseigne aux disciples qu'il doit souffrir, mourir et ressusciter afin d'accomplir le plan de salut de Dieu. L'identité de Jésus ne sera pleinement manifeste que dans le mystère pascal.

Luc a fort probablement utilisé le texte de Marc pour écrire son évangile, ce qui suggère une date de composition entre 80 et 100. Un des principaux thèmes de l'évangile de Luc est celui de la miséricorde de Dieu : Jésus annonce la Bonne Nouvelle du salut aux pauvres, aux malades, aux pécheurs et aux exclus. La lecture que fait Jésus du prophète Isaïe dans la synagogue de Nazareth au début de son ministère (Luc 4, 16-30) marque le programme de toute sa prédication et de son activité.

La plupart des exégètes datent l'évangile de Jean à la fin du premier siècle. Le quatrième évangile est souvent appelé « l'évangile spirituel ». En effet, l'auteur a le souci de montrer la signification profonde spirituelle ou théologique de la personne et de la mission de Jésus Christ : il est le Verbe éternel qui s'est incarné pour nous révéler le Père. La vie éternelle consiste à connaître le Fils unique de Dieu et à demeurer en lui.

Quatre évangiles, quatre lumières sur le mystère de Jésus Christ, aucun évangile n'étant suffisant à lui seul pour exprimer en entier la foi de l'Église.

La version de la *Bible en français courant*, fruit d'une collaboration largement interconfessionnelle, a été choisie pour cette publication. Veillant à formuler le texte biblique en phrases de structure simple, elle propose un texte qui devrait être accessible au public le plus large.

ÉVANGILE
selon
SAINT MATTHIEU

Illustrations de Alida Massari

Les ancêtres de Jésus

1 1 Voici la liste des ancêtres de Jésus-Christ,
descendant de David, lui-même descen-
dant d'Abraham.
2 Abraham fut père d'Isaac, Isaac de Jacob,
Jacob de Juda et de ses frères; 3 Juda fut père
de Pérès et de Zéra — leur mère était Tamar —,
Pérès fut père de Hesron, Hesron de Ram; 4 Ram
fut père d'Amminadab; Amminadab de Nachon;
Nachon de Salman; 5 Salman fut père de Booz
— Rahab était sa mère —, Booz fut père d'Obed
— Ruth était sa mère —, Obed fut père de Jessé,
6 et Jessé du roi David.
David fut père de Salomon — sa mère avait
été la femme d'Urie —; 7 Salomon fut père de
Roboam, Roboam d'Abia, Abia d'Asaf; 8 Asaf fut
père de Josaphat, Josaphat de Joram, Joram
d'Ozias; 9 Ozias fut père de Yotam, Yotam d'Akaz,
Akaz d'Ézékias; 10 Ézékias fut père de Manassé,
Manassé d'Amon, Amon de Josias; 11 Josias fut
père de Yekonia et de ses frères, à l'époque où les
Israélites furent déportés à Babylone.
12 Après que les Israélites eurent été dépor-
tés à Babylone, Yekonia fut père de Chéaltiel
et Chéaltiel de Zorobabel; 13 Zorobabel fut père
d'Abihoud, Abihoud d'Éliakim; Éliakim d'Azor;
14 Azor fut père de Sadok, Sadok d'Achim; Achim
d'Élioud; 15 Élioud fut père d'Éléazar, Éléazar de
Matthan, Matthan de Jacob; 16 Jacob fut père de
Joseph, l'époux de Marie; c'est d'elle qu'est né
Jésus, appelé le Messie.
17 Il y eut donc en tout quatorze générations
depuis Abraham jusqu'à David, puis quatorze
depuis David jusqu'à l'époque où les Israélites
furent déportés à Babylone, et quatorze depuis
cette époque jusqu'à la naissance du Messie.

La naissance de Jésus-Christ

18 Voici dans quelles circonstances Jésus-
Christ est né. Marie, sa mère, était fiancée à
Joseph; mais avant qu'ils aient vécu ensemble,
elle se trouva enceinte par l'action du Saint-
Esprit. 19 Joseph, son fiancé, était un homme
droit et ne voulait pas la dénoncer publiquement;
il décida de rompre secrètement ses fiançailles.
20 Comme il y pensait, un ange du Seigneur lui
apparut dans un rêve et lui dit : « Joseph, des-
cendant de David, ne crains pas d'épouser Marie,
car c'est par l'action du Saint-Esprit qu'elle
attend un enfant. 21 Elle mettra au monde un fils,
que tu appelleras Jésus, car il sauvera son peu-
ple de ses péchés. »
22 Tout cela arriva afin que se réalise ce que le
Seigneur avait dit par le prophète : 23 « La vierge
sera enceinte et mettra au monde un fils, qu'on
appellera Emmanuel. » (Ce nom signifie « Dieu
est avec nous ».)
24 Quand Joseph se réveilla, il agit comme
l'ange du Seigneur le lui avait ordonné et prit
Marie comme épouse. 25 Mais il n'eut pas de rela-
tions avec elle jusqu'à ce qu'elle ait mis au mon-
de son fils, que Joseph appela Jésus.

Des savants viennent voir Jésus

2 1 Jésus naquit à Bethléem, en Judée, à
l'époque où Hérode était roi. Après sa nais-
sance, des savants, spécialistes des étoiles,
vinrent d'Orient. Ils arrivèrent à Jérusalem 2 et
demandèrent : « Où est l'enfant qui vient de naître,
le roi des Juifs? Nous avons vu son étoile apparaî-
tre en Orient et nous sommes venus l'adorer. »

3 Quand le roi Hérode apprit cette nouvelle,
il fut troublé, ainsi que toute la population de
Jérusalem. 4 Il convoqua tous les chefs des prê-
tres et les maîtres de la loi, et leur demanda où
le Messie devait naître. 5 Ils lui répondirent : « À
Bethléem, en Judée. Car voici ce que le prophète
a écrit : 6 “Et toi, Bethléem, au pays de Juda, tu
n'es certainement pas la moins importante des
localités de Juda; car c'est de toi que viendra un
chef qui conduira mon peuple, Israël.” »

7 Alors Hérode convoqua secrètement les
savants et s'informa auprès d'eux du moment
précis où l'étoile était apparue. 8 Puis il les en-
voya à Bethléem, en leur disant : « Allez chercher
des renseignements précis sur l'enfant; et quand
vous l'aurez trouvé, faites-le-moi savoir, afin que
j'aille, moi aussi, l'adorer. »

9 Après avoir reçu ces instructions du roi, ils
partirent. Ils virent alors l'étoile qu'ils avaient déjà
remarquée en Orient : elle allait devant eux, et
quand elle arriva au-dessus de l'endroit où se
trouvait l'enfant, elle s'arrêta. 10 Ils furent rem-
plis d'une très grande joie en la voyant là. 11 Ils
entrèrent dans la maison et virent l'enfant avec
sa mère, Marie. Ils se mirent à genoux pour ado-
rer l'enfant; puis ils ouvrirent leurs bagages et lui
offrirent des cadeaux : de l'or, de l'encens et de
la myrrhe. 12 Ensuite, Dieu les avertit dans un
rêve de ne pas retourner auprès d'Hérode; ils pri-
rent alors un autre chemin pour rentrer dans leur
pays.

La fuite en Égypte

13 Quand les savants furent partis, un ange
du Seigneur apparut à Joseph dans un rêve et lui
dit : « Debout, prends avec toi l'enfant et sa mère
et fuis en Égypte; restes-y jusqu'à ce que je te
dise de revenir. Car Hérode va rechercher l'enfant
pour le faire mourir. » 14 Joseph se leva donc, prit
avec lui l'enfant et sa mère, en pleine nuit, et se
réfugia en Égypte. 15 Il y resta jusqu'à la mort
d'Hérode. Cela arriva afin que se réalise ce que le
Seigneur avait dit par le prophète : « J'ai appelé
mon fils à sortir d'Égypte. »

Le massacre des innocents

16 Quand Hérode se rendit compte que les savants l'avaient trompé, il entra dans une grande colère. Il donna l'ordre de tuer, à Bethléem et dans les environs, tous les garçons de moins de deux ans; cette limite d'âge correspondait aux indications que les savants lui avaient données.
17 Alors se réalisa ce qu'avait déclaré le prophète
Jérémie : 18 « On a entendu une plainte à Rama, des pleurs et de grandes lamentations. C'est Rachel qui pleure ses enfants, elle ne veut pas être consolée, car ils sont morts. »

Le retour d'Égypte

19 Après la mort d'Hérode, un ange du Seigneur
apparut dans un rêve à Joseph, en Égypte. 20 Il
lui dit : « Debout, prends avec toi l'enfant et sa mère et retourne au pays d'Israël, car ceux qui cherchaient à faire mourir l'enfant sont morts. »
21 Joseph se leva donc, prit avec lui l'enfant et
sa mère et retourna au pays d'Israël. 22 Mais il
apprit qu'Archélaos avait succédé à son père Hérode comme roi de Judée; alors il eut peur de s'y rendre. Il reçut de nouvelles indications dans un rêve, et il partit pour la province de Galilée.
23 Il alla s'établir dans une ville appelée Nazareth. Il en fut ainsi pour que se réalise cette parole des prophètes : « Il sera appelé Nazaréen. »

Les débuts de la vie publique

La prédication de Jean-Baptiste

3 1 En ce temps-là, Jean-Baptiste parut dans
le désert de Judée et se mit à prêcher :
2 « Changez de comportement, disait-il, car
le Royaume des cieux s'est approché! » 3 Jean
est celui dont le prophète Ésaïe a parlé lorsqu'il
a dit :

« Un homme crie dans le désert :
Préparez le chemin du Seigneur,
faites-lui des sentiers bien droits! »

4 Le vêtement de Jean était fait de poils de
chameau et il portait une ceinture de cuir autour
de la taille; il mangeait des sauterelles et du miel
sauvage. 5 Les habitants de Jérusalem, de toute
la Judée et de toute la région voisine de la rivière,
le Jourdain, allaient à lui. 6 Ils confessaient publi-
quement leurs péchés et Jean les baptisait dans
le Jourdain.

7 Jean vit que beaucoup de Pharisiens et de
Sadducéens venaient à lui pour être baptisés;
il leur dit alors : « Bande de serpents! Qui vous
a enseigné à vouloir échapper au jugement de
Dieu, qui est proche? 8 Montrez par des actes que
vous avez changé de mentalité 9 et ne pensez pas
qu'il suffit de dire en vous-mêmes : "Abraham
est notre ancêtre." Car je vous déclare que Dieu
peut utiliser les pierres que voici pour en faire
des descendants d'Abraham! 10 La hache est déjà
prête à couper les arbres à la racine : tout arbre
qui ne produit pas de bons fruits va être coupé et
jeté au feu. 11 Moi, je vous baptise avec de l'eau
pour montrer que vous changez de comporte-
ment; mais celui qui vient après moi vous bapti-
sera avec le Saint-Esprit et avec du feu. Il est plus
puissant que moi : je ne suis pas même digne
d'enlever ses chaussures. 12 Il tient en sa main la
pelle à vanner et séparera le grain de la paille. Il
amassera son grain dans le grenier, mais il brû-
lera la paille dans un feu qui ne s'éteint jamais. »

Le baptême de Jésus

13 Alors Jésus vint de la Galilée au Jourdain;
il arriva auprès de Jean pour être baptisé par lui.
14 Jean s'y opposait et lui disait : « C'est moi qui
devrais être baptisé par toi et c'est toi qui viens à
moi! » 15 Mais Jésus lui répondit : « Accepte qu'il
en soit ainsi pour le moment. Car voilà comment
nous devons accomplir tout ce que Dieu deman-
de. » Alors Jean accepta. 16 Dès que Jésus fut
baptisé, il sortit de l'eau. Au même moment le
ciel s'ouvrit pour lui : il vit l'Esprit de Dieu des-
cendre comme une colombe et venir sur lui.
17 Et une voix venant du ciel déclara : « Celui-ci
est mon Fils bien-aimé; je mets en lui toute ma
joie. »

La tentation de Jésus

4 1 Ensuite l'Esprit de Dieu conduisit Jésus
dans le désert pour qu'il y soit tenté par le
diable. 2 Après avoir passé quarante jours
et quarante nuits sans manger, Jésus eut faim.
3 Le diable, le tentateur, s'approcha et lui dit : « Si
tu es le Fils de Dieu, ordonne à ces pierres de se
changer en pains. » 4 Jésus répondit : « L'Écriture
déclare : "L'homme ne vivra pas de pain seu-
lement, mais de toute parole que Dieu pronon-
ce." »

5 Alors le diable l'emmena jusqu'à Jérusalem,
la ville sainte, le plaça au sommet du temple
6 et lui dit : « Si tu es le Fils de Dieu, jette-toi en
bas; car l'Écriture déclare : "Dieu donnera pour

toi des ordres à ses anges et ils te porteront sur leurs mains pour éviter que ton pied ne heurte une pierre." »

[7] Jésus lui répondit : « L'Écriture déclare aussi : "Ne mets pas à l'épreuve le Seigneur ton Dieu." »

[8] Le diable l'emmena encore sur une très haute montagne, lui fit voir tous les royaumes du monde et leur splendeur, [9] et lui dit : « Je te donnerai tout cela, si tu te mets à genoux devant moi pour m'adorer. » [10] Alors Jésus lui dit : « Va-t'en, Satan! Car l'Écriture déclare : "Adore le Seigneur ton Dieu et ne rends de culte qu'à lui seul." » [11] Cette fois le diable le laissa. Des anges vinrent alors auprès de Jésus et se mirent à le servir.

Jésus commence son œuvre en Galilée

[12] Quand Jésus apprit que Jean avait été mis en prison, il s'en alla en Galilée. [13] Il ne resta pas à Nazareth, mais alla demeurer à Capernaüm, ville située au bord du lac de Galilée, dans la région de Zabulon et de Neftali. [14] Il en fut ainsi afin que se réalisent ces paroles du prophète Ésaïe : [15] « Région de Zabulon, région de Neftali, en direction de la mer, de l'autre côté du Jourdain, Galilée qu'habitent des non-Juifs! [16] Le peuple qui vit dans la nuit verra une grande lumière! Pour ceux qui vivent dans le sombre pays de la mort, la lumière apparaîtra! »

[17] Dès ce moment, Jésus se mit à prêcher : « Changez de comportement, disait-il, car le Royaume des cieux s'est approché! »

Jésus appelle quatre pêcheurs

[18] Jésus marchait le long du lac de Galilée, lorsqu'il vit deux frères qui étaient pêcheurs, Simon, surnommé Pierre, et son frère André; ils pêchaient en jetant un filet dans le lac. [19] Jésus leur dit : « Venez avec moi et je ferai de vous des pêcheurs d'hommes. » [20] Aussitôt, ils laissèrent leurs filets et le suivirent. [21] Il alla plus loin et vit deux autres frères, Jacques et Jean, les fils de Zébédée. Ils étaient dans leur barque avec Zébédée, leur père, et réparaient leurs filets. Jésus les appela; [22] aussitôt, ils laissèrent la barque et leur père et ils le suivirent.

Jésus et les foules

[23] Jésus allait dans toute la Galilée; il enseignait dans les synagogues de la région, proclamait la Bonne Nouvelle du Royaume et guérissait les gens de toutes leurs maladies et de toutes leurs infirmités. [24] L'on entendit parler de lui dans tout le pays de Syrie et on lui amena tous ceux qui souffraient de diverses maladies ou étaient tourmentés par divers maux : ceux qui étaient possédés d'un esprit mauvais, ainsi que les épileptiques et les paralysés. Et Jésus les guérit. [25] De grandes foules le suivirent; elles venaient de Galilée, de la région des Dix Villes, de Jérusalem, de Judée et du territoire situé de l'autre côté du Jourdain.

Le sermon sur la montagne

5 1 Quand Jésus vit ces foules, il monta sur
une montagne et s'assit. Ses disciples vin-
rent auprès de lui 2 et il se mit à leur donner
cet enseignement :

Le vrai bonheur

3 « Heureux ceux qui se savent
pauvres en eux-mêmes,
car le Royaume des cieux est à eux!
4 Heureux ceux qui pleurent,
car Dieu les consolera!
5 Heureux ceux qui sont doux,
car ils recevront la terre que Dieu a promise!
6 Heureux ceux qui ont faim et soif
de vivre comme Dieu le demande,
car Dieu exaucera leur désir!
7 Heureux ceux qui ont de la compassion
pour autrui,
car Dieu aura de la compassion pour eux!
8 Heureux ceux qui ont le cœur pur,
car ils verront Dieu!
9 Heureux ceux qui créent la paix
autour d'eux,
car Dieu les appellera ses fils!
10 Heureux ceux qu'on persécute parce qu'ils
agissent comme Dieu le demande,
car le Royaume des cieux est à eux!

11 Heureux êtes-vous si les hommes vous in-
sultent, vous persécutent et disent faussement
toute sorte de mal contre vous parce que vous
croyez en moi. 12 Réjouissez-vous, soyez heureux,
car une grande récompense vous attend dans les
cieux. C'est ainsi, en effet, qu'on a persécuté les
prophètes qui ont vécu avant vous. »

Le sel et la lumière

13 « C'est vous qui êtes le sel du monde. Mais
si le sel perd son goût, comment pourrait-on le
rendre de nouveau salé? Il n'est plus bon à rien;
on le jette dehors, et les gens marchent dessus.
14 « C'est vous qui êtes la lumière du monde.
Une ville construite sur une montagne ne peut
pas être cachée. 15 On n'allume pas une lampe
pour la mettre sous un seau. Au contraire, on la
place sur son support, d'où elle éclaire tous ceux
qui sont dans la maison. 16 C'est ainsi que votre
lumière doit briller devant les hommes, afin qu'ils
voient le bien que vous faites et qu'ils louent votre
Père qui est dans les cieux. »

Enseignement au sujet de la loi

17 « Ne pensez pas que je sois venu supprimer
la loi de Moïse et l'enseignement des prophètes.
Je ne suis pas venu pour les supprimer mais pour
leur donner tout leur sens. 18 Je vous le déclare,
c'est la vérité : aussi longtemps que le ciel et la
terre dureront, ni la plus petite lettre ni le plus
petit détail ne seront supprimés de la loi, et cela
jusqu'à la fin de toutes choses. 19 C'est pourquoi,
celui qui écarte même le plus petit des comman-
dements et enseigne aux autres à faire de même,
sera le plus petit dans le Royaume des cieux.
Mais celui qui l'applique et enseigne aux autres à
faire de même, sera grand dans le Royaume des
cieux. 20 Je vous l'affirme : si vous n'êtes pas plus
fidèles à la volonté de Dieu que les maîtres de la
loi et les Pharisiens, vous ne pourrez pas entrer
dans le Royaume des cieux. »

Enseignement au sujet de la colère

21 « Vous avez entendu qu'il a été dit à nos ancêtres : “Tu ne commettras pas de meurtre; tout homme qui en tue un autre mérite de comparaître devant le juge.” 22 Eh bien, moi je vous déclare : tout homme qui se met en colère contre son frère mérite de comparaître devant le juge; celui qui dit à son frère : “Imbécile!” mérite d'être jugé par le Conseil supérieur; celui qui lui dit : “Idiot!” mérite d'être jeté dans le feu de l'enfer. 23 Si donc tu viens à l'autel présenter ton offrande à Dieu et que là tu te souviennes que ton frère a une raison de t'en vouloir, 24 laisse là ton offrande, devant l'autel, et va d'abord faire la paix avec ton frère; puis reviens et présente ton offrande à Dieu.

25 « Si tu es en procès avec quelqu'un, dépêche-toi de te mettre d'accord avec lui pendant que vous êtes encore en chemin. Tu éviteras ainsi que ton adversaire ne te livre au juge, que le juge ne te remette à la police et qu'on ne te jette en prison. 26 Je te le déclare, c'est la vérité : tu ne sortiras pas de là tant que tu n'auras pas payé ta dette jusqu'au dernier centime. »

Enseignement au sujet de l'adultère

27 « Vous avez entendu qu'il a été dit : “Tu ne commettras pas d'adultère.” 28 Eh bien, moi je vous déclare : tout homme qui regarde la femme d'un autre en la désirant a déjà commis l'adultère avec elle en lui-même. 29 Si donc c'est à cause de ton œil droit que tu tombes dans le péché, arrache-le et jette-le loin de toi : il vaut mieux pour toi perdre une seule partie de ton corps que d'être jeté tout entier dans l'enfer. 30 Si c'est à cause de ta main droite que tu tombes dans le péché, coupe-la et jette-la loin de toi : il vaut mieux pour toi perdre un seul membre de ton corps que d'aller tout entier en enfer. »

Enseignement au sujet du divorce

31 « Il a été dit aussi : “Celui qui renvoie sa femme doit lui donner une attestation de divorce.” 32 Eh bien, moi je vous déclare : tout homme qui renvoie sa femme, alors qu'elle n'a pas été infidèle, lui fait commettre un adultère si elle se remarie; et celui qui épouse une femme renvoyée par un autre commet aussi un adultère. »

Enseignement au sujet des serments

33 « Vous avez aussi entendu qu'il a été dit à nos ancêtres : “Ne romps pas ton serment, mais accomplis ce que tu as promis avec serment devant le Seigneur.” 34 Eh bien, moi je vous dis de ne faire aucun serment : n'en faites ni par le ciel, car c'est le trône de Dieu; 35 ni par la terre, car elle est un escabeau sous ses pieds; ni par Jérusalem, car elle est la ville du grand Roi. 36 N'en fais pas non plus par ta tête, car tu ne peux pas rendre blanc ou noir un seul de tes cheveux. 37 Si c'est oui, dites “oui”, si c'est non, dites “non”, tout simplement; ce que l'on dit en plus vient du Mauvais. »

Enseignement au sujet de la vengeance

38 « Vous avez entendu qu'il a été dit : “Œil pour œil et dent pour dent.” 39 Eh bien, moi je vous dis de ne pas vous venger de celui qui vous fait du mal. Si quelqu'un te gifle sur la joue droite, laisse-le te gifler aussi sur la joue gauche. 40 Si quelqu'un veut te faire un procès pour te prendre ta chemise, laisse-le prendre aussi ton manteau. 41 Si quelqu'un t'oblige à faire mille pas, fais-en deux mille avec lui. 42 Donne à celui qui te demande quelque chose; ne refuse pas de prêter à celui qui veut t'emprunter. »

L'amour pour les ennemis

43 « Vous avez entendu qu'il a été dit : “Tu dois aimer ton prochain et haïr ton ennemi.” 44 Eh bien, moi je vous dis : aimez vos ennemis et priez pour ceux qui vous persécutent. 45 Ainsi vous deviendrez les fils de votre Père qui est dans les cieux. Car il fait lever son soleil aussi bien sur les méchants que sur les bons, il fait pleuvoir sur ceux qui lui sont fidèles comme sur ceux qui ne le sont pas. 46 Si vous aimez seulement ceux qui vous aiment, pourquoi vous attendre à recevoir une récompense de Dieu? Même les collecteurs d'impôts en font autant! 47 Si vous ne saluez que vos frères, faites-vous là quelque chose d'ex-

traordinaire? Même les païens en font autant! [48] Soyez donc parfaits, tout comme votre Père qui est au ciel est parfait. »

Enseignement au sujet des dons faits aux pauvres

6 [1] « Gardez-vous d'accomplir vos devoirs religieux en public, pour que tout le monde vous remarque. Sinon, vous ne recevrez pas de récompense de votre Père qui est dans les cieux. [2] Quand donc tu donnes quelque chose à un pauvre, n'attire pas bruyamment l'attention sur toi, comme le font les hypocrites dans les synagogues et dans les rues : ils agissent ainsi pour être loués par les hommes. Je vous le déclare, c'est la vérité : ils ont déjà leur récompense. [3] Mais quand ta main droite donne quelque chose à un pauvre, ta main gauche elle-même ne doit pas le savoir. [4] Ainsi, il faut que ce don reste secret; et Dieu, ton Père, qui voit ce que tu fais en secret, te récompensera. »

Enseignement au sujet de la prière

[5] « Quand vous priez, ne soyez pas comme les hypocrites : ils aiment à prier debout dans les synagogues et au coin des rues pour que tout le monde les voie. Je vous le déclare, c'est la vérité : ils ont déjà leur récompense. [6] Mais toi, lorsque tu veux prier, entre dans ta chambre, ferme la porte et prie ton Père qui est là, dans cet endroit secret; et ton Père, qui voit ce que tu fais en secret, te récompensera.

[7] « Quand vous priez, ne répétez pas sans fin les mêmes choses comme les païens : ils s'imaginent que Dieu les exaucera s'ils parlent beaucoup. [8] Ne les imitez pas, car Dieu, votre Père, sait déjà de quoi vous avez besoin avant que vous le lui demandiez. [9] Voici comment vous devez prier :

"Notre Père qui es dans les cieux,
que chacun reconnaisse
que tu es le Dieu saint,
[10] que ton Règne vienne;
que chacun, sur la terre, fasse ta volonté
comme elle est faite dans le ciel.
[11] Donne-nous aujourd'hui le pain nécessaire.
[12] Pardonne-nous nos torts,
comme nous pardonnons nous aussi
à ceux qui nous ont fait du tort.
[13] Et ne nous expose pas à la tentation,
mais délivre-nous du Mauvais.
[Car c'est à toi qu'appartiennent le règne, la puissance et la gloire, pour toujours. Amen.]"

[14] « En effet, si vous pardonnez aux autres le mal qu'ils vous ont fait, votre Père qui est au ciel vous pardonnera aussi. [15] Mais si vous ne pardonnez pas aux autres, votre Père ne vous pardonnera pas non plus le mal que vous avez fait. »

Enseignement au sujet du jeûne

[16] « Quand vous jeûnez, ne prenez pas un air triste comme font les hypocrites : ils changent de visage pour que tout le monde voie qu'ils jeûnent. Je vous le déclare, c'est la vérité : ils ont déjà leur récompense. [17] Mais toi, quand tu jeûnes, lave-toi le visage et parfume ta tête, [18] afin que les gens ne se rendent pas compte que tu jeûnes. Seul ton Père qui est là, dans le secret, le saura; et ton Père, qui voit ce que tu fais en secret, te récompensera. »

Ne vous inquiétez pas

[19] « Ne vous amassez pas des richesses dans ce monde, où les vers et la rouille détruisent, où les cambrioleurs forcent les serrures pour voler. [20] Amassez-vous plutôt des richesses dans le ciel, où il n'y a ni vers ni rouille pour détruire, ni cambrioleurs pour forcer les serrures et voler. [21] Car ton cœur sera toujours là où sont tes richesses. »

[22] « Les yeux sont la lampe du corps : si tes yeux sont en bon état, tout ton corps est éclairé; [23] mais si tes yeux sont malades, tout ton corps est dans l'obscurité. Si donc la lumière qui est en toi n'est qu'obscurité, comme cette obscurité sera noire! »

[24] « Personne ne peut servir deux maîtres : ou
bien il haïra le premier et aimera le second; ou
bien il s'attachera au premier et méprisera le se-
cond. Vous ne pouvez pas servir à la fois Dieu et
l'argent. »

[25] « Voilà pourquoi je vous dis : Ne vous in-
quiétez pas au sujet de la nourriture et de la bois-
son dont vous avez besoin pour vivre, ou au sujet
des vêtements dont vous avez besoin pour votre
corps. La vie est plus importante que la nourri-
ture et le corps plus important que les vêtements,
n'est-ce pas? [26] Regardez les oiseaux : ils ne sè-
ment ni ne moissonnent, ils n'amassent pas de
récoltes dans des greniers, mais votre Père qui
est au ciel les nourrit! Ne valez-vous pas beau-
coup plus que les oiseaux? [27] Qui d'entre vous
parvient à prolonger un peu la durée de sa vie par
le souci qu'il se fait?

[28] « Et pourquoi vous inquiétez-vous au sujet
des vêtements? Observez comment poussent les
fleurs des champs : elles ne travaillent pas, elles
ne se font pas de vêtements. [29] Pourtant, je vous
le dis, même Salomon, avec toute sa richesse,
n'a pas eu de vêtements aussi beaux qu'une
seule de ces fleurs. [30] Dieu habille ainsi l'herbe
des champs qui est là aujourd'hui et qui demain
sera jetée au feu : alors ne vous habillera-t-il pas
à bien plus forte raison vous-mêmes? Comme
votre confiance en lui est faible! [31] Ne vous in-
quiétez donc pas en disant : "Qu'allons-nous
manger? qu'allons-nous boire? qu'allons-nous
mettre pour nous habiller?" [32] Ce sont les païens
qui recherchent sans arrêt tout cela. Mais votre
Père qui est au ciel sait que vous en avez besoin.
[33] Préoccupez-vous d'abord du Royaume de Dieu
et de la vie juste qu'il demande, et Dieu vous ac-
cordera aussi tout le reste. [34] Ne vous inquiétez
donc pas du lendemain : le lendemain se soucie-
ra de lui-même. À chaque jour suffit sa peine. »

Ne pas juger les autres

7 [1] « Ne portez de jugement contre person-
ne, afin que Dieu ne vous juge pas non
plus. [2] Car Dieu vous jugera comme vous
jugez les autres; il vous mesurera avec la mesure
que vous employez pour eux. [3] Pourquoi regardes-
tu le brin de paille qui est dans l'œil de ton frère,

alors que tu ne remarques pas la poutre qui est dans ton œil? 4 Comment peux-tu dire à ton frère : “Laisse-moi enlever cette paille de ton œil”, alors que tu as une poutre dans le tien? 5 Hypocrite, enlève d'abord la poutre de ton œil et alors tu verras assez clair pour enlever la paille de l'œil de ton frère.

6 « Ne donnez pas ce qui est saint aux chiens, de peur qu'ils ne se retournent contre vous et ne vous déchirent; ne jetez pas vos perles devant les porcs, de peur qu'ils ne les piétinent. »

Demander, chercher et frapper à la porte

7 « Demandez et vous recevrez; cherchez et vous trouverez; frappez et l'on vous ouvrira la porte. 8 Car quiconque demande reçoit, qui cherche trouve et l'on ouvre la porte à qui frappe. 9 Y a-t-il quelqu'un parmi vous qui donne à son fils une pierre si celui-ci demande du pain? 10 ou qui lui donne un serpent s'il demande un poisson? 11 Tout mauvais que vous êtes, vous savez donner de bonnes choses à vos enfants. À combien plus forte raison, donc, votre Père qui est dans les cieux donnera-t-il de bonnes choses à ceux qui les lui demandent!

12 « Faites pour les autres tout ce que vous voulez qu'ils fassent pour vous : c'est là ce qu'enseignent les livres de la loi de Moïse et des Prophètes. »

La porte étroite

13 « Entrez par la porte étroite! Car large est la porte et facile le chemin qui mènent à la ruine; nombreux sont ceux qui passent par là. 14 Mais combien étroite est la porte et difficile le chemin qui mènent à la vie; peu nombreux sont ceux qui les trouvent. »

Tel arbre, tels fruits

15 « Gardez-vous des faux prophètes. Ils viennent à vous déguisés en brebis, mais au-dedans ce sont des loups féroces. 16 Vous les reconnaîtrez à leur conduite. On ne cueille pas des raisins sur des buissons d'épines, ni des figues sur des chardons. 17 Un bon arbre produit de bons fruits et un arbre malade de mauvais fruits. 18 Un bon arbre ne peut pas produire de mauvais fruits ni un arbre malade de bons fruits. 19 Tout arbre qui ne produit pas de bons fruits est coupé, puis jeté au feu. 20 Ainsi donc, vous reconnaîtrez les faux prophètes à leur conduite. »

Dire et faire

21 « Ce ne sont pas tous ceux qui me disent : “Seigneur, Seigneur”, qui entreront dans le Royaume des cieux, mais seulement ceux qui font la volonté de mon Père qui est dans les cieux. 22 Au jour du Jugement, beaucoup me diront : “Seigneur, Seigneur, c'est en ton nom que nous avons été prophètes; c'est en ton nom que nous avons chassé des esprits mauvais; c'est en ton nom que nous avons accompli de nombreux miracles. Ne le sais-tu pas?” 23 Alors je leur déclarerai : “Je ne vous ai jamais connus; allez-vous-en loin de moi, vous qui commettez le mal!” »

Les deux maisons

24 « Ainsi, quiconque écoute ce que je viens de dire et le met en pratique sera comme un homme intelligent qui a bâti sa maison sur le roc. 25 La pluie est tombée, les rivières ont débordé, la tempête s'est abattue sur cette maison, mais elle ne s'est pas écroulée, car ses fondations avaient été posées sur le roc. 26 Mais quiconque écoute ce que je viens de dire et ne le met pas en pratique sera comme un homme insensé qui a bâti sa maison sur le sable. 27 La pluie est tombée, les rivières ont débordé, la tempête s'est abattue sur cette maison et elle s'est écroulée : sa ruine a été complète. »

L'autorité de Jésus

28 Quand Jésus eut achevé ces instructions, tous restèrent impressionnés par sa manière d'enseigner; 29 car il n'était pas comme leurs maîtres de la loi, mais il les enseignait avec autorité.

Les miracles de Jésus

8 1 Jésus descendit de la montagne et une foule de gens le suivirent. 2 Alors un lépreux s'approcha, se mit à genoux devant lui et dit : « Maître, si tu le veux, tu peux me rendre pur. » 3 Jésus étendit la main, le toucha et déclara : « Je le veux, sois pur! » Aussitôt, l'homme fut purifié de sa lèpre. 4 Puis Jésus lui dit : « Écoute bien : ne parle de cela à personne. Mais va te faire examiner par le prêtre, puis offre le sacrifice que Moïse a ordonné, pour prouver à tous que tu es guéri. »

Jésus guérit le serviteur d'un officier romain

5 Au moment où Jésus entrait dans Capernaüm, un capitaine romain s'approcha et lui demanda son aide 6 en ces termes : « Maître, mon serviteur est couché à la maison, il est paralysé et souffre terriblement. » 7 Jésus lui dit : « J'y vais et je le guérirai. » 8 Mais le capitaine répondit : « Maître, je ne suis pas digne que tu entres dans ma maison. Mais il suffit que tu dises un mot et mon serviteur sera guéri. 9 Je suis moi-même soumis à mes supérieurs et j'ai des soldats sous mes ordres. Si je dis à l'un : "Va!", il va; si je dis à un autre : "Viens!", il vient; et si je dis à mon serviteur : "Fais ceci!", il le fait. » 10 Quand Jésus entendit ces mots, il fut dans l'admiration et dit à ceux qui le suivaient : « Je vous le déclare, c'est la vérité : je n'ai trouvé une telle foi chez personne en Israël. 11 Je vous l'affirme, beaucoup viendront de l'est et de l'ouest et prendront place à table dans le Royaume des cieux avec Abraham, Isaac et Jacob. 12 Mais ceux qui étaient destinés au Royaume seront jetés dehors, dans le noir, où ils pleureront et grinceront des dents. »

13 Puis Jésus dit au capitaine : « Retourne chez toi, Dieu t'accorde ce que tu as demandé avec foi! » Et le serviteur du capitaine fut guéri à ce moment même.

Jésus guérit beaucoup de malades

14 Jésus se rendit à la maison de Pierre. Il y trouva la belle-mère de Pierre au lit : elle avait de la fièvre. 15 Il lui toucha la main et la fièvre la quitta; elle se leva et se mit à le servir.

16 Le soir venu, on amena à Jésus un grand nombre de personnes tourmentées par des esprits mauvais. Par sa parole Jésus chassa ces esprits et il guérit aussi tous les malades. 17 Il le fit afin que se réalise cette parole du prophète Ésaïe : « Il a pris nos infirmités et nous a déchargés de nos maladies. »

Ceux qui désirent suivre Jésus

18 Quand Jésus vit toute la foule qui l'entourait, il donna l'ordre à ses disciples de passer avec lui de l'autre côté du lac. 19 Un maître de la loi s'approcha et lui dit : « Maître, je te suivrai partout où tu iras. » 20 Jésus lui répondit : « Les renards ont des terriers et les oiseaux ont des nids, mais le Fils de l'homme n'a pas un endroit où il puisse se coucher et se reposer. »

21 Quelqu'un d'autre, un de ses disciples, lui dit : « Maître, permets-moi d'aller d'abord enterrer mon père. » 22 Jésus lui répondit : « Suis-moi et laisse les morts enterrer leurs morts. »

Jésus apaise une tempête

23 Jésus monta dans la barque et ses disciples l'accompagnèrent. 24 Soudain, une grande tempête s'éleva sur le lac, si bien que les vagues recouvraient la barque. Mais Jésus dormait.

25 Les disciples s'approchèrent de lui et le réveil-
lèrent en criant : « Seigneur, sauve-nous! Nous
allons mourir! » 26 Jésus leur répondit : « Pourquoi
avez-vous peur? Comme votre confiance est
faible! » Alors il se leva, parla sévèrement au
vent et à l'eau du lac, et il se fit un grand calme.
27 Tous étaient remplis d'étonnement et disaient :
« Quel genre d'homme est-ce pour que même le
vent et les flots lui obéissent? »

Jésus guérit deux hommes possédés par des esprits mauvais

28 Quand Jésus arriva de l'autre côté du lac,
dans le territoire des Gadaréniens, deux hommes
sortirent du milieu des tombeaux et vinrent à sa
rencontre. Ces hommes étaient possédés par des
esprits mauvais; ils étaient si dangereux que per-
sonne n'osait passer par ce chemin. 29 Ils se mi-
rent à crier : « Que nous veux-tu, Fils de Dieu?
Es-tu venu ici pour nous tourmenter avant le mo-
ment fixé? »
30 Il y avait, à une certaine distance, un grand
troupeau de porcs qui cherchait sa nourriture.
31 Les esprits mauvais adressèrent cette prière à
Jésus : « Si tu veux nous chasser, envoie-nous
dans ce troupeau de porcs. » — 32 « Allez », leur
dit Jésus. Ils sortirent des deux hommes et s'en
allèrent dans les porcs. Aussitôt, tout le troupeau
se précipita du haut de la falaise dans le lac et
disparut dans l'eau. 33 Les hommes qui gardaient
les porcs s'enfuirent; ils se rendirent dans la ville
où ils racontèrent toute l'histoire et ce qui s'était
passé pour les deux possédés. 34 Alors tous les
habitants de la ville sortirent à la rencontre de
Jésus; quand ils le virent, ils le supplièrent de
quitter leur territoire.

Jésus guérit un homme paralysé

9 1 Jésus monta dans la barque, refit la tra-
versée du lac et se rendit dans sa ville.
2 Quelques personnes lui amenèrent un pa-
ralysé couché sur une civière. Quand Jésus vit
leur foi, il dit au paralysé : « Courage, mon fils!
Tes péchés sont pardonnés! » 3 Alors quelques
maîtres de la loi se dirent en eux-mêmes : « Cet
homme fait insulte à Dieu! »

4 Jésus discerna ce qu'ils pensaient et dit :
« Pourquoi avez-vous ces mauvaises pensées?
5 Est-il plus facile de dire : "Tes péchés sont par-
donnés", ou de dire : "Lève-toi et marche"? 6 Mais
je veux que vous le sachiez : le Fils de l'homme a
le pouvoir sur la terre de pardonner les péchés. »
Il dit alors au paralysé : « Lève-toi, prends ta
civière et rentre chez toi! » 7 L'homme se leva et
s'en alla chez lui. 8 Quand la foule vit cela, elle fut
remplie de crainte et loua Dieu d'avoir donné un
tel pouvoir aux hommes.

Jésus appelle Matthieu

9 Jésus partit de là et vit, en passant, un homme
appelé Matthieu assis au bureau des impôts. Il
lui dit : « Suis-moi! » Matthieu se leva et le suivit.
10 Jésus prenait un repas dans la maison de
Matthieu; beaucoup de collecteurs d'impôts et
autres gens de mauvaise réputation vinrent prendre
place à table avec lui et ses disciples. 11 Les
Pharisiens virent cela et dirent à ses disciples :
« Pourquoi votre maître mange-t-il avec les col-
lecteurs d'impôts et les gens de mauvaise répu-
tation? » 12 Jésus les entendit et déclara : « Les
personnes en bonne santé n'ont pas besoin de
médecin, ce sont les malades qui en ont besoin.
13 Allez apprendre ce que signifient ces mots pro-
noncés par Dieu : "Je désire la bonté et non des
sacrifices d'animaux." Car je ne suis pas venu
appeler ceux qui s'estiment justes, mais ceux qui
se savent pécheurs. »

Jésus et le jeûne

14 Les disciples de Jean-Baptiste s'approchè-
rent alors de Jésus et lui demandèrent : « Pourquoi
nous et les Pharisiens jeûnons-nous souvent, tan-
dis que tes disciples ne le font pas? » 15 Et Jésus
leur répondit : « Pensez-vous que les invités d'une
noce peuvent être tristes pendant que le marié
est avec eux? Bien sûr que non! Mais le temps
viendra où le marié leur sera enlevé; alors ils jeû-
neront.

16 « Personne ne répare un vieux vêtement
avec une pièce d'étoffe neuve; car cette pièce ar-
racherait une partie du vêtement et la déchirure
s'agrandirait encore. 17 On ne verse pas non plus

du vin nouveau dans de vieilles outres; sinon les
outres éclatent, le vin se répand et les outres sont
perdues. On verse au contraire le vin nouveau
dans des outres neuves et ainsi le tout se con-
serve bien. »

La fille d'un chef juif et la femme qui toucha le vêtement de Jésus

18 Pendant que Jésus leur parlait ainsi, un chef
juif arriva, se mit à genoux devant lui et dit : « Ma
fille est morte il y a un instant; mais viens, pose
ta main sur elle et elle vivra. » 19 Jésus se leva et
le suivit avec ses disciples.

20 Une femme, qui souffrait de pertes de sang
depuis douze ans, s'approcha alors de Jésus par
derrière et toucha le bord de son vêtement. 21 Car
elle se disait : « Si je peux seulement toucher son
vêtement, je serai guérie. » 22 Jésus se retourna,
la vit et déclara : « Courage, ma fille! Ta foi t'a
guérie. » Et à ce moment même, la femme fut
guérie.

23 Jésus arriva à la maison du chef. Quand il
vit les musiciens prêts pour l'enterrement et la
foule qui s'agitait bruyamment, 24 il dit : « Sortez
d'ici, car la fillette n'est pas morte, elle dort. »
Mais ils se moquèrent de lui. 25 Quand on eut mis
la foule dehors, Jésus entra dans la chambre, il
prit la fillette par la main et elle se leva. 26 La nou-
velle s'en répandit dans toute cette région.

Jésus guérit deux aveugles

27 Au moment où Jésus partit de là, deux
aveugles se mirent à le suivre en criant : « Aie
pitié de nous, Fils de David! »

28 Quand Jésus fut arrivé à la maison, les
aveugles s'approchèrent de lui et il leur deman-
da : « Croyez-vous que je peux faire cela? » Ils lui
répondirent : « Oui, Maître. » 29 Alors Jésus leur
toucha les yeux et dit : « Dieu vous accorde ce
que vous attendez avec foi! » 30 Et leurs yeux pu-
rent voir. Jésus leur parla avec sévérité : « Écoutez
bien, leur dit-il, personne ne doit le savoir. »
31 Mais ils s'en allèrent parler de Jésus dans toute
cette région.

Guérison d'un possédé muet

32 Alors qu'ils s'en allaient, on amena à Jésus
un homme qui était muet parce qu'il était possédé
d'un esprit mauvais. 33 Dès que Jésus eut chassé
cet esprit, le muet se mit à parler. Dans la foule
tous étaient remplis d'étonnement et disaient :
« On n'a jamais rien vu de pareil en Israël! »
34 Mais les Pharisiens affirmaient : « C'est le chef
des esprits mauvais qui lui donne le pouvoir de
chasser ces esprits! »

Le discours sur la mission

Jésus a pitié des foules

35 Jésus parcourait villes et villages; il ensei-
gnait dans leurs synagogues, prêchait la Bonne
Nouvelle du Royaume et guérissait toutes les
maladies et toutes les infirmités. 36 Son cœur fut
rempli de pitié pour les foules qu'il voyait, car ces
gens étaient fatigués et découragés, comme un
troupeau qui n'a pas de berger. 37 Il dit alors à ses
disciples : « La moisson à faire est grande, mais
il y a peu d'ouvriers pour cela. 38 Priez donc le
propriétaire de la moisson d'envoyer davantage
d'ouvriers pour la faire. »

Les douze apôtres

10 1 Jésus appela ses douze disciples et
leur donna le pouvoir de chasser les
esprits mauvais et de guérir toutes
les maladies et toutes les infirmités. 2 Voici les
noms de ces douze apôtres : d'abord Simon, sur-
nommé Pierre, et son frère André; Jacques et son
frère Jean, tous deux fils de Zébédée; 3 Philippe
et Barthélemy; Thomas et Matthieu le collecteur
d'impôts; Jacques le fils d'Alphée et Thaddée;
4 Simon le nationaliste et Judas Iscariote, qui tra-
hit Jésus.

La mission des Douze

5 Jésus envoya ces douze hommes en mis-
sion, avec les instructions suivantes : « Évitez les
régions où habitent les non-Juifs et n'entrez dans
aucune ville de Samarie. 6 Allez plutôt vers les
brebis perdues du peuple d'Israël. 7 En chemin,
prêchez et dites : "Le Royaume des cieux s'est
approché!" 8 Guérissez les malades, rendez la
vie aux morts, purifiez les lépreux, chassez les
esprits mauvais. Vous avez reçu gratuitement,
donnez aussi gratuitement. 9 Ne vous procurez
ni or, ni argent, ni monnaie de cuivre à mettre
dans vos poches; 10 ne prenez pas de sac pour le
voyage, ni une deuxième chemise, ne prenez ni
chaussures, ni bâton. En effet, l'ouvrier a droit à
sa nourriture.
11 « Quand vous arriverez dans une ville ou un
village, cherchez qui est prêt à vous recevoir et
restez chez cette personne jusqu'à ce que vous
quittiez l'endroit. 12 Quand vous entrerez dans
une maison, dites : "La paix soit avec vous."
13 Si les habitants de cette maison vous reçoivent,
que votre souhait de paix repose sur eux; mais
s'ils ne vous reçoivent pas, retirez votre souhait
de paix. 14 Si, dans une maison ou dans une ville,
on refuse de vous accueillir ou de vous écouter,
partez de là et secouez la poussière de vos pieds.
15 Je vous le déclare, c'est la vérité : au jour du
Jugement, les habitants de Sodome et Gomorrhe
seront traités moins sévèrement que les habitants
de cette ville-là. »

Les persécutions à venir

16 « Écoutez! Je vous envoie comme des mou-
tons au milieu des loups. Soyez donc prudents
comme les serpents et innocents comme les co-
lombes. 17 Prenez garde, car des hommes vous
feront passer devant les tribunaux et vous frap-
peront à coups de fouet dans leurs synagogues.
18 On vous fera comparaître devant des gouver-
neurs et des rois à cause de moi, pour que vous
puissiez apporter votre témoignage devant eux et
devant les non-Juifs. 19 Lorsqu'on vous conduira
devant le tribunal, ne vous inquiétez pas de ce

que vous aurez à dire ni de la manière de l'ex-
primer; les paroles que vous aurez à prononcer
vous seront données à ce moment-là : [20] elles ne
viendront pas de vous, mais l'Esprit de votre Père
parlera en vous. [21] Des frères livreront leurs pro-
pres frères pour qu'on les mette à mort, et des
pères agiront de même avec leurs enfants; des
enfants se tourneront contre leurs parents et les
feront condamner à mort. [22] Tout le monde vous
haïra à cause de moi. Mais celui qui tiendra bon
jusqu'à la fin sera sauvé. [23] Quand on vous per-
sécutera dans une ville, fuyez dans une autre. Je
vous le déclare, c'est la vérité : vous n'aurez pas
encore fini de parcourir toutes les villes d'Israël
avant que vienne le Fils de l'homme.

[24] « Aucun élève n'est supérieur à son maître;
aucun serviteur n'est supérieur à son patron. [25] Il
suffit que l'élève devienne comme son maître et
que le serviteur devienne comme son patron. Si
l'on a appelé le chef de famille Béelzébul, à com-
bien plus forte raison insultera-t-on les membres
de sa famille! »

Celui qu'il faut craindre

[26] « Ne craignez donc aucun homme. Tout ce
qui est caché sera découvert, et tout ce qui est se-
cret sera connu. [27] Ce que je vous dis dans l'obs-
curité, répétez-le à la lumière du jour; et ce que
l'on chuchote à votre oreille, criez-le du haut des
toits. [28] Ne craignez pas ceux qui tuent le corps
mais qui ne peuvent pas tuer l'âme; craignez plu-
tôt Dieu qui peut faire périr à la fois le corps et
l'âme dans l'enfer. [29] Ne vend-on pas deux moi-
neaux pour un sou? Cependant, aucun d'eux ne
tombe à terre sans que Dieu votre Père le sache.
[30] Quant à vous, même vos cheveux sont tous
comptés. [31] N'ayez donc pas peur : vous valez
plus que beaucoup de moineaux! »

Confesser ou renier Jésus-Christ

[32] « Quiconque reconnaît publiquement qu'il
est mon disciple, je reconnaîtrai moi aussi devant
mon Père qui est dans les cieux qu'il est à moi;
[33] mais si quelqu'un affirme publiquement ne pas
me connaître, j'affirmerai moi aussi devant mon
Père qui est dans les cieux que je ne le connais
pas. »

Non la paix, mais le combat

[34] « Ne pensez pas que je sois venu apporter
la paix sur la terre : je ne suis pas venu apporter
la paix, mais le combat. [35] Je suis venu séparer
l'homme de son père, la fille de sa mère, la belle-
fille de sa belle-mère; [36] on aura pour ennemis les
membres de sa propre famille. [37] Celui qui aime
son père ou sa mère plus que moi n'est pas digne
de moi; celui qui aime son fils ou sa fille plus que
moi n'est pas digne de moi. [38] Celui qui ne se
charge pas de sa croix pour marcher à ma suite
n'est pas digne de moi. [39] Celui qui voudra garder
sa vie la perdra; mais celui qui perdra sa vie pour
moi la retrouvera. »

Des récompenses

[40] « Quiconque vous accueille m'accueille;
quiconque m'accueille accueille celui qui m'a en-
voyé. [41] Celui qui accueille un prophète de Dieu
parce qu'il est prophète, recevra la récompense
accordée à un prophète; et celui qui accueille un
homme fidèle à Dieu parce qu'il est fidèle, re-
cevra la récompense accordée à un fidèle. [42] Je
vous le déclare, c'est la vérité : celui qui donne
même un simple verre d'eau fraîche à l'un de ces
petits parmi mes disciples parce qu'il est mon
disciple recevra sa récompense. »

11 [1] Lorsque Jésus eut achevé de donner
ces instructions à ses douze disciples, il
partit de là pour aller enseigner et prê-
cher dans les villes de la région.

Discussions sur Jésus

Les envoyés de Jean-Baptiste

2 Jean-Baptiste, dans sa prison, entendit parler des œuvres du Christ. Alors il envoya quelques-uns de ses disciples 3 demander à Jésus : « Es-tu le Messie qui doit venir ou devons-nous attendre quelqu'un d'autre? » 4 Jésus leur répondit : « Allez raconter à Jean ce que vous entendez et voyez : 5 les aveugles voient, les boiteux marchent, les lépreux sont guéris, les sourds entendent, les morts reviennent à la vie et la Bonne Nouvelle est annoncée aux pauvres. 6 Heureux celui qui n'abandonnera pas la foi en moi! »

7 Quand les disciples de Jean partirent, Jésus se mit à parler de Jean à la foule en disant : « Qu'êtes-vous allés voir au désert? un roseau agité par le vent? Non? 8 Alors qu'êtes-vous allés voir? un homme vêtu d'habits magnifiques? Mais ceux qui portent des habits magnifiques se trouvent dans les palais des rois. 9 Qu'êtes-vous donc allés voir? un prophète? Oui, vous dis-je, et même bien plus qu'un prophète. 10 Car Jean est celui dont l'Écriture déclare : "Je vais envoyer mon messager devant toi, dit Dieu, pour t'ouvrir le chemin." 11 Je vous le déclare, c'est la vérité : parmi les humains, il n'a jamais existé personne de plus grand que Jean-Baptiste; pourtant, celui qui est le plus petit dans le Royaume des cieux est plus grand que lui. 12 Depuis l'époque où Jean-Baptiste prêchait jusqu'à présent, le Royaume des cieux subit la violence et les violents cherchent à s'en emparer. 13 Tous les prophètes et la loi de Moïse ont annoncé le Royaume, jusqu'à l'époque de Jean. 14 Et si vous voulez bien l'admettre, Jean est cet Élie dont la venue a été annoncée. 15 Écoutez bien, si vous avez des oreilles!

16 « À qui puis-je comparer les gens d'aujourd'hui? Ils ressemblent à des enfants assis sur les places publiques, dont les uns crient aux autres : 17 "Nous vous avons joué un air de danse sur la flûte et vous n'avez pas dansé! Nous avons chanté des chants de deuil et vous ne vous êtes pas lamentés!" 18 En effet, Jean est venu, il ne mange ni ne boit, et l'on dit : "Il est possédé d'un esprit mauvais!" 19 Le Fils de l'homme est venu, il mange et boit, et l'on dit : "Voyez cet homme qui ne pense qu'à manger et à boire du vin, qui est ami des collecteurs d'impôts et autres gens de mauvaise réputation!" Mais la sagesse de Dieu se révèle juste par ses effets. »

Les villes qui refusent de croire

20 Alors Jésus se mit à faire des reproches aux villes dans lesquelles il avait accompli le plus grand nombre de ses miracles, parce que leurs habitants n'avaient pas changé de comportement. Il dit : 21 « Malheur à toi, Chorazin! Malheur à toi, Bethsaïda! Car si les miracles qui ont été accomplis chez vous l'avaient été à Tyr et à Sidon, il y a longtemps que leurs habitants auraient pris le deuil, se seraient couvert la tête de cendre et auraient changé de comportement. 22 C'est pourquoi, je vous le déclare, au jour du Jugement Tyr et Sidon seront traitées moins sévèrement que vous. 23 Et toi, Capernaüm, crois-tu que tu t'élèveras jusqu'au ciel? Tu seras abaissée jusqu'au monde des morts. Car si les miracles qui ont été accomplis chez toi l'avaient été à Sodome, cette ville existerait encore aujourd'hui. 24 C'est pourquoi, je vous le déclare, au jour du Jugement Sodome sera traitée moins sévèrement que toi. »

Venez à moi pour trouver le repos

25 En ce temps-là, Jésus s'écria : « Ô Père,
Seigneur du ciel et de la terre, je te remercie
d'avoir révélé aux petits ce que tu as caché aux
sages et aux gens instruits. 26 Oui, Père, tu as
bien voulu qu'il en soit ainsi.

27 « Mon Père m'a remis toutes choses.
Personne ne connaît le Fils si ce n'est le Père, et
personne ne connaît le Père si ce n'est le Fils et
ceux à qui le Fils veut le révéler.

28 « Venez à moi vous tous qui êtes fatigués
de porter un lourd fardeau et je vous donnerai
le repos. 29 Prenez sur vous mon joug et laissez-
moi vous instruire, car je suis doux et humble de
cœur, et vous trouverez le repos pour vous-mêmes.
30 Le joug que je vous invite à prendre est facile
à porter et le fardeau que je vous propose est
léger. »

Jésus et le sabbat

12 1 Quelque temps après, Jésus tra-
versait des champs de blé un jour de
sabbat. Ses disciples avaient faim;
ils se mirent à cueillir des épis et à en manger
les grains. 2 Quand les Pharisiens virent cela, ils
dirent à Jésus : « Regarde, tes disciples font ce
que notre loi ne permet pas le jour du sabbat! »
3 Jésus leur répondit : « N'avez-vous pas lu ce
que fit David un jour où lui-même et ses com-
pagnons avaient faim? 4 Il entra dans la maison
de Dieu et lui et ses compagnons mangèrent
les pains offerts à Dieu; il ne leur était pourtant
pas permis d'en manger : notre loi ne le permet
qu'aux seuls prêtres. 5 Ou bien, n'avez-vous pas
lu dans la loi de Moïse que, le jour du sabbat, les
prêtres en service dans le temple n'observent pas
la loi du sabbat, et cela sans être coupables? 6 Or,
je vous le déclare, il y a ici plus que le temple! 7 Si
vous saviez vraiment ce que signifient ces mots
de l'Écriture : "Je désire la bonté et non des sa-
crifices d'animaux", vous n'auriez pas condamné
des innocents. 8 Car le Fils de l'homme est maître
du sabbat. »

L'homme à la main paralysée

9 Jésus partit de là et se rendit dans leur sy-
nagogue. 10 Il y avait là un homme dont la main
était paralysée. Les Pharisiens voulaient accuser
Jésus; c'est pourquoi ils lui demandèrent : « Notre
loi permet-elle de faire une guérison le jour du
sabbat? » 11 Jésus leur répondit : « Si l'un d'entre
vous a un seul mouton et que celui-ci tombe dans
un trou profond le jour du sabbat, n'ira-t-il pas
le prendre pour le sortir de là? 12 Et un homme
vaut beaucoup plus qu'un mouton! Donc, notre
loi permet de faire du bien à quelqu'un le jour du
sabbat. » 13 Jésus dit alors à l'homme : « Avance
ta main. » Il l'avança et elle redevint saine comme
l'autre. 14 Les Pharisiens s'en allèrent et tinrent
conseil pour décider comment ils pourraient faire
mourir Jésus.

Le serviteur que Dieu a choisi

15 Quand Jésus apprit cela, il quitta cet en-
droit et un grand nombre de personnes le suivi-
rent. Il guérit tous les malades, 16 mais il leur re-
commanda sévèrement de ne pas dire qui il était.
17 Il en fut ainsi afin que se réalisent ces paroles
du prophète Ésaïe :

18 « Voici mon serviteur que j'ai choisi,
dit Dieu,
celui que j'aime
et en qui je mets toute ma joie.
Je placerai mon Esprit sur lui
et il annoncera aux nations
le droit que j'instaure.
19 Il ne se disputera avec personne
et ne criera pas,
on ne l'entendra pas faire des discours
dans les rues.
20 Il ne cassera pas le roseau déjà plié
et n'éteindra pas la lampe
dont la lumière faiblit.
Il agira ainsi
jusqu'à ce qu'il ait fait triompher le droit;
21 et toutes les nations
mettront leur espoir en lui. »

Jésus répond à une accusation portée contre lui

[22] On amena alors à Jésus un homme qui était aveugle et muet parce qu'il était possédé d'un esprit mauvais. Jésus guérit cet homme, de sorte qu'il se mit à parler et à voir. [23] La foule était remplie d'étonnement et tous disaient : « Serait-il le Fils de David? » [24] Quand les Pharisiens les entendirent, ils déclarèrent : « Cet homme ne chasse les esprits mauvais que parce que Béelzébul, leur chef, lui en donne le pouvoir! » [25] Mais Jésus connaissait leurs pensées; il leur dit alors : « Tout royaume dont les habitants luttent les uns contre les autres finit par être détruit. Aucune ville ou aucune famille dont les habitants ou les membres luttent les uns contre les autres ne pourra se maintenir. [26] Si Satan chasse ce qui est à Satan, il est en lutte contre lui-même; comment donc son royaume pourra-t-il se maintenir? [27] Vous prétendez que je chasse les esprits mauvais parce que Béelzébul m'en donne le pouvoir; qui donne alors à vos partisans le pouvoir de les chasser? Vos partisans eux-mêmes démontrent que vous avez tort! [28] En réalité, c'est par l'Esprit de Dieu que je chasse les esprits mauvais, ce qui signifie que le Royaume de Dieu est déjà venu jusqu'à vous.

[29] « Personne ne peut entrer dans la maison d'un homme fort et s'emparer de ses biens, s'il n'a pas d'abord ligoté cet homme fort; mais après l'avoir ligoté, il peut s'emparer de tout dans sa maison. [30] Celui qui n'est pas avec moi est contre moi; et celui qui ne m'aide pas à rassembler disperse. [31] C'est pourquoi, je vous le déclare : les êtres humains pourront être pardonnés pour tout péché et pour toute insulte qu'ils font à Dieu; mais celui qui fait insulte au Saint-Esprit ne recevra pas de pardon. [32] Celui qui dit une parole contre le Fils de l'homme sera pardonné; mais celui qui parle contre le Saint-Esprit ne sera pardonné ni dans le monde présent, ni dans le monde à venir. »

L'arbre et ses fruits

[33] « Pour avoir de bons fruits, vous devez avoir un bon arbre; si vous avez un arbre malade, vous aurez de mauvais fruits. Car on reconnaît un arbre au genre de fruits qu'il produit. [34] Bande de serpents! Comment pourriez-vous dire de bonnes choses, alors que vous êtes mauvais? Car la bouche exprime ce dont le cœur est plein. [35] L'homme bon tire de bonnes choses de son bon trésor; l'homme mauvais tire de mauvaises choses de son mauvais trésor. [36] Je vous le déclare : au jour du Jugement, les hommes auront à rendre compte de toute parole inutile qu'ils auront prononcée. [37] Car c'est d'après tes paroles que tu seras jugé et déclaré soit innocent, soit coupable. »

La demande d'un signe miraculeux

[38] Alors quelques maîtres de la loi et quelques Pharisiens dirent à Jésus : « Maître, nous voudrions que tu nous fasses voir un signe miraculeux. » [39] Jésus leur répondit en ces termes : « Les gens d'aujourd'hui, qui sont mauvais et infidèles à Dieu, réclament un signe miraculeux, mais aucun signe ne leur sera accordé si ce n'est celui du prophète Jonas. [40] En effet, de même que Jonas a passé trois jours et trois nuits dans le ventre du grand poisson, ainsi le Fils de l'homme passera trois jours et trois nuits dans la terre. [41] Au jour du Jugement, les habitants de Ninive se lèveront en face des gens d'aujourd'hui et les accuseront, car les Ninivites ont changé de comportement quand ils ont entendu prêcher Jonas. Et il y a ici plus que Jonas! [42] Au jour du Jugement, la reine du Sud se lèvera en face des gens d'aujourd'hui et les accusera, car elle est venue des régions les plus lointaines de la terre pour écouter les paroles pleines de sagesse de Salomon. Et il y a ici plus que Salomon! »

Le retour de l'esprit mauvais

[43] « Lorsqu'un esprit mauvais est sorti d'un homme, il va et vient dans des espaces déserts en cherchant un lieu où s'établir. Comme il n'en trouve pas, [44] il se dit : "Je vais retourner dans ma maison, celle que j'ai quittée." Il y retourne et la trouve vide, balayée, bien arrangée. [45] Alors il s'en va prendre sept autres esprits encore plus malfaisants que lui; ils reviennent ensemble dans la maison et s'y installent. Finalement, l'état de

cet homme est donc pire qu'au début. Et il en ira de même pour les gens mauvais d'aujourd'hui. »

La mère et les frères de Jésus

46 Jésus parlait encore à la foule, lorsque sa mère et ses frères arrivèrent. Ils se tenaient dehors et cherchaient à lui parler. 47 Quelqu'un dit à Jésus : « Écoute, ta mère et tes frères se tiennent dehors et désirent te parler. » 48 Jésus répondit à cette personne : « Qui est ma mère et qui sont mes frères? » 49 Puis il désigna de la main ses disciples et dit : « Voyez : ma mère et mes frères sont ici. 50 Car celui qui fait la volonté de mon Père qui est dans les cieux est mon frère, ma sœur ou ma mère. »

Les paraboles du Royaume

Le semeur

13 1 Ce jour-là, Jésus sortit de la maison et alla s'asseoir au bord du lac pour enseigner. 2 Une foule nombreuse s'assembla autour de lui, si bien qu'il monta dans une barque et s'y assit. Les gens se tenaient au bord de l'eau. 3 Il leur parlait de beaucoup de choses en utilisant des paraboles et il leur disait : « Un jour, un homme s'en alla dans son champ pour semer. 4 Tandis qu'il lançait la semence, une partie des grains tomba le long du chemin : les oiseaux vinrent et les mangèrent. 5 Une autre partie tomba sur un sol pierreux où il y avait peu de terre. Les grains poussèrent aussitôt parce que la couche de terre n'était pas profonde. 6 Quand le soleil fut haut dans le ciel, il brûla les jeunes plantes : elles se desséchèrent parce que leurs racines étaient insuffisantes. 7 Une autre partie des grains tomba parmi des plantes épineuses. Celles-ci grandirent et étouffèrent les bonnes pousses. 8 Mais d'autres grains tombèrent dans la bonne terre et produisirent des épis : les uns portaient cent grains, d'autres soixante et d'autres trente. » 9 Et Jésus ajouta : « Écoutez bien, si vous avez des oreilles! »

Pourquoi Jésus utilise des paraboles

10 Les disciples s'approchèrent alors de Jésus et lui demandèrent : « Pourquoi leur parles-tu en utilisant des paraboles? » 11 Il leur répondit : « Vous avez reçu, vous, la connaissance des secrets du Royaume des cieux, mais eux ne l'ont pas reçue. 12 Car celui qui a quelque chose recevra davantage et il sera dans l'abondance; mais à celui qui n'a rien on enlèvera même le peu qui pourrait lui rester. 13 C'est pourquoi j'utilise des paraboles pour leur parler : parce qu'ils regardent sans voir et qu'ils écoutent sans entendre et sans comprendre. 14 Ainsi s'accomplit pour eux la prophétie exprimée par Ésaïe en ces termes :

"Vous entendrez bien,
mais vous ne comprendrez pas;
vous regarderez bien, mais vous ne verrez pas.
15 Car ce peuple est devenu insensible;
ils se sont bouché les oreilles,
ils ont fermé les yeux,
afin d'empêcher leurs yeux de voir,
leurs oreilles d'entendre,
leur intelligence de comprendre,
et ainsi, ils ne reviendront pas à moi
pour que je les guérisse, dit Dieu."

16 « Quant à vous, heureux êtes-vous : vos yeux voient et vos oreilles entendent! 17 Je vous le déclare, c'est la vérité : beaucoup de prophètes et de gens fidèles à Dieu ont désiré voir ce que vous voyez, mais ne l'ont pas vu, et entendre ce que vous entendez, mais ne l'ont pas entendu. »

Jésus explique la parabole du semeur

18 « Écoutez donc ce que signifie la parabole du semeur. 19 Ceux qui entendent parler du Royaume et ne comprennent pas sont comme le bord du chemin où tombe la semence : le Mauvais arrive et arrache ce qui a été semé dans leur cœur. 20 D'autres sont comme le terrain pierreux où tombe la semence : ils entendent la parole et la reçoivent aussitôt avec joie. 21 Mais ils ne la laissent pas s'enraciner en eux, ils ne s'y attachent qu'un instant. Et alors, quand survient la détresse ou la persécution à cause de la parole de Dieu, ils renoncent bien vite à la foi.

22 D'autres encore reçoivent la semence parmi
des plantes épineuses : ils ont entendu la parole,
mais les préoccupations de ce monde et l'attrait
trompeur de la richesse étouffent la parole, et elle
ne produit rien. 23 D'autres, enfin, reçoivent la se-
mence dans de la bonne terre : ils entendent la
parole et la comprennent; ils portent alors des
fruits, les uns cent, d'autres soixante et d'autres
trente. »

La parabole de la mauvaise herbe

24 Jésus leur raconta une autre parabole :
« Voici à quoi ressemble le Royaume des cieux :
Un homme avait semé de la bonne semence
dans son champ. 25 Une nuit, pendant que tout
le monde dormait, un ennemi de cet homme vint
semer de la mauvaise herbe parmi le blé et s'en
alla. 26 Lorsque les plantes poussèrent et que
les épis se formèrent, la mauvaise herbe appa-
rut aussi. 27 Les serviteurs du propriétaire vinrent
lui dire : "Maître, tu avais semé de la bonne se-
mence dans ton champ : d'où vient donc cette
mauvaise herbe?" 28 Il leur répondit : "C'est un
ennemi qui a fait cela." Les serviteurs lui deman-
dèrent alors : "Veux-tu que nous allions enlever la
mauvaise herbe?" — 29 "Non, répondit-il, car en
l'enlevant vous risqueriez d'arracher aussi le blé.
30 Laissez-les pousser ensemble jusqu'à la mois-
son et, à ce moment-là, je dirai aux moisson-
neurs : Enlevez d'abord la mauvaise herbe et liez-
la en bottes pour la brûler, puis vous rentrerez le
blé dans mon grenier." »

La parabole de la graine de moutarde

31 Jésus leur raconta une autre parabole : « Le
Royaume des cieux ressemble à une graine de
moutarde qu'un homme a prise et semée dans
son champ. 32 C'est la plus petite de toutes les
graines; mais quand elle a poussé, c'est la plus
grande de toutes les plantes du jardin : elle de-
vient un arbre, de sorte que les oiseaux viennent
faire leurs nids dans ses branches. »

La parabole du levain

33 Jésus leur dit une autre parabole : « Le
Royaume des cieux ressemble au levain qu'une
femme prend et mêle à une grande quantité de
farine, si bien que toute la pâte lève. »

Comment Jésus utilisait des paraboles

34 Jésus dit tout cela aux foules en utilisant
des paraboles; il ne leur parlait pas sans utiliser
de paraboles. 35 Il agissait ainsi afin que se réalise
cette parole du prophète :

« Je m'exprimerai par des paraboles,
j'annoncerai des choses tenues secrètes
depuis la création du monde. »

Jésus explique la parabole de la mauvaise herbe

36 Alors Jésus quitta la foule et se rendit à la
maison. Ses disciples s'approchèrent de lui et di-
rent : « Explique-nous la parabole de la mauvaise
herbe dans le champ. » 37 Jésus répondit en ces
termes : « Celui qui sème la bonne semence, c'est
le Fils de l'homme; 38 le champ, c'est le monde; la
bonne semence représente ceux qui se soumet-
tent au Royaume; la mauvaise herbe représente
ceux qui obéissent au Mauvais; 39 l'ennemi qui
sème la mauvaise herbe, c'est le diable; la mois-
son, c'est la fin du monde; et les moissonneurs,
ce sont les anges. 40 Comme on enlève la mau-
vaise herbe pour la jeter au feu, ainsi en sera-t-il
à la fin du monde : 41 le Fils de l'homme enverra
ses anges, ils élimineront de son Royaume tous
ceux qui détournent de la foi les autres et ceux
qui commettent le mal, 42 et ils les jetteront dans
le feu de la fournaise; c'est là que beaucoup pleu-
reront et grinceront des dents. 43 Mais alors, ceux
qui sont fidèles à Dieu brilleront comme le soleil
dans le Royaume de leur Père. Écoutez bien, si
vous avez des oreilles! »

La parabole du trésor caché

44 « Le Royaume des cieux ressemble à un tré-
sor caché dans un champ. Un homme découvre
ce trésor et le cache de nouveau. Il est si heureux

qu'il va vendre tout ce qu'il possède et revient acheter ce champ. »

La parabole de la perle

45 « Le Royaume des cieux ressemble encore à un marchand qui cherche de belles perles. 46 Quand il en a trouvé une de grande valeur, il va vendre tout ce qu'il possède et achète cette perle. »

La parabole du filet

47 « Le Royaume des cieux ressemble encore à un filet qu'on a jeté dans le lac et qui attrape toutes sortes de poissons. 48 Quand il est plein, les pêcheurs le tirent au bord de l'eau, puis s'asseyent pour trier les poissons : ils mettent les bons dans des paniers et rejettent ceux qui ne valent rien. 49 Ainsi en sera-t-il à la fin du monde : les anges viendront séparer les méchants d'avec les bons 50 pour les jeter dans le feu de la fournaise; c'est là que beaucoup pleureront et grinceront des dents. »

Des richesses nouvelles et anciennes

51 « Avez-vous compris tout cela? » leur demanda Jésus. « Oui », répondirent-ils. 52 Il leur dit alors : « Ainsi donc, tout maître de la loi qui devient disciple du Royaume des cieux est semblable à un propriétaire qui tire de son trésor des choses nouvelles et des choses anciennes. »

Révélation de Jésus : rejet et foi

Jésus rejeté à Nazareth

53 Quand Jésus eut fini de raconter ces para-
boles, il partit de là 54 et se rendit dans la ville où
il avait grandi. Il se mit à enseigner dans la syna-
gogue de l'endroit et toutes les personnes pré-
sentes furent très étonnées. Elles disaient : « D'où
a-t-il cette sagesse? comment peut-il accomplir
ces miracles? 55 N'est-ce pas lui le fils du char-
pentier? Marie n'est-elle pas sa mère? Jacques,
Joseph, Simon et Jude ne sont-ils pas ses frè-
res? 56 Et ses sœurs ne vivent-elles pas toutes
parmi nous? D'où a-t-il donc tout ce pouvoir? »
57 Et cela les empêchait de croire en lui. Alors
Jésus leur dit : « Un prophète est estimé partout,
excepté dans sa ville natale et dans sa famille. »
58 Jésus n'accomplit là que peu de miracles à
cause de leur manque de foi.

La mort de Jean-Baptiste

14 1 En ce temps-là, Hérode, qui ré-
gnait sur la Galilée, entendit parler de
Jésus. 2 Il dit à ses serviteurs : « C'est
Jean-Baptiste : il est revenu d'entre les morts!
Voilà pourquoi il a le pouvoir d'accomplir des mi-
racles. »
3 En effet, Hérode avait ordonné d'arrêter
Jean, de l'enchaîner et de le jeter en prison.
C'était à cause d'Hérodiade, la femme de son
frère Philippe. 4 Car Jean disait à Hérode : « Il ne
t'est pas permis d'avoir Hérodiade pour femme! »
5 Hérode voulait faire mourir Jean, mais il crai-
gnait le peuple juif, car tous considéraient Jean
comme un prophète. 6 Cependant, le jour de l'an-
niversaire d'Hérode, la fille d'Hérodiade dansa
devant les invités. Elle plut tellement à Hérode
7 qu'il jura de lui donner tout ce qu'elle deman-
derait. 8 Sur le conseil de sa mère, elle lui dit :
« Donne-moi ici la tête de Jean-Baptiste sur un
plat! » 9 Le roi en fut attristé; mais à cause des
serments qu'il avait faits devant ses invités, il
donna l'ordre de la lui accorder. 10 Il envoya donc
quelqu'un couper la tête de Jean-Baptiste dans
la prison. 11 La tête fut apportée sur un plat et
donnée à la jeune fille, qui la remit à sa mère.
12 Les disciples de Jean vinrent prendre son corps
et l'enterrèrent; puis ils allèrent annoncer à Jésus
ce qui s'était passé.

Jésus nourrit cinq mille hommes

13 Quand Jésus entendit cette nouvelle, il
partit de là en barque pour se rendre seul dans
un endroit isolé. Mais les foules l'apprirent; elles
sortirent des localités voisines et suivirent Jésus
en marchant au bord de l'eau. 14 Lorsque Jésus
sortit de la barque, il vit une grande foule; il eut
le cœur rempli de pitié pour ces gens et il se mit
à guérir leurs malades. 15 Quand le soir fut venu,
les disciples de Jésus s'approchèrent de lui et
dirent : « Il est déjà tard et cet endroit est isolé.
Renvoie tous ces gens pour qu'ils aillent dans les
villages s'acheter des vivres. » 16 Jésus leur ré-
pondit : « Il n'est pas nécessaire qu'ils s'en aillent;
donnez-leur vous-mêmes à manger! » 17 Mais ils
lui dirent : « Nous n'avons ici que cinq pains et
deux poissons. » — 18 « Apportez-les-moi », leur
dit Jésus. 19 Ensuite, il ordonna à la foule de s'as-
seoir sur l'herbe; puis il prit les cinq pains et les
deux poissons, leva les yeux vers le ciel et re-
mercia Dieu. Il rompit les pains et les donna aux
disciples, et ceux-ci les distribuèrent à la foule.
20 Chacun mangea à sa faim.

Les disciples emportèrent douze corbeilles pleines des morceaux qui restaient. [21] Ceux qui avaient mangé étaient au nombre d'environ cinq mille hommes, sans compter les femmes et les enfants.

Jésus marche sur le lac

[22] Aussitôt après, Jésus fit monter les disciples dans la barque pour qu'ils passent avant lui de l'autre côté du lac, pendant que lui-même renverrait la foule. [23] Après l'avoir renvoyée, il monta sur une colline pour prier. Quand le soir fut venu, il se tenait là, seul; [24] la barque était déjà à une bonne distance de la terre, elle était battue par les vagues, car le vent soufflait contre elle. [25] Tard dans la nuit, Jésus se dirigea vers ses disciples en marchant sur l'eau. [26] Quand ils le virent marcher sur l'eau, ils furent terrifiés et dirent : « C'est un fantôme! » Et ils poussèrent des cris de frayeur. [27] Mais aussitôt Jésus leur parla : « Courage, leur dit-il. C'est moi, n'ayez pas peur! » [28] Pierre prit alors la parole et lui dit : « Seigneur, si c'est bien toi, ordonne que j'aille vers toi sur l'eau. » — [29] « Viens! » répondit Jésus.

Pierre sortit de la barque et se mit à marcher sur l'eau pour aller à Jésus. [30] Mais quand il remarqua la violence du vent, il prit peur. Il commença à s'enfoncer dans l'eau et s'écria : « Seigneur, sauve-moi! » [31] Aussitôt, Jésus étendit la main, le saisit et lui dit : « Comme ta confiance est faible! Pourquoi as-tu douté? » [32] Ils montèrent tous les deux dans la barque et le vent tomba. [33] Alors les disciples qui étaient dans la barque se mirent à genoux devant Jésus et dirent : « Tu es vraiment le Fils de Dieu! »

Jésus guérit les malades dans la région de Génésareth

[34] Ils achevèrent la traversée du lac et arrivèrent dans la région de Génésareth. [35] Les gens de l'endroit reconnurent Jésus et répandirent dans les environs la nouvelle de son arrivée, et on lui amena tous les malades. [36] On le suppliait de les laisser toucher au moins le bord de son manteau; et tous ceux qui le touchaient étaient guéris.

L'enseignement transmis par les ancêtres

15 [1] Des Pharisiens et des maîtres de la loi vinrent alors de Jérusalem trouver Jésus et lui demandèrent : [2] « Pourquoi tes disciples désobéissent-ils aux règles transmises par nos ancêtres? Car ils ne se lavent pas les mains selon la coutume avant de manger. » [3] Jésus leur répondit : « Et vous, pourquoi désobéissez-vous au commandement de Dieu pour agir selon votre propre tradition? [4] Dieu a dit en effet : "Respecte ton père et ta mère", et aussi "Celui qui maudit son père ou sa mère doit être mis à mort." [5] Mais vous, vous enseignez que si quelqu'un déclare à son père ou à sa mère : "Ce que je pourrais te donner pour t'aider est une offrande réservée à Dieu", [6] il n'a pas besoin de marquer pratiquement son respect pour son père. C'est ainsi que vous annulez l'exigence de la parole de Dieu pour agir selon votre propre tradition! [7] Hypocrites! Ésaïe avait bien raison lorsqu'il prophétisait à votre sujet en ces termes :

[8] "Ce peuple, dit Dieu, m'honore en paroles,
mais de cœur il est loin de moi.
[9] Le culte que ces gens me rendent
est sans valeur
car les doctrines qu'ils enseignent
ne sont que des prescriptions humaines." »

Les choses qui rendent un homme impur

[10] Puis Jésus appela la foule et dit à tous : « Écoutez et comprenez ceci : [11] Ce n'est pas ce qui entre dans la bouche d'un homme qui le rend impur. Mais ce qui sort de sa bouche, voilà ce qui le rend impur. » [12] Les disciples s'approchèrent alors de Jésus et lui dirent : « Sais-tu que les Pharisiens ont été scandalisés de t'entendre parler ainsi? » [13] Il répondit : « Toute plante que n'a pas plantée mon Père qui est au ciel sera arrachée. [14] Laissez-les : ce sont des aveugles conducteurs d'aveugles! Et si un aveugle conduit un autre aveugle, ils tomberont tous les deux dans un trou. » [15] Pierre prit la parole et lui dit : « Explique-nous le sens de cette image. » [16] Jésus dit : « Êtes-vous encore, vous aussi, sans intelligence? [17] Ne comprenez-vous pas que tout ce qui entre dans la bouche de quelqu'un passe dans son ventre et

sort ensuite de son corps? 18 Mais ce qui sort de la bouche vient du cœur, et c'est cela qui rend l'homme impur. 19 Car de son cœur viennent les mauvaises pensées qui le poussent à tuer, commettre l'adultère, vivre dans l'immoralité, voler, prononcer de faux témoignages et dire du mal des autres. 20 Voilà ce qui rend l'homme impur! Mais manger sans s'être lavé les mains selon la coutume, cela ne rend pas l'homme impur. »

Une femme étrangère croit en Jésus

21 Puis Jésus partit de là et s'en alla dans le territoire de Tyr et de Sidon. 22 Une femme cananéenne qui vivait dans cette région vint à lui et s'écria : « Maître, Fils de David, aie pitié de moi! Ma fille est tourmentée par un esprit mauvais, elle va très mal! » 23 Mais Jésus ne répondit pas un mot. Ses disciples s'approchèrent pour lui adresser cette demande : « Renvoie-la, car elle ne cesse de crier en nous suivant. » 24 Jésus répondit : « Je n'ai été envoyé qu'aux brebis perdues du peuple d'Israël. »

25 Mais la femme vint se mettre à genoux devant lui et dit : « Maître, aide-moi! » 26 Jésus répondit : « Il n'est pas bien de prendre le pain des enfants et de le jeter aux chiens. » — 27 « C'est vrai, Maître, dit-elle, pourtant même les chiens mangent les miettes qui tombent de la table de leurs maîtres. » 28 Alors Jésus lui répondit : « Oh! que ta foi est grande! Dieu t'accordera ce que tu désires. » Et sa fille fut guérie à ce moment même.

Jésus guérit de nombreux malades

29 Jésus partit de là et se rendit au bord du lac de Galilée. Il monta sur une colline et s'assit. 30 Des foules nombreuses vinrent à lui, amenant avec elles des boiteux, des aveugles, des infirmes, des muets et beaucoup d'autres malades. On les déposa aux pieds de Jésus et il les guérit. 31 Les gens furent remplis d'étonnement quand ils virent les muets parler, les infirmes être guéris, les boiteux marcher et les aveugles voir, et ils se mirent à louer le Dieu d'Israël.

Jésus nourrit quatre mille hommes

32 Jésus appela ses disciples et dit : « J'ai pitié de ces gens, car voilà trois jours qu'ils sont avec moi et ils n'ont plus rien à manger. Je ne veux pas les renvoyer le ventre vide; ils pourraient se trouver mal en chemin. » 33 Les disciples lui demandèrent : « Où pourrions-nous trouver de quoi faire manger à sa faim une telle foule, dans cet endroit désert? » 34 Jésus leur demanda : « Combien avez-vous de pains? » Et ils répondirent : « Sept, et quelques petits poissons. » 35 Alors, il ordonna à la foule de s'asseoir par terre. 36 Puis il prit les sept pains et les poissons, remercia Dieu, les rompit et les donna à ses disciples, et les disciples les distribuèrent à tous. 37 Chacun mangea à sa faim. Les disciples emportèrent sept corbeilles pleines des morceaux qui restaient. 38 Ceux qui avaient mangé étaient au nombre de quatre mille hommes, sans compter les femmes et les enfants. 39 Après avoir renvoyé la foule, Jésus monta dans la barque et se rendit dans la région de Magadan.

On demande à Jésus un signe miraculeux

16 1 Les Pharisiens et les Sadducéens s'approchèrent de Jésus pour lui tendre un piège. Ils lui demandèrent de leur montrer par un signe miraculeux qu'il venait de la part de Dieu. 2 Mais Jésus leur répondit en ces termes : « Au coucher du soleil, vous dites : "Il va faire beau temps, car le ciel est rouge." 3 Et tôt le matin, vous dites : "Il va pleuvoir aujourd'hui, car le ciel est rouge sombre." Vous savez interpréter les aspects du ciel, mais vous êtes incapables d'interpréter les signes qui concernent ces temps-ci! 4 Les gens d'aujourd'hui, qui sont mauvais et infidèles à Dieu, réclament un signe miraculeux, mais aucun signe ne leur sera accordé si ce n'est celui de Jonas. » Puis il les laissa et partit.

Le levain des Pharisiens et des Sadducéens

5 Quand les disciples passèrent de l'autre côté du lac, ils oublièrent d'emporter du pain. 6 Jésus leur dit alors : « Attention! Gardez-vous du levain

des Pharisiens et des Sadducéens. » 7 Les disci-
ples se mirent à dire entre eux : « Il parle ainsi
parce que nous n'avons pas emporté de pain. »
8 Jésus s'aperçut de ce qu'ils disaient et leur de-
manda : « Pourquoi dire entre vous : c'est parce
que nous n'avons pas de pain? Comme votre
confiance est faible! 9 Ne comprenez-vous pas
encore? Ne vous rappelez-vous pas les cinq pains
distribués aux cinq mille hommes et le nombre
de corbeilles que vous avez emportées? 10 Et ne
vous rappelez-vous pas les sept pains distribués
aux quatre mille hommes et le nombre de cor-
beilles que vous avez emportées? 11 Comment ne
comprenez-vous pas que je ne vous parlais pas
de pain quand je vous disais : Gardez-vous du
levain des Pharisiens et des Sadducéens? »
12 Alors les disciples comprirent qu'il ne leur
avait pas dit de se garder du levain utilisé pour le
pain, mais de l'enseignement des Pharisiens et
des Sadducéens.

Pierre déclare que Jésus est le Messie

13 Jésus se rendit dans le territoire de Césarée
de Philippe. Il demanda à ses disciples : « Que
disent les gens au sujet du Fils de l'homme? »
14 Ils répondirent : « Certains disent que tu es
Jean-Baptiste, d'autres que tu es Élie, et d'autres
encore que tu es Jérémie ou un autre prophète. »
— 15 « Et vous, leur demanda Jésus, qui dites-
vous que je suis? » 16 Simon Pierre répondit : « Tu
es le Messie, le Fils du Dieu vivant. » 17 Jésus lui
dit alors : « Tu es heureux, Simon fils de Jean,
car ce n'est pas un être humain qui t'a révélé cet-
te vérité, mais mon Père qui est dans les cieux.
18 Eh bien, moi, je te le déclare, tu es Pierre et sur
cette pierre je construirai mon Église. La mort
elle-même ne pourra rien contre elle. 19 Je te
donnerai les clés du Royaume des cieux : ce que
tu excluras sur terre sera exclu dans les cieux; ce
que tu accueilleras sur terre sera accueilli dans
les cieux. » 20 Puis Jésus ordonna sévèrement à
ses disciples de ne dire à personne qu'il était le
Messie.

Jésus annonce sa mort et sa résurrection

21 A partir de ce moment, Jésus se mit à par-
ler ouvertement à ses disciples en disant : « Il faut
que j'aille à Jérusalem et que j'y souffre beau-
coup de la part des anciens, des chefs des prêtres
et des maîtres de la loi. Je serai mis à mort et,
le troisième jour, je reviendrai à la vie. » 22 Alors
Pierre le prit à part et se mit à lui faire des re-
proches : « Dieu t'en garde, Seigneur! dit-il. Non,
cela ne t'arrivera pas! » 23 Mais Jésus se retourna
et dit à Pierre : « Va-t'en loin de moi, Satan! Tu es
un obstacle sur ma route, car tu ne penses pas
comme Dieu, mais comme les êtres humains. »
24 Puis Jésus dit à ses disciples : « Si quel-
qu'un veut venir avec moi, qu'il cesse de penser
à lui-même, qu'il porte sa croix et me suive. 25 En
effet, celui qui veut sauver sa vie la perdra; mais
celui qui perdra sa vie pour moi la retrouvera. 26 À
quoi servirait-il à un homme de gagner le monde
entier, si c'est au prix de sa vie? Que pourrait-il
donner pour racheter sa vie? 27 En effet, le Fils
de l'homme va venir dans la gloire de son Père
avec ses anges, et alors il traitera chacun selon la
façon dont il aura agi. 28 Je vous le déclare, c'est
la vérité : quelques-uns de ceux qui sont ici ne
mourront pas avant d'avoir vu le Fils de l'homme
venir comme roi. »

La transfiguration de Jésus

17 1 Six jours après, Jésus prit avec
lui Pierre, Jacques et Jean, frère de
Jacques, et les conduisit sur une haute
montagne où ils se trouvèrent seuls. 2 Il changea
d'aspect devant leurs yeux; son visage se mit à
briller comme le soleil et ses vêtements devin-
rent blancs comme la lumière. 3 Soudain les trois
disciples virent Moïse et Élie qui parlaient avec
Jésus. 4 Pierre dit alors à Jésus : « Seigneur, il est
bon que nous soyons ici. Si tu le veux, je vais
dresser ici trois tentes, une pour toi, une pour
Moïse et une pour Élie. » 5 Il parlait encore, lors-
qu'un nuage brillant vint les couvrir, et du nuage
une voix se fit entendre : « Celui-ci est mon Fils
bien-aimé en qui je mets toute ma joie. Écoutez-
le! » 6 Quand les disciples entendirent cette voix,
ils eurent tellement peur qu'ils se jetèrent le

visage contre terre. 7 Jésus s'approcha d'eux, les toucha et dit : « Relevez-vous, n'ayez pas peur. » 8 Ils levèrent alors les yeux et ne virent personne d'autre que Jésus. 9 Tandis qu'ils descendaient de la montagne, Jésus leur fit cette recommandation : « Ne parlez à personne de cette vision, jusqu'à ce que le Fils de l'homme revienne d'entre les morts. »

10 Puis les disciples interrogèrent Jésus : « Pourquoi les maîtres de la loi disent-ils qu'Élie doit venir d'abord? » 11 Il leur répondit : « Élie doit en effet venir et tout remettre en ordre. 12 Quant à moi, je vous le déclare : Élie est déjà venu, les gens ne l'ont pas reconnu mais l'ont traité comme ils l'ont voulu. C'est ainsi que le Fils de l'homme lui-même sera maltraité par eux. » 13 Les disciples comprirent alors qu'il leur parlait de Jean-Baptiste.

Jésus guérit un enfant épileptique

14 Quand ils arrivèrent là où était la foule, un homme s'approcha de Jésus, se mit à genoux devant lui 15 et dit : « Maître, aie pitié de mon fils. Il est épileptique et il a de telles crises que, souvent, il tombe dans le feu ou dans l'eau. 16 Je l'ai amené à tes disciples, mais ils n'ont pas pu le guérir. » 17 Jésus s'écria : « Gens mauvais et sans foi que vous êtes! Combien de temps encore devrai-je rester avec vous? Combien de temps encore devrai-je vous supporter? Amenez-moi l'enfant ici. » 18 Jésus menaça l'esprit mauvais; celui-ci sortit de l'enfant qui fut guéri à ce moment même. 19 Les disciples s'approchèrent alors de Jésus en particulier et lui demandèrent : « Pourquoi n'avons-nous pas pu chasser cet esprit? » 20 Jésus leur répondit : « Parce que vous avez trop peu de foi. Je vous le déclare, c'est la vérité : si vous aviez de la foi gros comme un grain de moutarde, vous diriez à cette colline : "Déplace-toi d'ici à là-bas", et elle se déplacerait. Rien ne vous serait impossible. [21 Mais c'est par la prière et le jeûne seulement qu'on peut faire sortir ce genre d'esprit.] »

Jésus annonce de nouveau sa mort et sa résurrection

22 Un jour que les disciples se trouvaient tous ensemble en Galilée, Jésus leur dit : « Le Fils de l'homme va être livré entre les mains des hommes, 23 qui le mettront à mort; mais, le troisième jour, il reviendra à la vie. » Alors les disciples furent profondément attristés.

Le paiement de l'impôt du temple

24 Quand Jésus et ses disciples arrivèrent à Capernaüm, ceux qui percevaient l'impôt du temple s'approchèrent de Pierre et lui demandèrent : « Votre maître ne paie-t-il pas l'impôt du temple? » — 25 « Si, répondit Pierre, il le paie. » Au moment où Pierre entrait dans la maison, Jésus prit la parole le premier et dit : « Qu'en pensestu, Simon? Qui doit payer les impôts ou les taxes aux rois de ce monde? Les citoyens de leurs pays ou les étrangers? » — 26 « Les étrangers », répondit Pierre. « Par conséquent, lui dit Jésus, les citoyens n'ont pas à payer. 27 Cependant, nous ne voulons pas choquer ces gens. C'est pourquoi, va au lac, lance une ligne à l'eau, tire à toi le premier poisson que tu attraperas et ouvre-lui la bouche : tu y trouveras une pièce d'argent qui suffira pour payer mon impôt et le tien; prends-la et paie-leur notre impôt. »

Le discours sur la communauté des disciples

Le plus grand dans le Royaume des cieux

18 1 À ce moment, les disciples s'approchèrent de Jésus et lui demandèrent : « Qui est le plus grand dans le Royaume des cieux? » 2 Jésus appela un petit enfant, le plaça au milieu d'eux 3 et dit : « Je vous le déclare, c'est la vérité : si vous ne changez pas pour devenir comme des petits enfants, vous n'entrerez pas dans le Royaume des cieux. 4 Le plus grand dans le Royaume des cieux est celui qui s'abaisse et devient comme cet enfant. 5 Et l'homme qui reçoit un enfant comme celui-ci par amour pour moi, me reçoit moi-même.

Sérieuse mise en garde

6 « Celui qui fait tomber dans le péché un de ces petits qui croient en moi, il vaudrait mieux pour lui qu'on lui attache au cou une grosse pierre et qu'on le noie au fond de la mer. 7 Quel malheur pour le monde que tous les faits qui entraînent les hommes à pécher! Ils se produisent fatalement, mais malheur à l'homme qui en est la cause! 8 Si c'est à cause de ta main ou de ton pied que tu tombes dans le péché, coupe-les et jette-les loin de toi; il vaut mieux pour toi entrer dans la vraie vie avec une seule main ou un seul pied que de garder les deux mains et les deux pieds et d'être jeté dans le feu éternel. 9 Et si c'est à cause de ton œil que tu tombes dans le péché, arrache-le et jette-le loin de toi; il vaut mieux pour toi entrer dans la vraie vie avec un seul œil que de garder les deux yeux et d'être jeté dans le feu de l'enfer. »

La parabole du mouton égaré et retrouvé

10 « Gardez-vous de mépriser l'un de ces petits; je vous l'affirme, en effet, leurs anges se tiennent continuellement en présence de mon Père dans les cieux. [11 Car le Fils de l'homme est venu sauver ceux qui étaient perdus.]

12 « Qu'en pensez-vous? Supposons qu'un homme possède cent moutons et que l'un d'eux s'égare, ne va-t-il pas laisser les quatre-vingt-dix-neuf autres sur la colline pour partir à la recherche de celui qui s'est égaré? 13 Je vous l'affirme, s'il le retrouve, il ressent plus de joie pour ce mouton que pour les quatre-vingt-dix-neuf autres qui ne se sont pas égarés. 14 De même, votre Père qui est dans les cieux ne veut pas qu'un seul de ces petits se perde. »

Quand un frère se rend coupable

15 « Si ton frère se rend coupable à ton égard, va le trouver seul à seul et montre-lui sa faute. S'il t'écoute, tu auras gagné ton frère. 16 Mais s'il refuse de t'écouter, prends une ou deux autres personnes avec toi, afin que, comme le dit l'Écriture, “toute affaire soit réglée sur le témoignage de deux ou trois personnes”. 17 Mais s'il refuse de les écouter, dis-le à l'Église; et s'il refuse d'écouter l'Église, considère-le comme un incroyant ou un collecteur d'impôts.

Exclusion et accueil

18 « Je vous le déclare, c'est la vérité : tout ce que vous exclurez sur terre sera exclu dans le ciel; tout ce que vous accueillerez sur terre sera accueilli dans le ciel.

19 « Je vous déclare aussi que si deux d'entre vous, sur la terre, s'accordent pour demander quoi que ce soit dans la prière, mon Père qui est dans les cieux le leur donnera. 20 Car là où deux ou trois s'assemblent en mon nom, je suis au milieu d'eux. »

La parabole du serviteur qui refuse de pardonner

21 Alors Pierre s'approcha de Jésus et lui
demanda : « Seigneur, combien de fois devrai-
je pardonner à mon frère s'il se rend coupable
envers moi? jusqu'à sept fois? » — 22 « Non, ré-
pondit Jésus, je ne te dis pas jusqu'à sept fois,
mais jusqu'à soixante-dix fois sept fois. 23 C'est
pourquoi, voici à quoi ressemble le Royaume des
cieux : Un roi décida de régler ses comptes avec
ses serviteurs. 24 Il commençait à le faire, quand
on lui en amena un qui lui devait une énorme
somme d'argent. 25 Cet homme n'avait pas de
quoi rendre cet argent; alors son maître donna
l'ordre de le vendre comme esclave et de vendre
aussi sa femme, ses enfants et tout ce qu'il possé-
dait, afin de rembourser ainsi la dette. 26 Le servi-
teur se jeta à genoux devant son maître et lui dit :
"Prends patience envers moi et je te paierai tout!"
27 Le maître en eut pitié : il annula sa dette et le
laissa partir. 28 Le serviteur sortit et rencontra un
de ses compagnons de service qui lui devait une
très petite somme d'argent. Il le saisit à la gorge
et le serrait à l'étouffer en disant : "Paie ce que tu
me dois!" 29 Son compagnon se jeta à ses pieds
et le supplia en ces termes : "Prends patience en-
vers moi et je te paierai!" 30 Mais l'autre refusa;
bien plus, il le fit jeter en prison en attendant qu'il
ait payé sa dette. 31 Quand les autres serviteurs
virent ce qui était arrivé, ils en furent profondé-
ment attristés et allèrent tout raconter à leur maî-
tre. 32 Alors le maître fit venir ce serviteur et lui
dit : "Méchant serviteur! j'ai annulé toute ta dette
parce que tu m'as supplié de le faire. 33 Tu devais
toi aussi avoir pitié de ton compagnon, comme
j'ai eu pitié de toi." 34 Le maître était fort en colère
et il envoya le serviteur aux travaux forcés en at-
tendant qu'il ait payé toute sa dette. »

35 Et Jésus ajouta : « C'est ainsi que mon Père
qui est au ciel vous traitera si chacun de vous ne
pardonne pas à son frère de tout son cœur. »

L'avènement prochain du Royaume des cieux

L'enseignement de Jésus sur le divorce

19 1 Quand Jésus eut achevé ces instructions, il quitta la Galilée et se rendit dans la partie de la Judée qui se trouve de l'autre côté de la rivière, le Jourdain. 2 Une foule de gens l'y suivirent et il guérit leurs malades. 3 Quelques Pharisiens s'approchèrent de lui pour lui tendre un piège. Ils lui demandèrent : « Notre loi permet-elle à un homme de renvoyer sa femme pour n'importe quelle raison? » 4 Jésus répondit : « N'avez-vous pas lu ce que déclare l'Écriture? "Au commencement, le Créateur les fit homme et femme", 5 puis il dit : C'est pourquoi, l'homme quittera son père et sa mère pour s'attacher à sa femme, et les deux deviendront un seul être. 6 Ainsi, ils ne sont plus deux mais un seul être. Que l'homme ne sépare donc pas ce que Dieu a uni. » 7 Les Pharisiens lui demandèrent : « Pourquoi donc Moïse a-t-il commandé à l'homme de donner une attestation de divorce à sa femme quand il la renvoie? » 8 Jésus répondit : « Moïse vous a permis de renvoyer vos femmes parce que vous avez le cœur dur. Mais au commencement, il n'en était pas ainsi. 9 Je vous le déclare : si un homme renvoie sa femme, alors qu'elle n'a pas été infidèle, et en épouse une autre, il commet un adultère. »

10 Ses disciples lui dirent : « Si telle est la condition de l'homme par rapport à sa femme, il vaut mieux ne pas se marier. » 11 Jésus leur répondit : « Tous les hommes ne sont pas capables d'accepter cet enseignement, mais seulement ceux à qui Dieu en donne les moyens. 12 Il y a différentes raisons qui empêchent les hommes de se marier : pour certains, c'est une impossibilité dès leur naissance; d'autres, les eunuques, en ont été rendus incapables par les hommes; d'autres enfin renoncent à se marier à cause du Royaume des cieux. Que celui qui peut accepter cet enseignement l'accepte! »

Jésus bénit des enfants

13 Des gens amenèrent des enfants à Jésus pour qu'il pose les mains sur eux et prie pour eux, mais les disciples leur firent des reproches. 14 Jésus dit alors : « Laissez les enfants venir à moi et ne les en empêchez pas, car le Royaume des cieux appartient à ceux qui sont comme eux. » 15 Il posa les mains sur eux, puis partit de là.

Le jeune homme riche

16 Un homme s'approcha de Jésus et lui demanda : « Maître, que dois-je faire de bon pour avoir la vie éternelle? » 17 Jésus lui dit : « Pourquoi m'interroges-tu au sujet de ce qui est bon? Un seul est bon. Si tu veux entrer dans la vie, obéis aux commandements. » — 18 « Auxquels? » demanda-t-il. Jésus répondit : « Ne commets pas de meurtre; ne commets pas d'adultère; ne vole pas; ne prononce pas de faux témoignage contre quelqu'un; 19 respecte ton père et ta mère; aime ton prochain comme toi-même. » 20 Le jeune homme lui dit : « J'ai obéi à tous ces commandements. Que dois-je faire encore? » — 21 « Si tu veux être parfait, lui dit Jésus, va vendre tout ce que tu possèdes et donne l'argent aux pauvres, alors tu auras des richesses dans les cieux; puis viens et suis-moi. » 22 Mais quand le jeune homme entendit cela, il s'en alla tout triste, parce qu'il avait de grands biens.

23 Jésus dit alors à ses disciples : « Je vous le
déclare, c'est la vérité : il est difficile à un homme
riche d'entrer dans le Royaume des cieux. 24 Et je
vous déclare encore ceci : il est difficile à un cha-
meau de passer par le trou d'une aiguille, mais il
est encore plus difficile à un riche d'entrer dans le
Royaume de Dieu. » 25 Quand les disciples enten-
dirent ces mots, ils furent très étonnés et dirent :
« Mais qui donc peut être sauvé? » 26 Jésus les re-
garda et leur dit : « C'est impossible aux hommes,
mais tout est possible à Dieu. » 27 Alors Pierre prit
la parole : « Écoute, lui dit-il, nous avons tout quit-
té pour te suivre. Que se passera-t-il pour nous? »
28 Jésus leur dit : « Je vous le déclare, c'est la
vérité : quand le Fils de l'homme siégera sur son
trône glorieux dans le monde nouveau, vous, les
douze qui m'avez suivi, vous siégerez également
sur des trônes pour juger les douze tribus d'Israël.
29 Et tous ceux qui auront quitté pour moi leurs
maisons, ou leurs frères, leurs sœurs, leur père,
leur mère, leurs enfants, leurs champs, recevront
cent fois plus et auront part à la vie éternelle.
30 Mais beaucoup qui sont maintenant les pre-
miers seront les derniers et beaucoup qui sont
maintenant les derniers seront les premiers. »

Les ouvriers dans la vigne

20 1 « Voici, en effet, à quoi ressemble le
Royaume des cieux : Un propriétaire
sortit tôt le matin afin d'engager des
ouvriers pour sa vigne. 2 Il convint avec eux de
leur payer le salaire habituel, une pièce d'argent
par jour, et les envoya travailler dans sa vigne.
3 Il sortit de nouveau à neuf heures du matin et
en vit d'autres qui se tenaient sur la place sans
rien faire. 4 Il leur dit : "Allez, vous aussi, travailler
dans ma vigne et je vous donnerai un juste sa-
laire." 5 Et ils y allèrent. Le propriétaire sortit en-
core à midi, puis à trois heures de l'après-midi et
fit de même. 6 Enfin, vers cinq heures du soir, il
sortit et trouva d'autres hommes qui se tenaient
encore sur la place. Il leur demanda : "Pourquoi
restez-vous ici tout le jour sans rien faire?"
— 7 "Parce que personne ne nous a engagés",
répondirent-ils. Il leur dit : "Eh bien, allez, vous
aussi, travailler dans ma vigne."

8 « Quand vint le soir, le propriétaire de la vi-
gne dit à son contremaître : "Appelle les ouvriers
et paie à chacun son salaire. Tu commenceras
par les derniers engagés et tu termineras par les
premiers engagés." 9 Ceux qui s'étaient mis au
travail à cinq heures du soir vinrent alors et re-
çurent chacun une pièce d'argent. 10 Quand ce
fut le tour des premiers engagés, ils pensèrent
qu'ils recevraient plus; mais on leur remit aussi
à chacun une pièce d'argent. 11 En la recevant,
ils critiquaient le propriétaire 12 et disaient : "Ces
ouvriers engagés en dernier n'ont travaillé qu'une
heure et tu les as payés comme nous qui avons
supporté la fatigue d'une journée entière de tra-
vail sous un soleil brûlant!" 13 Mais le propriétaire
répondit à l'un d'eux : "Mon ami, je ne te cause
aucun tort. Tu as convenu avec moi de travailler
pour une pièce d'argent par jour, n'est-ce pas?
14 Prends donc ton salaire et va-t'en. Je veux don-
ner à ce dernier engagé autant qu'à toi. 15 N'ai-
je pas le droit de faire ce que je veux de mon
argent? Ou bien es-tu jaloux parce que je suis
bon?" 16 Ainsi, ajouta Jésus, ceux qui sont les
derniers seront les premiers et ceux qui sont les
premiers seront les derniers. »

Jésus annonce une troisième fois sa mort et sa résurrection

17 Jésus se rendait à Jérusalem. Il prit les dou-
ze disciples à part et leur dit, tout en marchant :
18 « Écoutez, nous montons à Jérusalem, où le
Fils de l'homme sera livré aux chefs des prêtres et
aux maîtres de la loi. Ils le condamneront à mort
19 et le livreront aux païens, qui se moqueront de
lui, le frapperont à coups de fouet et le cloueront
sur une croix. Et le troisième jour, il reviendra de
la mort à la vie. »

La demande de la mère de Jacques et Jean

20 Alors la femme de Zébédée s'approcha de
Jésus avec ses deux fils; elle s'inclina devant lui
pour lui demander une faveur. 21 « Que désires-
tu? » lui dit Jésus. Elle lui répondit : « Promets-
moi que mes deux fils que voici siégeront
l'un à ta droite et l'autre à ta gauche quand tu

seras roi. » — 22 « Vous ne savez pas ce que vous demandez, répondit Jésus. Pouvez-vous boire la coupe de douleur que je vais boire? » — « Nous le pouvons », lui répondirent-ils. 23 « Vous boirez en effet ma coupe, leur dit Jésus. Mais ce n'est pas à moi de décider qui siégera à ma droite et à ma gauche; ces places sont à ceux pour qui mon Père les a préparées. »

24 Quand les dix autres disciples entendirent cela, ils s'indignèrent contre les deux frères. 25 Alors Jésus les appela tous et dit : « Vous savez que les chefs des peuples les commandent en maîtres et que les grands personnages leur font sentir leur pouvoir. 26 Mais cela ne doit pas se passer ainsi parmi vous. Au contraire, si l'un de vous veut être grand, il doit être votre serviteur, 27 et si l'un de vous veut être le premier, il doit être votre esclave : 28 c'est ainsi que le Fils de l'homme n'est pas venu pour se faire servir, mais il est venu pour servir, et donner sa vie comme rançon pour libérer une multitude de gens. »

Jésus guérit deux aveugles

29 Lorsqu'ils sortirent de Jéricho, une grande foule suivit Jésus. 30 Deux aveugles qui étaient assis au bord du chemin entendirent que Jésus passait; ils se mirent alors à crier : « Maître, Fils de David, aie pitié de nous! » 31 La foule leur faisait des reproches pour qu'ils se taisent, mais ils criaient encore plus fort : « Maître, Fils de David, aie pitié de nous! » 32 Jésus s'arrêta, les appela et leur demanda : « Que voulez-vous que je fasse pour vous? » 33 Ils lui répondirent : « Maître, fais que nos yeux puissent voir. » 34 Jésus eut pitié d'eux et toucha leurs yeux; aussitôt, les deux hommes purent voir, et ils le suivirent.

Entrée messianique à Jérusalem

21 1 Quand ils approchèrent de Jérusalem et arrivèrent près du village de Bethfagé, sur le mont des Oliviers, Jésus envoya en avant deux des disciples : 2 « Allez au village qui est là devant vous, leur dit-il. Vous y trouverez tout de suite une ânesse attachée et son ânon avec elle. Détachez-les et amenez-les-moi. 3 Si l'on vous dit quelque chose, répondez : "Le Seigneur en a besoin." Et aussitôt on les laissera partir. »

4 Cela arriva afin que se réalisent ces paroles du prophète :

5 « Dites à la population de Sion :
Regarde, ton roi vient à toi,
plein de douceur, monté sur une ânesse,
et sur un ânon, le petit d'une ânesse. »

6 Les disciples partirent donc et firent ce que Jésus leur avait ordonné. 7 Ils amenèrent l'ânesse et l'ânon, posèrent leurs manteaux sur eux et Jésus s'assit dessus. 8 Une grande foule de gens étendirent leurs manteaux sur le chemin; d'autres coupaient des branches aux arbres et les mettaient sur le chemin. 9 Les gens qui marchaient devant Jésus et ceux qui le suivaient criaient : « Gloire au Fils de David! Que Dieu bénisse celui qui vient au nom du Seigneur! Gloire à Dieu dans les cieux! »

10 Quand Jésus entra dans Jérusalem, toute la population se mit à s'agiter. « Qui est cet homme? » demandait-on. 11 « C'est le prophète Jésus, de Nazareth en Galilée », répondaient les gens.

Jésus dans le temple

12 Jésus entra dans le temple et chassa tous ceux qui vendaient ou qui achetaient à cet endroit; il renversa les tables des changeurs d'argent et les sièges des vendeurs de pigeons. 13 Puis il leur dit : « Dans les Écritures, Dieu déclare : "On appellera ma maison maison de prière." Mais vous, ajouta-t-il, vous en faites une caverne de voleurs! »

14 Des aveugles et des boiteux s'approchèrent de Jésus dans le temple et il les guérit. 15 Les chefs des prêtres et les maîtres de la loi s'indignèrent quand ils virent les actions étonnantes qu'il accomplissait et les enfants qui criaient dans le temple : « Gloire au Fils de David! » 16 Ils dirent alors à Jésus : « Entends-tu ce qu'ils disent? » — « Oui, leur répondit Jésus. N'avez-vous jamais lu ce passage de l'Écriture : "Tu as fait en sorte que même des enfants et des bébés te louent"? » 17 Puis il les quitta et sortit de la ville pour se rendre à Béthanie où il passa la nuit.

Jésus maudit un figuier

18 Le lendemain matin, tandis qu'il revenait en ville, Jésus eut faim. 19 Il vit un figuier au bord du chemin et s'en approcha, mais il n'y trouva que des feuilles. Il dit alors au figuier : « Tu ne porteras plus jamais de fruit! » Aussitôt, le figuier devint tout sec. 20 Les disciples virent cela et furent remplis d'étonnement. Ils demandèrent à Jésus : « Comment ce figuier est-il devenu tout sec en un instant? » 21 Jésus leur répondit : « Je vous le déclare, c'est la vérité : si vous avez de la foi et si vous ne doutez pas, non seulement vous pourrez faire ce que j'ai fait à ce figuier, mais vous pourrez même dire à cette colline : "Ôte-toi de là et jette-toi dans la mer", et cela arrivera. 22 Si vous croyez, vous recevrez tout ce que vous demanderez dans la prière. »

D'où vient l'autorité de Jésus?

23 Jésus entra dans le temple et se mit à enseigner; les chefs des prêtres et les anciens du peuple juif s'approchèrent alors et lui demandèrent : « De quel droit fais-tu ces choses? Qui t'a donné autorité pour cela? » 24 Jésus leur répondit : « Je vais vous poser à mon tour une question, une seule; si vous me donnez une réponse, alors je vous dirai de quel droit je fais ces choses. 25 Qui a envoyé Jean baptiser? Est-ce Dieu ou les hommes? » Mais ils se mirent à discuter entre eux et se dirent : « Si nous répondons : "C'est Dieu qui l'a envoyé", il nous demandera : "Pourquoi donc n'avez-vous pas cru Jean?" 26 Mais si nous disons : "Ce sont les hommes qui l'ont envoyé", nous avons à craindre la foule, car tous pensent que Jean était un prophète. » 27 Alors ils répondirent à Jésus : « Nous ne savons pas. » — « Eh bien, répliqua-t-il, moi non plus, je ne vous dirai pas de quel droit je fais ces choses. »

La parabole des deux fils

28 « Que pensez-vous de ceci? ajouta Jésus. Un homme avait deux fils. Il s'adressa au premier et lui dit : "Mon enfant, va travailler aujourd'hui dans la vigne." — 29 "Non, je ne veux pas", répondit-il; mais, plus tard, il changea d'idée et se rendit à la vigne. 30 Le père adressa la même demande à l'autre fils. Celui-ci lui répondit : "Oui, père, j'y vais", mais il n'y alla pas. 31 Lequel des deux a fait la volonté de son père? » — « Le premier », répondirent-ils. Jésus leur dit alors : « Je vous le déclare, c'est la vérité : les collecteurs d'impôts et les prostituées arriveront avant vous dans le Royaume de Dieu. 32 Car Jean-Baptiste est venu à vous en vous montrant le juste chemin et vous ne l'avez pas cru; mais les collecteurs d'impôts et les prostituées l'ont cru. Et même après avoir vu cela, vous n'avez pas changé intérieurement pour croire en lui. »

La parabole des méchants vignerons

33 « Écoutez une autre parabole : Il y avait un propriétaire qui planta une vigne; il l'entoura d'un mur, y creusa la roche pour le pressoir à raisin et bâtit une tour de garde. Ensuite, il loua la vigne à des ouvriers vignerons et partit en voyage. 34 Quand vint le moment de récolter le raisin, il envoya ses serviteurs aux ouvriers vignerons pour recevoir sa récolte. 35 Mais les vignerons saisirent ses serviteurs, battirent l'un, assassinèrent l'autre et tuèrent un troisième à coups de pierres. 36 Alors le propriétaire envoya d'autres serviteurs, en plus grand nombre que la première fois, mais les vignerons les traitèrent de la même façon. 37 Finalement, il leur envoya son fils en pensant : "Ils auront du respect pour mon fils." 38 Mais quand les vignerons virent le fils, ils se dirent entre eux : "Voici le futur héritier! Allons, tuons-le et nous aurons sa propriété!" 39 Ils le saisirent donc, le jetèrent hors de la vigne et le tuèrent.

40 « Eh bien, quand le propriétaire de la vigne viendra, que fera-t-il à ces vignerons? » demanda Jésus. 41 Ils lui répondirent : « Il mettra à mort sans pitié ces criminels et louera la vigne à d'autres vignerons, qui lui remettront la récolte au moment voulu. »

42 Puis Jésus leur dit : « N'avez-vous jamais lu ce que déclare l'Écriture?

"La pierre que les bâtisseurs avaient rejetée
est devenue la pierre principale.
Cela vient du Seigneur,
pour nous, c'est une merveille!"

43 « C'est pourquoi, ajouta Jésus, je vous le déclare : le Royaume de Dieu vous sera enlevé pour être confié à un peuple qui en produira les fruits. [44 Celui qui tombera sur cette pierre s'y brisera; et si la pierre tombe sur quelqu'un, elle le réduira en poussière.] »

45 Les chefs des prêtres et les Pharisiens entendirent les paraboles de Jésus et comprirent qu'il parlait d'eux. 46 Ils cherchèrent alors un moyen de l'arrêter, mais ils eurent peur de la foule qui considérait Jésus comme un prophète.

La parabole du grand repas de mariage

22 1 Jésus utilisa de nouveau des paraboles pour parler à ses auditeurs. Il leur dit : 2 « Voici à quoi ressemble le Royaume des cieux : Un roi organisa un repas pour le mariage de son fils. 3 Il envoya ses

serviteurs appeler les invités pour ce repas, mais ils ne voulurent pas venir. 4 Il envoya alors d'autres serviteurs avec cet ordre : "Dites aux invités : Mon repas est préparé maintenant, mes taureaux et mes bêtes grasses sont tués, tout est prêt. Venez au repas de mariage!" 5 Mais les invités ne s'en soucièrent pas et s'en allèrent à leurs affaires : l'un à son champ, l'autre à son commerce; 6 les autres saisirent les serviteurs, les maltraitèrent et les tuèrent. 7 Le roi se mit en colère : il envoya ses soldats tuer ces assassins et incendier leur ville. 8 Puis il dit à ses serviteurs : "Le repas de mariage est prêt, mais les invités ne le méritaient pas. 9 Allez donc dans les principales rues et invitez au repas tous ceux que vous pourrez trouver." 10 Les serviteurs s'en allèrent dans les rues et rassemblèrent tous ceux qu'ils trouvèrent, les mauvais comme les bons; et ainsi, la salle de fête se remplit de monde. 11 Le roi entra alors pour voir les invités et il aperçut un homme qui ne portait pas de costume de fête. 12 Il lui demanda : "Mon ami, comment es-tu entré ici sans costume de fête?" Mais l'homme ne répondit rien. 13 Alors le roi dit aux serviteurs : "Liez-lui les pieds et les mains et jetez-le dehors, dans le noir. C'est là qu'il pleurera et grincera des dents." 14 En effet, ajouta Jésus, beaucoup sont invités, mais peu sont admis. »

L'impôt payé à l'empereur

15 Les Pharisiens allèrent alors tenir conseil pour décider comment ils pourraient prendre Jésus au piège par une question. 16 Ils envoyèrent ensuite quelques-uns de leurs disciples et quelques membres du parti d'Hérode dire à Jésus : « Maître, nous savons que tu dis la vérité : tu enseignes la vérité sur la conduite que Dieu demande; tu n'as pas peur de ce que pensent les autres et tu ne tiens pas compte de l'apparence des gens. 17 Dis-nous donc ce que tu penses de ceci : notre loi permet-elle ou non de payer des impôts à l'empereur romain? » 18 Mais Jésus connaissait leurs mauvaises intentions; il leur dit alors : « Hypocrites, pourquoi me tendez-vous un piège? 19 Montrez-moi l'argent qui sert à payer l'impôt. » Ils lui présentèrent une pièce d'argent, 20 et Jésus leur demanda : « Ce visage et ce nom gravés ici, de qui sont-ils? » — 21 « De l'empereur », répon-

dirent-ils. Alors Jésus leur dit : « Payez donc à
l'empereur ce qui lui appartient, et à Dieu ce qui
lui appartient. » 22 Quand ils entendirent cette ré-
ponse, ils furent remplis d'étonnement. Ils le lais-
sèrent et s'en allèrent.

Une question sur la résurrection des morts

23 Le même jour, quelques Sadducéens vin-
rent auprès de Jésus. — Ce sont eux qui affir-
ment qu'il n'y a pas de résurrection. — Ils l'inter-
rogèrent 24 de la façon suivante : « Maître, voici
ce que Moïse a déclaré : “Si un homme meurt
sans avoir eu d'enfants, son frère doit épouser la
veuve pour donner des descendants à celui qui
est mort.” 25 Or, il y avait parmi nous sept frères.
Le premier se maria, mourut sans avoir eu d'en-
fants et laissa ainsi sa veuve à son frère. 26 Il en
fut de même pour le deuxième frère, puis pour le
troisième et pour tous les sept. 27 Après eux tous,
la femme mourut aussi. 28 Au jour où les morts
se relèveront, duquel des sept sera-t-elle donc
la femme? Car ils l'ont tous eue comme épou-
se! » 29 Jésus leur répondit : « Vous vous trompez
parce que vous ne connaissez ni les Écritures,
ni la puissance de Dieu. 30 En effet, quand les
morts se relèveront, les hommes et les femmes
ne se marieront pas, mais ils vivront comme les
anges dans le ciel. 31 Pour ce qui est de se relever
d'entre les morts, n'avez-vous jamais lu ce que
Dieu vous a déclaré? Il a dit : 32 “Je suis le Dieu
d'Abraham, le Dieu d'Isaac et le Dieu de Jacob.”
Dieu, ajouta Jésus, est le Dieu des vivants, et non
des morts. » 33 Tous ceux qui l'avaient entendu
étaient impressionnés par son enseignement.

Le commandement le plus important

34 Quand les Pharisiens apprirent que Jésus
avait réduit au silence les Sadducéens, ils se réu-
nirent. 35 Et l'un d'eux, un maître de la loi, voulut
lui tendre un piège; il lui demanda : 36 « Maître,
quel est le plus grand commandement de la
loi? »

37 Jésus lui répondit : « “Tu dois aimer le
Seigneur ton Dieu de tout ton cœur, de toute ton
âme et de toute ton intelligence.” 38 C'est là le
commandement le plus grand et le plus impor-
tant. 39 Et voici le second commandement, qui
est d'une importance semblable : “Tu dois aimer
ton prochain comme toi-même.” 40 Toute la loi de
Moïse et tout l'enseignement des prophètes dé-
pendent de ces deux commandements. »

Le Messie et David

41 Les Pharisiens se trouvaient réunis et Jésus
leur posa cette question : 42 « Que pensez-vous
du Messie? De qui est-il le descendant? » — « Il
est le descendant de David », lui répondirent-ils.
43 Jésus leur dit : « Comment donc David, guidé
par le Saint-Esprit, a-t-il pu l'appeler “Seigneur”?
Car David a dit :

44 “Le Seigneur Dieu a déclaré
à mon Seigneur :
Viens siéger à ma droite,
je veux contraindre tes ennemis
à passer sous tes pieds.”

45 « Si donc David l'appelle “Seigneur”, com-
ment le Messie peut-il être aussi descendant de
David? » 46 Aucun d'eux ne put lui répondre un
seul mot et, à partir de ce jour, personne n'osa
plus lui poser de questions.

Jésus met en garde contre les maîtres de la loi et les Pharisiens

23 1 Alors Jésus s'adressa à toute la
foule, ainsi qu'à ses disciples : 2 « Les
maîtres de la loi et les Pharisiens, dit-
il, sont chargés d'expliquer la loi de Moïse. 3 Vous
devez donc leur obéir et accomplir tout ce qu'ils
vous disent; mais n'imitez pas leur façon d'agir,
car ils ne mettent pas en pratique ce qu'ils en-
seignent. 4 Ils attachent de lourds fardeaux, diffi-
ciles à porter, et les mettent sur les épaules des
hommes; mais eux-mêmes refusent de bouger
un doigt pour les aider à remuer ces fardeaux.
5 Ils accomplissent toutes leurs œuvres de façon
que les hommes les remarquent. Ainsi, pour les
paroles sacrées qu'ils portent au front ou au bras,
ils ont des étuis particulièrement grands; les fran-
ges de leurs manteaux sont exceptionnellement
larges. 6 Ils aiment les places d'honneur dans les
grands repas et les sièges les plus en vue dans
les synagogues; 7 ils aiment à recevoir des salu-

tations respectueuses sur les places publiques et à être appelés “Maître” par les gens. 8 Mais vous, ne vous faites pas appeler “Maître”, car vous êtes tous frères et vous n'avez qu'un seul Maître.
9 N'appelez personne sur la terre votre “Père”, car vous n'avez qu'un seul Père, celui qui est au ciel.
10 Ne vous faites pas non plus appeler “Chef”, car vous n'avez qu'un seul Chef, le Messie. 11 Le plus grand parmi vous doit être votre serviteur.
12 Celui qui s'élève sera abaissé, mais celui qui s'abaisse sera élevé. »

Jésus dénonce l'hypocrisie des maîtres de la loi et des Pharisiens

13 « Malheur à vous, maîtres de la loi et Pharisiens, hypocrites! Vous fermez la porte du Royaume des cieux devant les hommes; vous n'y entrez pas vous-mêmes et vous ne laissez pas entrer ceux qui le désirent.

[14 « Malheur à vous, maîtres de la loi et Pharisiens, hypocrites! Vous prenez aux veuves tout ce qu'elles possèdent et, en même temps, vous faites de longues prières pour vous faire remarquer. C'est pourquoi vous serez jugés d'autant plus sévèrement!]

15 « Malheur à vous, maîtres de la loi et Pharisiens, hypocrites! Vous voyagez partout sur terre et sur mer pour gagner un seul converti, et quand vous l'avez gagné vous le rendez digne de l'enfer deux fois plus que vous.

16 « Malheur à vous, conducteurs aveugles! Vous dites : “Si quelqu'un jure par le temple, il n'est pas engagé par ce serment; mais s'il jure par l'or du temple, il est engagé.” 17 Insensés, aveugles! Qu'est-ce qui a le plus d'importance : l'or, ou le temple qui rend cet or sacré? 18 Vous dites aussi : “Si quelqu'un jure par l'autel, il n'est pas engagé par ce serment; mais s'il jure par l'offrande qui se trouve sur l'autel, il est engagé.”
19 Aveugles! Qu'est-ce qui a le plus d'importance : l'offrande, ou l'autel qui rend cette offrande sacrée? 20 Celui donc qui jure par l'autel jure par l'autel et par tout ce qui se trouve dessus; 21 celui qui jure par le temple jure par le temple et par Dieu qui l'habite; 22 celui qui jure par le ciel jure par le trône de Dieu et par Dieu qui y siège.

23 « Malheur à vous, maîtres de la loi et Pharisiens, hypocrites! Vous donnez à Dieu le dixième de plantes comme la menthe, le fenouil et le cumin, mais vous négligez les enseignements les plus importants de la loi, tels que la justice, la bonté et la fidélité : c'est pourtant là ce qu'il fallait pratiquer, sans négliger le reste.
24 Conducteurs aveugles! Vous filtrez votre boisson pour en éliminer un moustique, mais vous avalez un chameau!

25 « Malheur à vous, maîtres de la loi et Pharisiens, hypocrites! Vous nettoyez l'extérieur de la coupe et du plat, mais l'intérieur reste rempli du produit de vos vols et de vos mauvais désirs.
26 Pharisien aveugle! Nettoie d'abord l'intérieur de la coupe et alors l'extérieur deviendra également propre.

27 « Malheur à vous, maîtres de la loi et Pharisiens, hypocrites! Vous ressemblez à des tombeaux blanchis qui paraissent beaux à l'extérieur mais qui, à l'intérieur, sont pleins d'ossements de morts et de toute sorte de pourriture.
28 Vous de même, extérieurement vous donnez à tout le monde l'impression que vous êtes fidèles à Dieu, mais intérieurement vous êtes pleins d'hypocrisie et de mal.

Malheureux maîtres de la loi et Pharisiens

29 « Malheur à vous, maîtres de la loi et Pharisiens, hypocrites! Vous construisez de belles tombes pour les prophètes, vous décorez les tombeaux des hommes justes, 30 et vous dites : “Si nous avions vécu au temps de nos ancêtres, nous n'aurions pas été leurs complices pour tuer les prophètes.” 31 Ainsi, vous reconnaissez vous-mêmes que vous êtes les descendants de ceux qui ont assassiné les prophètes. 32 Eh bien, continuez, achevez ce que vos ancêtres ont commencé! 33 Serpents, bande de vipères! Comment pensez-vous éviter d'être condamnés à l'enfer?
34 C'est pourquoi, écoutez : je vais vous envoyer des prophètes, des sages et de vrais maîtres de la loi. Vous tuerez les uns, vous en clouerez d'autres sur des croix, vous en frapperez d'autres encore à coups de fouet dans vos synagogues et vous les poursuivrez de ville en ville. 35 Et alors, c'est sur vous que retomberont les conséquences de

tous les meurtres commis contre des innocents depuis le meurtre d'Abel le juste jusqu'à celui de Zacharie, fils de Barachie, que vous avez assassiné entre le sanctuaire et l'autel. 36 Je vous le déclare, c'est la vérité : les conséquences de tous ces meurtres retomberont sur les gens d'aujourd'hui! »

Jésus et Jérusalem

37 « Jérusalem, Jérusalem, toi qui mets à mort les prophètes et tues à coups de pierres ceux que Dieu t'envoie! Combien de fois ai-je désiré rassembler tes habitants auprès de moi comme une poule rassemble ses poussins sous ses ailes, mais vous ne l'avez pas voulu! 38 Eh bien, votre maison va être complètement abandonnée.
39 En effet, je vous le déclare : dès maintenant vous ne me verrez plus jusqu'à ce que vous disiez : "Que Dieu bénisse celui qui vient au nom du Seigneur!" »

Jésus annonce la destruction du temple

24 1 Jésus sortit du temple et, tandis qu'il s'en allait, ses disciples s'approchèrent de lui pour lui faire remarquer les constructions du temple. 2 Alors Jésus prit la parole et leur dit : « Vous voyez tout cela? Je vous le déclare, c'est la vérité : il ne restera pas ici une seule pierre posée sur une autre; tout sera renversé. »

Des malheurs et des persécutions

3 Jésus s'était assis au mont des Oliviers. Ses disciples s'approchèrent alors de lui en particulier et lui demandèrent : « Dis-nous quand cela se passera, et quel signe indiquera le moment de ta venue et de la fin du monde. » 4 Jésus leur répondit : « Faites attention que personne ne vous trompe. 5 Car beaucoup d'hommes viendront en usant de mon nom et diront : "Je suis le Messie!" Et ils tromperont quantité de gens. 6 Vous allez entendre le bruit de guerres proches et des nouvelles sur des guerres lointaines; ne vous laissez pas effrayer : il faut que cela arrive, mais ce ne sera pas encore la fin de ce monde. 7 Un peuple combattra contre un autre peuple, et un royaume attaquera un autre royaume; il y aura des famines et des tremblements de terre dans différentes régions. 8 Tous ces événements seront comme les premières douleurs de l'accouchement. 9 Alors des hommes vous livreront pour qu'on vous tourmente et l'on vous mettra à mort. Tous les peuples vous haïront à cause de moi. 10 En ce temps-là, beaucoup abandonneront la foi; ils se trahiront et se haïront les uns les autres. 11 De nombreux faux prophètes apparaîtront et tromperont beaucoup de gens. 12 Le mal se répandra à tel point que l'amour d'un grand nombre de personnes se refroidira. 13 Mais celui qui tiendra bon jusqu'à la fin sera sauvé. 14 Cette Bonne Nouvelle du Royaume sera annoncée dans le monde entier pour que le témoignage en soit présenté à tous les peuples. Et alors viendra la fin. »

L'Horreur abominable

15 « Vous verrez celui qu'on appelle "l'Horreur abominable", dont le prophète Daniel a parlé; il sera placé dans le lieu saint. — Que celui qui lit comprenne bien cela! — 16 Alors, ceux qui seront en Judée devront s'enfuir vers les montagnes; 17 celui qui sera sur la terrasse de sa maison ne devra pas descendre pour prendre ses affaires à l'intérieur; 18 et celui qui sera dans les champs ne devra pas retourner chez lui pour emporter son manteau. 19 Quel malheur ce sera, en ces jours-là, pour les femmes enceintes et pour celles qui allaiteront! 20 Priez Dieu pour que vous n'ayez pas à fuir pendant la mauvaise saison ou un jour de sabbat! 21 Car, en ce temps-là, la détresse sera plus terrible que toutes celles qu'on a connues depuis le commencement du monde jusqu'à maintenant, et il n'y en aura plus jamais de pareille. 22 Si Dieu n'avait pas décidé d'abréger cette période, personne ne pourrait survivre. Mais il l'a abrégée à cause de ceux qu'il a choisis. 23 Si quelqu'un vous dit alors : "Regardez, le Messie est ici!" ou bien : "Il est là!", ne le croyez pas. 24 Car de faux messies et de faux prophètes apparaîtront; ils accompliront de grands miracles et des prodiges pour tromper, si possible, même ceux que Dieu a choisis. 25 Écoutez! Je vous ai avertis à l'avance.

26 « Si donc on vous dit : "Regardez, il est dans le désert!", n'y allez pas. Ou si l'on vous

dit : “Regardez, il se cache ici!”, ne le croyez pas. 27 Comme l’éclair brille à travers le ciel de l’est à l’ouest, ainsi viendra le Fils de l’homme. 28 Où que soit le cadavre, là se rassembleront les vautours. »

La venue du Fils de l’homme

29 « Aussitôt après la détresse de ces jours-là, le soleil s’obscurcira, la lune ne donnera plus sa clarté, les étoiles tomberont du ciel et les puissances des cieux seront ébranlées. 30 Alors, le signe du Fils de l’homme apparaîtra dans le ciel; alors, tous les peuples de la terre se lamenteront, ils verront le Fils de l’homme arriver sur les nuages du ciel avec beaucoup de puissance et de gloire. 31 La grande trompette sonnera et il enverra ses anges aux quatre coins de la terre : ils rassembleront ceux qu’il a choisis, d’un bout du monde à l’autre. »

L’enseignement donné par le figuier

32 « Comprenez l’enseignement que donne le figuier : dès que la sève circule dans ses branches et que ses feuilles poussent, vous savez que la bonne saison est proche. 33 De même, quand vous verrez tout cela, sachez que l’événement est proche, qu’il va se produire. 34 Je vous le déclare, c’est la vérité : les gens d’aujourd’hui n’auront pas tous disparu avant que tout cela arrive. 35 Le ciel et la terre disparaîtront, tandis que mes paroles ne disparaîtront jamais. »

Dieu seul connaît le moment de la fin

36 « Cependant personne ne sait quand viendra ce jour ou cette heure, pas même les anges dans les cieux, ni même le Fils; le Père seul le sait. 37 Ce qui s’est passé du temps de Noé se passera de la même façon quand viendra le Fils de l’homme. 38 En effet, à cette époque, avant la grande inondation, les gens mangeaient et buvaient, se mariaient ou donnaient leurs filles en mariage, jusqu’au jour où Noé entra dans l’arche; 39 ils ne se rendirent compte de rien jusqu’au moment où la grande inondation vint et les emporta tous. Ainsi en sera-t-il quand viendra le Fils de l’homme. 40 Alors, deux hommes seront aux champs : l’un sera emmené et l’autre laissé. 41 Deux femmes moudront du grain au moulin : l’une sera emmenée et l’autre laissée. 42 Veillez donc, car vous ne savez pas quel jour votre Seigneur viendra. 43 Comprenez bien ceci : si le maître de la maison savait à quel moment de la nuit le voleur doit venir, il resterait éveillé et ne le laisserait pas pénétrer dans sa maison. 44 C’est pourquoi, tenez-vous prêts, vous aussi, car le Fils de l’homme viendra à l’heure que vous ne pensez pas. »

Le serviteur fidèle et le serviteur infidèle

45 « Quel est donc le serviteur fidèle et intelligent? En voici un que son maître a chargé de prendre soin des autres serviteurs pour leur donner leur nourriture au moment voulu. 46 Heureux ce serviteur si le maître, à son retour chez lui, le trouve occupé à ce travail! 47 Je vous le déclare, c’est la vérité : le maître lui confiera la charge de tous ses biens. 48 Mais si c’est un mauvais serviteur, il se dira : “Mon maître tarde à revenir”, 49 et il se mettra à battre ses compagnons de service, il mangera et boira avec des ivrognes. 50 Eh bien, le maître reviendra un jour où le serviteur ne l’attend pas et à une heure qu’il ne connaît pas; 51 il chassera le serviteur et lui fera partager le sort des hypocrites, là où l’on pleure et grince des dents. »

La parabole des dix jeunes filles

25 1 « Alors le Royaume des cieux ressemblera à l’histoire de dix jeunes filles qui prirent leurs lampes et sortirent pour aller à la rencontre du marié. 2 Cinq d’entre elles étaient imprévoyantes et cinq étaient raisonnables. 3 Celles qui étaient imprévoyantes prirent leurs lampes mais sans emporter une réserve d’huile. 4 En revanche, celles qui étaient raisonnables emportèrent des flacons d’huile avec leurs lampes. 5 Or, le marié tardait à venir; les jeunes filles eurent toutes sommeil et s’endormirent. 6 À minuit, un cri se fit entendre : “Voici le marié! Sortez à sa rencontre!” 7 Alors ces dix jeunes filles se réveillèrent et se mirent à préparer

leurs lampes. [8] Les imprévoyantes demandèrent
aux raisonnables : “Donnez-nous un peu de votre
huile, car nos lampes s’éteignent.” [9] Les raison-
nables répondirent : “Non, car il n’y en aurait pas
assez pour nous et pour vous. Vous feriez mieux
d’aller au magasin en acheter pour vous.” [10] Les
imprévoyantes partirent donc acheter de l’huile,
mais pendant ce temps, le marié arriva. Les cinq
jeunes filles qui étaient prêtes entrèrent avec lui
dans la salle de mariage et l’on ferma la porte
à clé. [11] Plus tard, les autres jeunes filles arrivè-
rent et s’écrièrent : “Maître, maître, ouvre-nous!”
[12] Mais le marié répondit : “Je vous le déclare,
c’est la vérité : je ne vous connais pas.” [13] Veillez
donc, ajouta Jésus, car vous ne connaissez ni le
jour ni l’heure. »

La parabole des trois serviteurs

[14] « Il en sera comme d’un homme qui allait
partir en voyage : il appela ses serviteurs et leur
confia ses biens. [15] Il remit à l’un cinq cents piè-
ces d’or, à un autre deux cents, à un troisième
cent : à chacun selon ses capacités. Puis il partit.
[16] Le serviteur qui avait reçu les cinq cents pièces
d’or s’en alla aussitôt faire du commerce avec
cet argent et gagna cinq cents autres pièces d’or.
[17] Celui qui avait reçu deux cents pièces agit de
même et gagna deux cents autres pièces. [18] Mais
celui qui avait reçu cent pièces s’en alla creuser
un trou dans la terre et y cacha l’argent de son
maître.
[19] « Longtemps après, le maître de ces servi-
teurs revint et se mit à régler ses comptes avec
eux. [20] Celui qui avait reçu cinq cents pièces d’or
s’approcha et présenta les cinq cents autres piè-
ces en disant : “Maître, tu m’avais remis cinq cents
pièces d’or. J’en ai gagné cinq cents autres : les
voici.” [21] Son maître lui dit : “C’est bien, bon et
fidèle serviteur. Tu as été fidèle dans des choses
qui ont peu de valeur, je te confierai donc cel-
les qui ont beaucoup de valeur. Viens te réjouir
avec moi.” [22] Le serviteur qui avait reçu les deux
cents pièces s’approcha ensuite et dit : “Maître,
tu m’avais remis deux cents pièces d’or. J’en ai
gagné deux cents autres : les voici.” [23] Son maître
lui dit : “C’est bien, bon et fidèle serviteur. Tu as
été fidèle dans des choses qui ont peu de valeur,

je te confierai donc celles qui ont beaucoup de
valeur. Viens te réjouir avec moi." 24 Enfin, le ser-
viteur qui avait reçu les cent pièces s'approcha et
dit : "Maître, je te connaissais comme un homme
dur : tu moissonnes où tu n'as pas semé, tu récol-
tes où tu n'as rien planté. 25 J'ai eu peur et je suis
allé cacher ton argent dans la terre. Eh bien, voici
ce qui t'appartient." 26 Son maître lui répondit :
"Mauvais serviteur, paresseux! Tu savais que je
moissonne où je n'ai pas semé, que je récolte où
je n'ai rien planté? 27 Eh bien, tu aurais dû placer
mon argent à la banque et, à mon retour, j'aurais
retiré mon bien avec les intérêts. 28 Enlevez-lui
donc les cent pièces d'or et remettez-les à celui
qui en a mille. 29 Car quiconque a quelque chose
recevra davantage et il sera dans l'abondance;
mais à celui qui n'a rien, on enlèvera même le
peu qui pourrait lui rester. 30 Quant à ce serviteur
bon à rien, jetez-le dehors, dans le noir, là où l'on
pleure et grince des dents." »

Le jugement dernier

31 « Quand le Fils de l'homme viendra dans sa
gloire avec tous les anges, il siégera sur son trône
royal. 32 Tous les peuples de la terre seront as-
semblés devant lui et il séparera les gens les uns
des autres comme le berger sépare les moutons
des chèvres; 33 il placera les moutons à sa droite
et les chèvres à sa gauche. 34 Alors le roi dira
à ceux qui seront à sa droite : "Venez, vous qui
êtes bénis par mon Père, et recevez le Royaume
qui a été préparé pour vous depuis la création du
monde. 35 Car j'ai eu faim et vous m'avez donné
à manger; j'ai eu soif et vous m'avez donné à
boire; j'étais étranger et vous m'avez accueilli
chez vous; 36 j'étais nu et vous m'avez habillé;
j'étais malade et vous avez pris soin de moi;
j'étais en prison et vous êtes venus me voir."
37 Ceux qui ont fait la volonté de Dieu lui répon-
dront alors : "Seigneur, quand t'avons-nous vu
affamé et t'avons-nous donné à manger, ou as-
soiffé et t'avons-nous donné à boire? 38 Quand
t'avons-nous vu étranger et t'avons-nous ac-
cueilli chez nous, ou nu et t'avons-nous habillé?
39 Quand t'avons-nous vu malade ou en prison
et sommes-nous allés te voir?" 40 Le roi leur ré-
pondra : "Je vous le déclare, c'est la vérité : tou-
tes les fois que vous l'avez fait à l'un de ces plus
petits de mes frères, c'est à moi que vous l'avez
fait."

41 « Ensuite, le roi dira à ceux qui seront à sa
gauche : "Allez-vous-en loin de moi, maudits!
Allez dans le feu éternel qui a été préparé pour le
diable et ses anges! 42 Car j'ai eu faim et vous ne
m'avez pas donné à manger; j'ai eu soif et vous
ne m'avez pas donné à boire; 43 j'étais étranger
et vous ne m'avez pas accueilli; j'étais nu et vous
ne m'avez pas habillé; j'étais malade et en pri-
son et vous n'avez pas pris soin de moi." 44 Ils
lui répondront alors : "Seigneur, quand t'avons-
nous vu affamé, ou assoiffé, ou étranger, ou nu,
ou malade, ou en prison et ne t'avons-nous pas
secouru?" 45 Le roi leur répondra : "Je vous le dé-
clare, c'est la vérité : toutes les fois que vous ne
l'avez pas fait à l'un de ces plus petits, vous ne
l'avez pas fait à moi non plus." 46 Et ils iront subir
la peine éternelle, tandis que ceux qui ont fait la
volonté de Dieu iront à la vie éternelle. »

La passion et la mort de Jésus

Les chefs complotent contre Jésus

26 1 Quand Jésus eut achevé toutes ces
instructions, il dit à ses disciples :
2 « Vous savez que la fête de la Pâque
aura lieu dans deux jours : le Fils de l'homme va
être livré pour être cloué sur une croix. »
3 Alors les chefs des prêtres et les anciens du
peuple juif se réunirent dans le palais de Caïphe,
le grand-prêtre; 4 ils prirent ensemble la décision
d'arrêter Jésus en cachette et de le mettre à mort.
5 Ils disaient : « Nous ne devons pas l'arrêter pen-
dant la fête, sinon le peuple va se soulever. »

Une femme met du parfum sur la tête de Jésus

6 Jésus était à Béthanie, dans la maison de
Simon le lépreux. 7 Une femme s'approcha de
lui avec un flacon d'albâtre plein d'un parfum de
grande valeur : elle versa ce parfum sur la tête
de Jésus pendant qu'il était à table. 8 Quand les
disciples virent cela, ils furent indignés et dirent :
« Pourquoi ce gaspillage? 9 On aurait pu vendre
ce parfum très cher et donner l'argent aux pau-
vres! »
10 Jésus se rendit compte qu'ils parlaient ainsi
et leur dit : « Pourquoi faites-vous de la peine à
cette femme? Ce qu'elle a accompli pour moi
est beau. 11 Car vous aurez toujours des pauvres
avec vous; mais moi, vous ne m'aurez pas tou-
jours avec vous. 12 Elle a répandu ce parfum sur
mon corps afin de me préparer pour le tombeau.
13 Je vous le déclare, c'est la vérité : partout où
l'on annoncera cette Bonne Nouvelle, dans le
monde entier, on racontera ce que cette femme a
fait, et l'on se souviendra d'elle. »

Judas veut livrer Jésus aux chefs des prêtres

14 Alors un des douze disciples, appelé Judas
Iscariote, alla trouver les chefs des prêtres 15 et
leur dit : « Que me donnerez-vous si je vous livre
Jésus? » Ceux-ci comptèrent trente pièces d'ar-
gent qu'ils lui remirent. 16 A partir de ce moment,
Judas se mit à chercher une occasion favorable
pour leur livrer Jésus.

Jésus prend le repas de la Pâque avec ses disciples

17 Le premier jour de la fête des pains sans
levain, les disciples vinrent demander à Jésus :
« Où veux-tu que nous te préparions le repas de
la Pâque? » 18 Jésus leur dit alors : « Allez à la ville
chez un tel et dites-lui : "Le Maître déclare : Mon
heure est arrivée; c'est chez toi que je célébrerai
la Pâque avec mes disciples." » 19 Les disciples
firent ce que Jésus leur avait ordonné et préparè-
rent le repas de la Pâque.
20 Quand le soir fut venu, Jésus se mit à table
avec les douze disciples. 21 Pendant qu'ils man-
geaient, Jésus dit : « Je vous le déclare, c'est la
vérité : l'un de vous me trahira. » 22 Les disciples
en furent profondément attristés et se mirent à
lui demander l'un après l'autre : « Ce n'est pas
moi, n'est-ce pas, Seigneur? » 23 Jésus répondit :
« Celui qui a trempé avec moi son pain dans le
plat, c'est lui qui me trahira. 24 Le Fils de l'hom-
me va mourir comme les Écritures l'annoncent à
son sujet; mais quel malheur pour celui qui trahit
le Fils de l'homme! Il aurait mieux valu pour cet
homme-là ne pas naître! » 25 Judas, celui qui le
trahissait, prit la parole et demanda : « Ce n'est
pas moi, n'est-ce pas, Maître? » Jésus lui répondit :
« C'est toi qui le dis. »

La sainte cène

26 Pendant le repas, Jésus prit du pain et,
après avoir remercié Dieu, il le rompit et le don-
na à ses disciples; il leur dit : « Prenez et mangez
ceci, c'est mon corps. » 27 Il prit ensuite une cou-
pe de vin et, après avoir remercié Dieu, il la leur
donna en disant : « Buvez-en tous, 28 car ceci est
mon sang, le sang qui garantit l'alliance de Dieu
et qui est versé pour une multitude de gens, pour
le pardon des péchés. 29 Je vous le déclare : dès
maintenant, je ne boirai plus de ce vin jusqu'au
jour où je boirai avec vous le vin nouveau dans le
Royaume de mon Père. » 30 Ils chantèrent ensuite
les psaumes de la fête, puis ils s'en allèrent au
mont des Oliviers.

Jésus annonce que Pierre le reniera

31 Alors Jésus dit à ses disciples : « Cette nuit
même, vous allez tous m'abandonner, car on lit
dans les Écritures : "Je tuerai le berger, et les
moutons du troupeau partiront de tous côtés."
32 Mais, ajouta Jésus, quand je serai de nouveau
vivant, j'irai vous attendre en Galilée. » 33 Pierre
prit la parole et lui dit : « Même si tous les autres
t'abandonnent, moi je ne t'abandonnerai jamais. »
34 Jésus lui répondit : « Je te le déclare, c'est la
vérité : cette nuit même, avant que le coq chante,
tu auras prétendu trois fois ne pas me connaî-
tre. » 35 Pierre lui dit : « Je ne prétendrai jamais
que je ne te connais pas, même si je dois mourir
avec toi. » Et tous les autres disciples dirent la
même chose.

Jésus prie à Gethsémané

36 Alors Jésus arriva avec ses disciples à un en-
droit appelé Gethsémané et il leur dit : « Asseyez-
vous ici, pendant que je vais là-bas pour prier. »
37 Puis il emmena avec lui Pierre et les deux fils
de Zébédée. Il commença à ressentir de la tris-
tesse et de l'angoisse. 38 Il leur dit alors : « Mon
cœur est plein d'une tristesse mortelle; restez ici
et veillez avec moi. » 39 Il alla un peu plus loin, se
jeta le visage contre terre et pria en ces termes :
« Mon Père, si c'est possible, éloigne de moi cette
coupe de douleur. Toutefois, non pas comme je

veux, mais comme tu veux. » 40 Il revint ensuite vers les trois disciples et les trouva endormis. Il dit à Pierre : « Ainsi vous n'avez pas été capables de veiller avec moi même une heure? 41 Restez éveillés et priez pour ne pas tomber dans la tentation. L'être humain est plein de bonne volonté, mais il est faible. »

42 Il s'éloigna une deuxième fois et pria en ces termes : « Mon Père, si cette coupe ne peut pas être enlevée sans que je la boive, que ta volonté soit faite! » 43 Il revint encore auprès de ses disciples et les trouva endormis; ils ne pouvaient pas garder les yeux ouverts. 44 Jésus les quitta de nouveau, s'éloigna et pria pour la troisième fois en répétant les mêmes paroles. 45 Puis il revint auprès des disciples et leur dit : « Vous dormez encore et vous vous reposez? Maintenant, l'heure est arrivée et le Fils de l'homme va être livré entre les mains des pécheurs. 46 Levez-vous, allons-y! Voyez, l'homme qui me livre à eux est ici! »

L'arrestation de Jésus

47 Jésus parlait encore quand arriva Judas, l'un des douze disciples. Il y avait avec lui une foule nombreuse de gens armés d'épées et de bâtons. Ils étaient envoyés par les chefs des prêtres et les anciens du peuple juif. 48 Judas, celui qui leur livrait Jésus, avait indiqué à cette foule le signe qu'il utiliserait : « L'homme que j'embrasserai, c'est lui. Saisissez-le. » 49 Judas s'approcha immédiatement de Jésus et lui dit : « Salut, Maître! » Puis il l'embrassa. 50 Jésus lui répondit : « Mon ami, ce que tu es venu faire, fais-le vite. » Alors les autres s'approchèrent, mirent la main sur Jésus et l'arrêtèrent. 51 Un de ceux qui étaient avec Jésus tira son épée, frappa le serviteur du grand-prêtre et lui coupa l'oreille. 52 Jésus lui dit alors : « Remets ton épée à sa place, car tous ceux qui prennent l'épée périront par l'épée. 53 Ne sais-tu pas que je pourrais appeler mon Père à l'aide et qu'aussitôt il m'enverrait plus de douze armées d'anges? 54 Mais, en ce cas, comment se réaliseraient les Écritures? Elles déclarent, en effet, que cela doit se passer ainsi. »

55 Puis Jésus dit à la foule : « Deviez-vous venir armés d'épées et de bâtons pour me prendre, comme si j'étais un brigand? Tous les jours, j'étais assis dans le temple pour y enseigner, et vous ne m'avez pas arrêté. 56 Mais tout cela est arrivé pour que se réalisent les paroles des prophètes contenues dans les Écritures. » Alors tous les disciples l'abandonnèrent et s'enfuirent.

Jésus devant le Conseil supérieur

57 Ceux qui avaient arrêté Jésus l'emmenèrent chez Caïphe, le grand-prêtre, où les maîtres de la loi et les anciens étaient assemblés. 58 Pierre suivit Jésus de loin, jusqu'à la cour de la maison du grand-prêtre. Il entra dans la cour et s'assit avec les gardes pour voir comment cela finirait.

59 Les chefs des prêtres et tout le Conseil supérieur cherchaient une accusation, même fausse, contre Jésus pour le condamner à mort; 60 mais ils n'en trouvèrent pas, quoique beaucoup de gens fussent venu déposer de fausses accusations contre lui. Finalement, deux hommes se présentèrent 61 et dirent : « Cet homme a déclaré : “Je peux détruire le temple de Dieu et le rebâtir en trois jours.” » 62 Le grand-prêtre se leva et dit à Jésus : « Ne réponds-tu rien à ce que ces gens disent contre toi? » 63 Mais Jésus se taisait. Le grand-prêtre lui dit alors : « Au nom du Dieu vivant, je te demande de nous répondre sous serment : es-tu le Messie, le Fils de Dieu? » 64 Jésus lui répondit : « C'est toi qui le dis. Mais je vous le déclare : dès maintenant vous verrez le Fils de l'homme siégeant à la droite du Dieu puissant; vous le verrez aussi venir sur les nuages du ciel. » 65 Alors le grand-prêtre déchira ses vêtements et dit : « Il a fait insulte à Dieu! Nous n'avons plus besoin de témoins! Vous venez d'entendre cette insulte faite à Dieu. 66 Qu'en pensez-vous? » Ils répondirent : « Il est coupable et mérite la mort. » 67 Puis ils lui crachèrent au visage et le frappèrent à coups de poing; certains lui donnèrent des gifles 68 en disant : « Devine, toi le Messie, dis-nous qui t'a frappé! »

Pierre renie Jésus

69 Pierre était assis dehors, dans la cour. Une servante s'approcha de lui et lui dit : « Toi aussi, tu étais avec Jésus, cet homme de Galilée. » 70 Mais il le nia devant tout le monde en déclarant : « Je ne sais pas ce que tu veux dire. » 71 Puis il s'en alla vers la porte de la cour. Une autre servante le vit et dit à ceux qui étaient là : « Celui-ci était avec Jésus de Nazareth. » 72 Et Pierre le nia de nouveau en déclarant : « Je jure que je ne connais pas cet homme. »

73 Peu après, ceux qui étaient là s'approchèrent de Pierre et lui dirent : « Certainement, tu es l'un d'eux : ton accent révèle d'où tu viens. » 74 Alors Pierre s'écria : « Que Dieu me punisse si je mens! Je le jure, je ne connais pas cet homme! » À ce moment même, un coq chanta, 75 et Pierre se rappela ce que Jésus lui avait dit : « Avant que le coq chante, tu auras prétendu trois fois ne pas me connaître. » Il sortit et pleura amèrement.

Jésus est amené à Pilate

27 1 Tôt le matin, tous les chefs des prêtres et les anciens du peuple juif prirent ensemble la décision de faire mourir Jésus. 2 Ils le firent ligoter, l'emmenèrent et le livrèrent à Pilate, le gouverneur romain.

La mort de Judas

3 Judas, celui qui l'avait trahi, apprit que Jésus avait été condamné. Il fut alors pris de remords et rapporta les trente pièces d'argent aux chefs des prêtres et aux anciens. 4 Il leur dit : « Je suis coupable, j'ai livré un innocent à la mort! » Mais ils lui répondirent : « Cela nous est égal! C'est ton affaire! » 5 Judas jeta l'argent dans le temple et partit; puis il alla se pendre. 6 Les chefs des prêtres ramassèrent l'argent et dirent : « Notre loi ne permet pas de verser cet argent dans le trésor du temple, car c'est le prix du sang. » 7 Après s'être mis d'accord, ils achetèrent avec cette somme le champ du potier pour y établir un cimetière d'étrangers. 8 C'est pourquoi ce champ s'est appelé « champ du sang » jusqu'à ce jour. 9 Alors se réalisèrent ces paroles du prophète Jérémie : « Ils

prirent les trente pièces d'argent — le prix auquel les Israélites l'avaient estimé — 10 et les employèrent pour acheter le champ du potier, comme le Seigneur me l'avait ordonné. »

Pilate interroge Jésus

11 Jésus comparut devant le gouverneur qui l'interrogea : « Es-tu le roi des Juifs? » Jésus répondit : « Tu le dis. » 12 Ensuite, lorsque les chefs des prêtres et les anciens l'accusèrent, il ne répondit rien. 13 Pilate lui dit alors : « N'entends-tu pas toutes les accusations qu'ils portent contre toi? » 14 Mais Jésus ne lui répondit sur aucun point, de sorte que le gouverneur était profondément étonné.

Jésus est condamné à mort

15 À chaque fête de la Pâque, le gouverneur avait l'habitude de libérer un prisonnier, celui que la foule voulait. 16 Or, il y avait à ce moment-là un prisonnier célèbre appelé Jésus Barabbas. 17 Pilate demanda donc à la foule assemblée : « Qui voulez-vous que je vous libère : Jésus Barabbas ou Jésus appelé Christ? » 18 Pilate savait bien, en effet, qu'ils lui avaient livré Jésus par jalousie. 19 Pendant que Pilate siégeait au tribunal, sa femme lui envoya ce message : « N'aie rien à faire avec cet homme innocent car, cette nuit, j'ai beaucoup souffert en rêve à cause de lui. »

20 Les chefs des prêtres et les anciens persuadèrent la foule de demander la libération de Barabbas et la mise à mort de Jésus. 21 Le gouverneur reprit la parole pour leur demander : « Lequel des deux voulez-vous que je vous libère? » — « Barabbas! » lui répondirent-ils. 22 « Que ferai-je donc de Jésus appelé Christ? » leur demanda Pilate. Tous répondirent : « Cloue-le sur une croix! » — 23 « Quel mal a-t-il donc commis? » demanda Pilate. Mais ils se mirent à crier de toutes leurs forces : « Cloue-le sur une croix! » 24 Quand Pilate vit qu'il n'arrivait à rien, mais que l'agitation augmentait, il prit de l'eau, se lava les mains devant la foule et dit : « Je ne suis pas responsable de la mort de cet homme! C'est votre affaire! » 25 Toute la foule répondit : « Que les conséquences de sa mort retombent sur nous et sur nos enfants! » 26 Alors Pilate leur libéra Barabbas; il fit frapper Jésus à coups de fouet et le livra pour qu'on le cloue sur une croix.

Les soldats se moquent de Jésus

27 Les soldats de Pilate emmenèrent Jésus dans le palais du gouverneur et toute la troupe se rassembla autour de lui. 28 Ils lui enlevèrent ses vêtements et le revêtirent d'un manteau rouge. 29 Puis ils tressèrent une couronne avec des branches épineuses, la posèrent sur sa tête et placèrent un roseau dans sa main droite. Ils se mirent ensuite à genoux devant lui et se moquèrent de lui en disant : « Salut, roi des Juifs! » 30 Ils crachaient sur lui et prenaient le roseau pour le frapper sur la tête. 31 Quand ils se furent bien moqués de lui, ils lui enlevèrent le manteau, lui remirent ses vêtements et l'emmenèrent pour le clouer sur une croix.

Jésus est cloué sur la croix

32 En sortant de la ville, ils rencontrèrent un homme de Cyrène, appelé Simon; les soldats l'obligèrent à porter la croix de Jésus. 33 Ils arrivèrent à un endroit appelé Golgotha, ce qui signifie « Le lieu du Crâne ». 34 Et là, ils donnèrent à boire à Jésus du vin mélangé avec une drogue amère; après l'avoir goûté, il ne voulut pas en boire. 35 Ils le clouèrent sur la croix et se partagèrent ses vêtements en tirant au sort. 36 Puis ils s'assirent là pour le garder. 37 Au-dessus de sa tête, ils placèrent une inscription qui indiquait la raison de sa condamnation : « Celui-ci est Jésus, le roi des Juifs. » 38 Deux brigands furent alors cloués sur des croix à côté de Jésus, l'un à sa droite et l'autre à sa gauche.

39 Les passants l'insultaient en hochant la tête; 40 ils lui disaient : « Toi qui voulais détruire le temple et en bâtir un autre en trois jours, sauve-toi toi-même, si tu es le Fils de Dieu, et descends de la croix! » 41 De même, les chefs des prêtres, les maîtres de la loi et les anciens se moquaient de lui et disaient : 42 « Il a sauvé d'autres gens, mais il ne peut pas se sauver lui-même! Il est le roi d'Israël? Qu'il descende maintenant de la croix et nous croirons en lui. 43 Il a mis sa confiance en

Dieu et a déclaré : “Je suis le Fils de Dieu.” Eh
bien, si Dieu l’aime, qu’il le sauve maintenant! »
44 Et les brigands qui avaient été mis en croix à
côté de lui l’insultaient de la même manière.

La mort de Jésus

45 A midi, l’obscurité se fit sur tout le pays
et dura jusqu’à trois heures de l’après-midi.
46 Vers trois heures, Jésus cria avec force : « *Éli,
Éli, lema sabactani?* » — ce qui signifie « Mon Dieu,
mon Dieu, pourquoi m’as-tu abandonné? » —
47 Quelques-uns de ceux qui se tenaient là l’en-
tendirent et s’écrièrent : « Il appelle Élie! » 48 L’un
d’eux courut aussitôt prendre une éponge, la
remplit de vinaigre et la fixa au bout d’un roseau,
puis il la tendit à Jésus pour qu’il boive. 49 Mais
les autres dirent : « Attends, nous allons voir si
Élie vient le sauver! »

50 Jésus poussa de nouveau un grand cri et
mourut. 51 À ce moment, le rideau suspendu dans
le temple se déchira depuis le haut jusqu’en bas.
La terre trembla, les rochers se fendirent, 52 les
tombeaux s’ouvrirent et de nombreux croyants
qui étaient morts revinrent à la vie. 53 Ils sortirent
des tombeaux et, après la résurrection de Jésus,
ils entrèrent dans Jérusalem, la ville sainte, où
beaucoup de personnes les virent. 54 Le capitaine
romain et les soldats qui gardaient Jésus avec
lui virent le tremblement de terre et tout ce qui
arrivait; ils eurent alors très peur et dirent : « Il
était vraiment le Fils de Dieu! » 55 De nombreuses
femmes étaient là et regardaient de loin : elles
avaient suivi Jésus depuis la Galilée pour le ser-
vir. 56 Parmi elles, il y avait Marie du village de
Magdala, Marie la mère de Jacques et de Joseph,
et la mère des fils de Zébédée.

Jésus est mis dans un tombeau

57 Quand le soir fut venu, un homme riche,
qui était d’Arimathée, arriva. Il s’appelait Joseph
et était lui aussi disciple de Jésus. 58 Il alla trou-
ver Pilate et lui demanda le corps de Jésus. Alors
Pilate ordonna de le remettre à Joseph. 59 Celui-ci
prit le corps, l’enveloppa dans un drap de lin neuf
60 et le déposa dans son propre tombeau qu’il ve-
nait de faire creuser dans le rocher. Puis il roula
une grosse pierre pour fermer l’entrée du tom-
beau et s’en alla. 61 Marie de Magdala et l’autre
Marie étaient là, assises en face du tombeau.

La garde du tombeau

62 Le lendemain, c’est-à-dire le jour qui suivait
la préparation du sabbat, les chefs des prêtres et
les Pharisiens allèrent ensemble chez Pilate 63 et
dirent : « Excellence, nous nous souvenons que
cet imposteur, quand il était encore vivant, a dit :
“Au bout de trois jours, je reviendrai de la mort à
la vie.” 64 Veuillez donc ordonner que le tombeau
soit gardé jusqu’au troisième jour, sinon ses disci-
ples pourraient venir voler le corps et diraient en-
suite au peuple : “Il est revenu d’entre les morts.”
Cette dernière imposture serait encore pire que
la première. » 65 Pilate leur dit : « Voici des soldats
pour monter la garde. Allez et faites surveiller le
tombeau comme vous le jugez bon. » 66 Ils allè-
rent donc organiser la surveillance du tombeau :
ils scellèrent la pierre qui le fermait et placèrent
les gardes.

La résurrection de Jésus

Le tombeau vide

28 1 Après le sabbat, dimanche au lever du
jour, Marie de Magdala et l'autre Marie
vinrent voir le tombeau. 2 Soudain, il
y eut un fort tremblement de terre; un ange du
Seigneur descendit du ciel, vint rouler la grosse
pierre et s'assit dessus. 3 Il avait l'aspect d'un
éclair et ses vêtements étaient blancs comme la
neige. 4 Les gardes en eurent une telle peur qu'ils
se mirent à trembler et devinrent comme morts.
5 L'ange prit la parole et dit aux femmes : « N'ayez
pas peur. Je sais que vous cherchez Jésus, celui
qu'on a cloué sur la croix; 6 il n'est pas ici, il est
revenu de la mort à la vie comme il l'avait dit.
Venez, voyez l'endroit où il était couché. 7 Allez
vite dire à ses disciples : "Il est revenu d'entre
les morts et il va maintenant vous attendre en
Galilée; c'est là que vous le verrez." Voilà ce que
j'avais à vous dire. » 8 Elles quittèrent rapidement
le tombeau, remplies tout à la fois de crainte et
d'une grande joie, et coururent porter la nouvelle
aux disciples de Jésus. 9 Tout à coup, Jésus vint
à leur rencontre et dit : « Je vous salue! » Elles
s'approchèrent de lui, saisirent ses pieds et l'ado-
rèrent. 10 Jésus leur dit alors : « N'ayez pas peur.
Allez dire à mes frères de se rendre en Galilée :
c'est là qu'ils me verront. »

Le récit des gardes

11 Pendant qu'elles étaient en chemin, quel-
ques-uns des soldats qui devaient garder le tom-
beau revinrent en ville et racontèrent aux chefs
des prêtres tout ce qui était arrivé. 12 Les chefs
des prêtres se réunirent avec les anciens : après
s'être mis d'accord, ils donnèrent une forte som-
me d'argent aux soldats 13 et leur dirent : « Vous
déclarerez que les disciples de cet homme sont
venus voler son corps durant la nuit, pendant que
vous dormiez. 14 Et si le gouverneur l'apprend,
nous saurons le convaincre et vous éviter toute
difficulté. » 15 Les gardes prirent l'argent et agirent
conformément aux instructions reçues. Ainsi,
cette histoire s'est répandue parmi les Juifs jus-
qu'à ce jour.

Jésus se montre à ses disciples

16 Les onze disciples se rendirent en Galilée,
sur la colline que Jésus leur avait indiquée.
17 Quand ils le virent, ils l'adorèrent; certains
d'entre eux, pourtant, eurent des doutes. 18 Jésus
s'approcha et leur dit : « Tout pouvoir m'a été
donné dans le ciel et sur la terre. 19 Allez donc
auprès des gens de toutes les nations et faites
d'eux mes disciples; baptisez-les au nom du Père,
du Fils et du Saint-Esprit, 20 et enseignez-leur à
pratiquer tout ce que je vous ai commandé. Et
sachez-le : je vais être avec vous tous les jours,
jusqu'à la fin du monde. »

ÉVANGILE
selon
SAINT MARC

Illustrations de Donata Dal Molin Casagrande

EGO·BAPTIZAVI·VOS

Le commencement de la vie publique

La prédication de Jean-Baptiste

1 1 Ici commence la Bonne Nouvelle de Jésus-Christ, le Fils de Dieu. 2 Dans le livre du prophète Ésaïe, il est écrit :

« Je vais envoyer mon messager devant toi,
dit Dieu,
pour t'ouvrir le chemin.
3 C'est la voix d'un homme qui crie dans le désert :
Préparez le chemin du Seigneur,
faites-lui des sentiers bien droits! »

4 Ainsi, Jean le Baptiste parut dans le désert; il lançait cet appel : « Changez de comportement, faites-vous baptiser et Dieu pardonnera vos péchés. » 5 Tous les habitants de la région de Judée et de la ville de Jérusalem allaient à lui; ils confessaient publiquement leurs péchés et Jean les baptisait dans la rivière, le Jourdain.

6 Jean portait un vêtement fait de poils de chameau et une ceinture de cuir autour de la taille; il mangeait des sauterelles et du miel sauvage. 7 Il déclarait à la foule : « Celui qui vient après moi est plus puissant que moi; je ne suis pas même digne de me baisser pour délier la courroie de ses sandales. 8 Moi, je vous ai baptisés avec de l'eau, mais lui, il vous baptisera avec le Saint-Esprit. »

Le baptême et la tentation de Jésus

9 Alors, Jésus vint de Nazareth, localité de Galilée, et Jean le baptisa dans le Jourdain. 10 Au moment où Jésus sortait de l'eau, il vit le ciel s'ouvrir et l'Esprit Saint descendre sur lui comme une colombe. 11 Et une voix se fit entendre du ciel : « Tu es mon Fils bien-aimé; je mets en toi toute ma joie. »

12 Tout de suite après, l'Esprit le poussa dans le désert. 13 Jésus y resta pendant quarante jours et il fut tenté par Satan. Il vivait parmi les bêtes sauvages et les anges le servaient.

14 Après que Jean eut été mis en prison, Jésus se rendit en Galilée; il y proclamait la Bonne Nouvelle venant de Dieu. 15 « Le moment fixé est arrivé, disait-il, car le Royaume de Dieu s'est approché! Changez de comportement et croyez la Bonne Nouvelle! »

Jésus en Galilée

Jésus appelle quatre pêcheurs

16 Jésus marchait le long du lac de Galilée
lorsqu'il vit deux pêcheurs, Simon et son frère
André, qui pêchaient en jetant un filet dans le
lac. 17 Jésus leur dit : « Venez avec moi et je ferai
de vous des pêcheurs d'hommes. » 18 Aussitôt,
ils laissèrent leurs filets et le suivirent. 19 Jésus
s'avança un peu plus loin et vit Jacques et son
frère Jean, les fils de Zébédée. Ils étaient dans
leur barque et réparaient leurs filets. 20 Aussitôt
Jésus les appela; ils laissèrent leur père Zébédée
dans la barque avec les ouvriers et allèrent avec
Jésus.

L'homme tourmenté par un esprit mauvais

21 Jésus et ses disciples se rendirent à la ville
de Capernaüm. Au jour du sabbat, Jésus entra
dans la synagogue et se mit à enseigner. 22 Les
gens qui l'entendaient étaient impressionnés par
sa manière d'enseigner; car il n'était pas comme
les maîtres de la loi, mais il leur donnait son en-
seignement avec autorité.
23 Or, dans cette synagogue, il y avait juste-
ment un homme tourmenté par un esprit mau-
vais. Il cria : 24 « Que nous veux-tu, Jésus de
Nazareth? Es-tu venu pour nous détruire? Je sais
bien qui tu es : le Saint envoyé de Dieu! » 25 Jésus
parla sévèrement à l'esprit mauvais et lui donna
cet ordre : « Tais-toi et sors de cet homme! »
26 L'esprit secoua rudement l'homme et sortit de
lui en poussant un grand cri. 27 Les gens furent
tous si étonnés qu'ils se demandèrent les uns aux
autres : « Qu'est-ce que cela? Un nouvel enseigne-
ment donné avec autorité! Cet homme commande
même aux esprits mauvais et ils lui obéissent! »
28 Et, très vite, la renommée de Jésus se répandit
dans toute la région de la Galilée.

Jésus guérit beaucoup de malades

29 Ils quittèrent la synagogue et allèrent aus-
sitôt à la maison de Simon et d'André, en com-
pagnie de Jacques et Jean. 30 La belle-mère de
Simon était au lit, parce qu'elle avait de la fièvre;
dès que Jésus arriva, on lui parla d'elle. 31 Il s'ap-
procha d'elle, lui prit la main et la fit lever. La
fièvre la quitta et elle se mit à les servir.
32 Le soir, après le coucher du soleil, les gens
transportèrent vers Jésus tous les malades et ceux
qui étaient possédés d'un esprit mauvais. 33 Toute
la population de la ville était rassemblée devant la
porte de la maison. 34 Jésus guérit beaucoup de
gens qui souffraient de toutes sortes de maladies
et il chassa aussi beaucoup d'esprits mauvais. Il
ne laissait pas parler les esprits mauvais, parce
qu'ils savaient, eux, qui il était.

Jésus parcourt la Galilée

35 Très tôt le lendemain, alors qu'il faisait en-
core nuit noire, Jésus se leva et sortit de la mai-
son. Il s'en alla hors de la ville, dans un endroit
isolé; là, il se mit à prier. 36 Simon et ses com-
pagnons partirent à sa recherche; 37 quand ils
le trouvèrent, ils lui dirent : « Tout le monde te
cherche. » 38 Mais Jésus leur dit : « Allons ailleurs,
dans les villages voisins. Je dois prêcher là-bas
aussi, car c'est pour cela que je suis venu. » 39 Et
ainsi, il alla dans toute la Galilée; il prêchait dans
les synagogues de la région et il chassait les es-
prits mauvais.

Jésus guérit un lépreux

40 Un lépreux vint à Jésus, se mit à genoux devant lui et lui demanda son aide en disant : « Si tu le veux, tu peux me rendre pur. » 41 Jésus fut rempli de pitié pour lui; il étendit la main, le toucha et lui déclara : « Je le veux, sois pur! » 42 Aussitôt, la lèpre quitta cet homme et il fut pur. 43 Puis, Jésus le renvoya immédiatement en lui parlant avec sévérité. 44 « Écoute bien, lui dit-il, ne parle de cela à personne. Mais va te faire examiner par le prêtre, puis offre le sacrifice que Moïse a ordonné, pour prouver à tous que tu es guéri. »

45 L'homme partit, mais il se mit à raconter partout ce qui lui était arrivé. À cause de cela, Jésus ne pouvait plus se montrer dans une ville; il restait en dehors, dans des endroits isolés. Et l'on venait à lui de partout.

Jésus guérit un homme paralysé

2 1 Quelques jours plus tard, Jésus revint à Capernaüm, et l'on apprit qu'il était à la maison. 2 Une foule de gens s'assembla, si bien qu'il ne restait plus de place, pas même dehors devant la porte. Jésus leur donnait son enseignement. 3 Quelques hommes arrivèrent, lui amenant un paralysé porté par quatre d'entre eux. 4 Mais ils ne pouvaient pas le présenter à Jésus, à cause de la foule. Ils ouvrirent alors le toit au-dessus de l'endroit où était Jésus; par le trou qu'ils avaient fait, ils descendirent le paralysé étendu sur sa natte. 5 Quand Jésus vit la foi de ces hommes, il dit au paralysé : « Mon fils, tes péchés sont pardonnés. » 6 Quelques maîtres de la loi, qui étaient assis là, pensaient en eux-mêmes : 7 « Pourquoi cet homme parle-t-il ainsi? Il fait insulte à Dieu? Qui peut pardonner les péchés? Dieu seul le peut! » 8 Jésus devina aussitôt ce qu'ils pensaient et leur dit : « Pourquoi avez-vous de telles pensées? 9 Est-il plus facile de dire au paralysé : "Tes péchés sont pardonnés", ou de dire : "Lève-toi, prends ta natte et marche"? 10 Mais je veux que vous le sachiez : le Fils de l'homme a le pouvoir sur la terre de pardonner les péchés. » Alors il adressa ces mots au paralysé : 11 « Je te le dis, lève-toi, prends ta natte, et rentre chez toi! »

12 Aussitôt, tandis que tout le monde le regardait, l'homme se leva, prit sa natte et partit. Ils furent tous frappés d'étonnement; ils louaient Dieu et disaient : « Nous n'avons jamais rien vu de pareil! »

Jésus appelle Lévi

13 Jésus retourna au bord du lac de Galilée. Une foule de gens venaient à lui et il leur donnait son enseignement. 14 En passant, il vit Lévi, le fils d'Alphée, assis au bureau des impôts. Jésus lui dit : « Suis-moi! » Lévi se leva et le suivit.

15 Jésus prit ensuite un repas dans la maison de Lévi. Beaucoup de collecteurs d'impôts et autres gens de mauvaise réputation étaient à table avec lui et ses disciples, car nombreux étaient les hommes de cette sorte qui le suivaient. 16 Et les maîtres de la loi qui étaient du parti des Pharisiens virent que Jésus mangeait avec tous ces gens; ils dirent à ses disciples : « Pourquoi mange-t-il avec les collecteurs d'impôts et les gens de mauvaise réputation? » 17 Jésus les entendit et leur déclara : « Les personnes en bonne santé n'ont pas besoin de médecin, ce sont les malades qui en ont besoin. Je ne suis pas venu appeler ceux qui s'estiment justes, mais ceux qui se sentent pécheurs. »

Jésus et le jeûne

[18] Un jour, les disciples de Jean-Baptiste et les Pharisiens jeûnaient. Des gens vinrent alors demander à Jésus : « Pourquoi les disciples de Jean-Baptiste et ceux des Pharisiens jeûnent-ils, tandis que tes disciples ne le font pas? » [19] Et Jésus leur répondit : « Pensez-vous que les invités d'une noce peuvent refuser de manger pendant que le marié est avec eux? Bien sûr que non! Tant que le marié est avec eux, ils ne peuvent pas refuser de manger. [20] Mais le temps viendra où le marié leur sera enlevé; ce jour-là, ils jeûneront.

[21] « Personne ne coud une pièce d'étoffe neuve sur un vieux vêtement; sinon, la nouvelle pièce arrache une partie du vieux vêtement et la déchirure s'agrandit encore. [22] Et personne ne verse du vin nouveau dans de vieilles outres; sinon, le vin fait éclater les outres : le vin est perdu et les outres aussi. Mais non! Pour le vin nouveau, il faut des outres neuves! »

Jésus et le sabbat

[23] Un jour de sabbat, Jésus traversait des champs de blé. Ses disciples se mirent à cueillir des épis le long du chemin. [24] Les Pharisiens dirent alors à Jésus : « Regarde, pourquoi tes disciples font-ils ce que notre loi ne permet pas le jour du sabbat? » [25] Jésus leur répondit : « N'avez-vous jamais lu ce que fit David un jour où il se trouvait en difficulté, parce que lui-même et ses compagnons avaient faim? [26] Il entra dans la maison de Dieu et mangea les pains offerts à Dieu. Abiatar était le grand-prêtre en ce temps-là. Notre loi permet aux seuls prêtres de manger ces pains, mais David en prit et en donna aussi à ses compagnons. »

[27] Jésus leur dit encore : « Le sabbat a été fait pour l'homme; l'homme n'a pas été fait pour le sabbat. [28] Voilà pourquoi, le Fils de l'homme est maître même du sabbat. »

Jésus guérit un homme le jour du sabbat

3 [1] Ensuite, Jésus retourna dans la synagogue. Il y avait là un homme dont la main était paralysée. [2] Les Pharisiens observaient attentivement Jésus pour voir s'il allait le guérir le jour du sabbat, car ils voulaient l'accuser. [3] Jésus dit à l'homme dont la main était paralysée : « Lève-toi, là, devant tout le monde. »

[4] Puis il demanda à ceux qui regardaient : « Que permet notre loi? de faire du bien le jour du sabbat ou de faire du mal? de sauver la vie d'un être humain ou de le laisser mourir? » Mais ils ne voulaient pas répondre. [5] Jésus les regarda tous avec indignation; il était en même temps profondément attristé qu'ils refusent de comprendre. Il dit alors à l'homme : « Avance ta main. » Il l'avança et sa main redevint saine.

[6] Les Pharisiens sortirent de la synagogue et se réunirent aussitôt avec des membres du parti d'Hérode pour décider comment ils pourraient faire mourir Jésus.

Une foule nombreuse vient à Jésus

[7] Jésus se retira avec ses disciples au bord du lac de Galilée et une foule nombreuse le suivit. Les gens arrivaient de Galilée et de Judée, [8] de Jérusalem, du territoire d'Idumée, du territoire situé de l'autre côté du Jourdain et de la région de Tyr et de Sidon. Ils venaient en foule à Jésus parce qu'ils avaient appris tout ce qu'il faisait. [9] Alors Jésus demanda à ses disciples de lui préparer une barque afin que la foule ne l'écrase pas. [10] En effet, comme il guérissait beaucoup de gens, tous ceux qui souffraient de maladies se précipitaient sur lui pour le toucher. [11] Et quand ceux que les esprits mauvais tourmentaient le voyaient, ils se jetaient à ses pieds et criaient : « Tu es le Fils de Dieu! » [12] Mais Jésus leur recommandait sévèrement de ne pas dire qui il était.

Jésus choisit les douze apôtres

[13] Puis Jésus monta sur une colline; il appela les hommes qu'il voulait et ils vinrent à lui. [14] Il forma ainsi le groupe des douze qu'il nomma apôtres. Il fit cela pour les avoir avec lui et les envoyer annoncer la Bonne Nouvelle, [15] avec le pouvoir de chasser les esprits mauvais. [16] Voici ces douze : Simon — Jésus lui donna le nom de Pierre —, [17] Jacques et son frère Jean, tous deux fils de Zébédée — Jésus leur donna le nom de Boanergès, qui signifie « les hommes semblables au tonnerre » —, [18] André, Philippe, Barthélemy, Matthieu, Thomas, Jacques le fils d'Alphée, Thaddée, Simon le nationaliste, [19] et Judas Iscariote, celui qui trahit Jésus.

Jésus répond à une accusation portée contre lui

[20] Jésus se rendit ensuite à la maison. Une telle foule s'assembla de nouveau que Jésus et ses disciples ne pouvaient même pas manger. [21] Quand les membres de sa famille apprirent cela, ils se mirent en route pour venir le prendre, car ils disaient : « Il a perdu la raison! »

[22] Les maîtres de la loi qui étaient venus de Jérusalem disaient : « Béelzébul, le diable, habite en lui! » Et encore : « C'est le chef des esprits mauvais qui lui donne le pouvoir de chasser ces esprits! »

[23] Alors Jésus les appela et leur parla en utilisant des images : « Comment Satan peut-il se chasser lui-même? [24] Si les membres d'un royaume

luttent les uns contre les autres, ce royaume ne peut pas se maintenir; 25 et si les membres d'une famille luttent les uns contre les autres, cette famille ne pourra pas se maintenir. 26 Si donc Satan lutte contre lui-même, s'il est divisé, son pouvoir ne peut pas se maintenir mais prend fin.

27 « Personne ne peut entrer dans la maison d'un homme fort et s'emparer de ses biens, s'il n'a pas d'abord ligoté cet homme fort; mais après l'avoir ligoté, il peut s'emparer de tout dans sa maison. 28 Je vous le déclare, c'est la vérité : les êtres humains pourront être pardonnés de tous leurs péchés et de toutes les insultes qu'ils auront faites à Dieu. 29 Mais celui qui aura fait insulte au Saint-Esprit ne recevra jamais de pardon, car il est coupable d'un péché éternel. »

30 Jésus leur parla ainsi parce qu'ils déclaraient : « Un esprit mauvais habite en lui. »

La mère et les frères de Jésus

31 La mère et les frères de Jésus arrivèrent alors; ils se tinrent en dehors de la maison et lui envoyèrent quelqu'un pour l'appeler. 32 Un grand nombre de personnes étaient assises autour de Jésus et on lui dit : « Écoute, ta mère, tes frères et tes sœurs sont dehors et ils te demandent. » 33 Jésus répondit : « Qui est ma mère et qui sont mes frères? » 34 Puis il regarda les gens assis en cercle autour de lui et dit : « Voyez : ma mère et mes frères sont ici. 35 Car celui qui fait la volonté de Dieu est mon frère, ma sœur ou ma mère. »

Le mystère du Royaume

La parabole du semeur

4 1 Jésus se mit de nouveau à enseigner au
bord du lac de Galilée. Une foule nombreuse
s'assembla autour de lui, si bien qu'il monta
dans une barque et s'y assit. La barque était sur le
lac et les gens étaient à terre, près de l'eau. 2 Il leur
enseignait beaucoup de choses en utilisant des
paraboles et il leur disait dans son enseignement :
3 « Écoutez! Un jour, un homme s'en alla dans
son champ pour semer. 4 Or, tandis qu'il lançait
la semence, une partie des grains tomba le long
du chemin : les oiseaux vinrent et les mangèrent.
5 Une autre partie tomba sur un sol pierreux où il
y avait peu de terre. Les grains poussèrent aussitôt
parce que la couche de terre n'était pas profonde.
6 Quand le soleil fut haut dans le ciel, il brûla les
jeunes plantes : elles se desséchèrent parce que
leurs racines étaient insuffisantes. 7 Une autre
partie des grains tomba parmi des plantes épi-
neuses. Celles-ci grandirent et étouffèrent les
bonnes pousses, qui ne produisirent rien. 8 Mais
d'autres grains tombèrent dans la bonne terre; les
plantes poussèrent, se développèrent et produi-
sirent des épis : les uns portaient trente grains,
d'autres soixante et d'autres cent. » 9 Et Jésus
dit : « Écoutez bien, si vous avez des oreilles pour
entendre! »

Pourquoi Jésus utilise des paraboles

10 Quand ils furent seuls avec Jésus, ceux qui
l'entouraient d'habitude et les douze disciples le
questionnèrent au sujet des paraboles. 11 Il leur
répondit : « Vous avez reçu, vous, le secret du
Royaume de Dieu; mais les autres n'en entendent
parler que sous forme de paraboles, 12 et ainsi

"Ils peuvent bien regarder
mais sans vraiment voir,
ils peuvent bien entendre
mais sans vraiment comprendre,
sinon ils reviendraient à Dieu
et Dieu leur pardonnerait!" »

Jésus explique la parabole du semeur

13 Puis Jésus leur dit : « Vous ne comprenez
pas cette parabole? Alors comment comprendrez-
vous toutes les autres paraboles? 14 Le semeur
sème la parole de Dieu. 15 Certains sont comme
le bord du chemin où tombe la parole : dès qu'ils
l'ont entendue, Satan arrive et arrache la parole
semée en eux. 16 D'autres reçoivent la semence
dans des sols pierreux : aussitôt qu'ils entendent
la parole, ils l'acceptent avec joie. 17 Mais ils ne
la laissent pas s'enraciner en eux, ils ne s'y atta-
chent qu'un instant. Et alors, quand survient la
détresse ou la persécution à cause de la parole
de Dieu, ils renoncent bien vite à la foi. 18 D'autres
encore reçoivent la semence parmi des plantes
épineuses : ils ont entendu la parole, 19 mais les
préoccupations de ce monde, l'attrait trompeur
de la richesse et les désirs de toutes sortes pénè-
trent en eux, ils étouffent la parole et elle ne pro-
duit rien. 20 D'autres, enfin, reçoivent la semence
dans de la bonne terre : ils entendent la parole, ils
l'accueillent et portent des fruits, les uns trente,
d'autres soixante et d'autres cent. »

La parabole de la lampe

21 Puis Jésus leur dit : « Quelqu'un apporte-t-il la lampe pour la mettre sous un seau ou sous le lit? N'est-ce pas plutôt pour la mettre sur son support? 22 Tout ce qui est caché paraîtra au grand jour, et tout ce qui est secret sera mis en pleine lumière. 23 Écoutez bien, si vous avez des oreilles pour entendre! »

24 Jésus leur dit encore : « Faites attention à ce que vous entendez! Dieu mesurera ce qu'il vous donne avec la mesure que vous employez vous-mêmes et il y ajoutera encore. 25 Car celui qui a quelque chose recevra davantage; mais à celui qui n'a rien on enlèvera même le peu qui pourrait lui rester. »

La parabole de la semence qui pousse toute seule

26 Jésus dit encore : « Voici à quoi ressemble le Royaume de Dieu : Un homme lance de la semence dans son champ. 27 Ensuite, il va dormir durant la nuit et il se lève chaque jour, et pendant ce temps les graines germent et poussent sans qu'il sache comment. 28 La terre fait pousser d'elle-même la récolte : d'abord la tige des plantes, puis l'épi vert, et enfin le grain bien formé dans l'épi. 29 Dès que le grain est mûr, l'homme se met au travail avec sa faucille, car le moment de la moisson est arrivé. »

La parabole de la graine de moutarde

30 Jésus dit encore : « À quoi pouvons-nous comparer le Royaume de Dieu? Au moyen de quelle parabole allons-nous en parler? 31 Il ressemble à une graine de moutarde; quand on la sème dans la terre, elle est la plus petite de toutes les graines du monde. 32 Mais après qu'on l'a semée, elle monte et devient la plus grande de toutes les plantes du jardin. Elle pousse des branches si grandes que les oiseaux peuvent faire leurs nids à son ombre. »

33 Ainsi, Jésus donnait son enseignement en utilisant beaucoup de paraboles de ce genre; il le donnait selon ce que ses auditeurs pouvaient comprendre. 34 Il ne leur parlait pas sans utiliser des paraboles; mais quand il était seul avec ses disciples, il leur expliquait tout.

Jésus apaise une tempête

35 Le soir de ce même jour, Jésus dit à ses disciples : « Passons de l'autre côté du lac. »

36 Ils quittèrent donc la foule; les disciples emmenèrent Jésus dans la barque où il se trouvait encore. D'autres barques étaient près de lui. 37 Et voilà qu'un vent violent se mit à souffler, les vagues se jetaient dans la barque, à tel point que, déjà, elle se remplissait d'eau. 38 Jésus, à l'arrière du bateau, dormait, la tête appuyée sur un coussin. Ses disciples le réveillèrent alors en criant : « Maître, nous allons mourir : cela ne te fait donc rien? » 39 Jésus, réveillé, menaça le vent et dit à l'eau du lac : « Silence! calme-toi! »

Alors le vent tomba et il y eut un grand calme.

40 Puis Jésus dit aux disciples : « Pourquoi avez-
vous si peur? N'avez-vous pas encore confian-
ce? » 41 Mais ils éprouvèrent une grande frayeur
et ils se dirent les uns aux autres : « Qui est donc
cet homme, pour que même le vent et les flots lui
obéissent? »

Jésus guérit un homme possédé par des esprits mauvais

5 1 Puis ils arrivèrent de l'autre côté du lac de
Galilée, dans le territoire des Géraséniens.
2 Jésus descendit de la barque et, aussitôt,
un homme sortit du milieu des tombeaux et vint
à sa rencontre. Cet homme était possédé par un
esprit mauvais 3 et il vivait parmi les tombeaux.
Personne ne pouvait plus le tenir attaché, même
avec une chaîne; 4 souvent, en effet, on lui avait
mis des fers aux pieds et des chaînes aux mains,
mais il avait rompu les chaînes et brisé les fers.
Personne n'était assez fort pour le maîtriser.
5 Continuellement, la nuit comme le jour, il errait
parmi les tombeaux et sur les collines, en pous-
sant des cris et en se blessant lui-même avec des
pierres. 6 Il vit Jésus de loin; alors il accourut,
se jeta à genoux devant lui, 7 et cria avec force :
« Que me veux-tu, Jésus, Fils du Dieu très-haut?
Je t'en conjure, au nom de Dieu, ne me tourmente
pas! » 8 — Jésus lui disait en effet : « Esprit mau-
vais, sors de cet homme! » — 9 Jésus l'interrogea :
« Quel est ton nom? » Il répondit : « Mon nom est
"Multitude", car nous sommes nombreux. » 10 Et
il le suppliait avec insistance de ne pas envoyer
les esprits mauvais hors de la région.
11 Il y avait là un grand troupeau de porcs
qui cherchait sa nourriture près de la colline.
12 Les esprits adressèrent cette prière à Jésus :
« Envoie-nous dans ces porcs, laisse nous entrer
en eux! » 13 Jésus le leur permit. Alors les esprits
mauvais sortirent de l'homme et entrèrent dans
les porcs. Tout le troupeau — environ deux mille
porcs — se précipita du haut de la falaise dans le
lac et s'y noya. 14 Les hommes qui gardaient les
porcs s'enfuirent et portèrent la nouvelle dans la
ville et dans les fermes. Les gens vinrent donc
voir ce qui s'était passé. 15 Ils arrivèrent auprès
de Jésus et virent l'homme qui avait été possédé
d'une multitude d'esprits mauvais : il était assis,
il portait des vêtements et était dans son bon
sens. Et ils prirent peur. 16 Ceux qui avaient tout
vu leur racontèrent ce qui était arrivé à l'homme
possédé et aux porcs. 17 Alors ils se mirent à sup-
plier Jésus de quitter leur territoire.
18 Au moment où Jésus montait dans la bar-
que, l'homme guéri lui demanda de pouvoir res-
ter avec lui. 19 Jésus ne le lui permit pas, mais
il lui dit : « Retourne chez toi, dans ta famille, et
raconte-leur tout ce que le Seigneur a fait dans sa
bonté pour toi. » 20 L'homme s'en alla donc et se
mit à proclamer dans la région des Dix Villes tout
ce que Jésus avait fait pour lui; et tous ceux qui
l'entendirent furent remplis d'étonnement.

La fille de Jaïrus et la femme qui toucha le vêtement de Jésus

21 Jésus revint en barque de l'autre côté du lac. Une grande foule s'assembla autour de lui alors qu'il se tenait au bord de l'eau. 22 Un chef de la synagogue locale, nommé Jaïrus, arriva. Il vit Jésus, se jeta à ses pieds 23 et le supplia avec insistance : « Ma petite fille est mourante, dit-il. Je t'en prie, viens et pose les mains sur elle afin qu'elle soit sauvée et qu'elle vive! » 24 Jésus partit avec lui. Une grande foule l'accompagnait et le pressait de tous côtés.

25 Il y avait là une femme qui avait des pertes de sang depuis douze ans. 26 Elle avait été chez de nombreux médecins, dont le traitement l'avait fait beaucoup souffrir. Elle y avait dépensé tout son argent, mais cela n'avait servi à rien; au contraire, elle allait plus mal. 27 Elle avait entendu parler de Jésus. Elle vint alors dans la foule, derrière lui, et toucha son vêtement. 28 Car elle se disait : « Si je touche au moins ses vêtements, je serai guérie. » 29 Sa perte de sang s'arrêta aussitôt et elle se sentit guérie de son mal. 30 Au même moment, Jésus se rendit compte qu'une force était sortie de lui. Il se retourna au milieu de la foule et demanda : « Qui a touché mes vêtements? » 31 Ses disciples lui répondirent : « Tu vois que la foule te presse de tous côtés, et tu demandes encore : "Qui m'a touché?" » 32 Mais Jésus regardait autour de lui pour voir qui avait fait cela. 33 La femme tremblait de peur parce qu'elle savait ce qui lui était arrivé; elle vint alors se jeter à ses pieds et lui avoua toute la vérité. 34 Jésus lui dit : « Ma fille, ta foi t'a guérie. Va en paix, délivrée de ton mal. »

35 Tandis que Jésus parlait ainsi, des messagers vinrent de la maison du chef de la synagogue et lui dirent : « Ta fille est morte. Pourquoi déranger encore le Maître? » 36 Mais Jésus ne prêta aucune attention à leurs paroles et dit à Jaïrus : « N'aie pas peur, crois seulement. » 37 Il ne permit alors à personne de l'accompagner, si ce n'est à Pierre, à Jacques et à son frère Jean. 38 Ils arrivèrent chez le chef de la synagogue, où Jésus vit des gens très agités, qui pleuraient et se lamentaient à grands cris. 39 Il entra dans la maison et leur dit : « Pourquoi toute cette agitation et ces pleurs? L'enfant n'est pas morte, elle dort. » 40 Mais ils se moquèrent de lui. Alors il les fit tous sortir, garda avec lui le père, la mère et les trois disciples, et entra dans la chambre de l'enfant. 41 Il la prit par la main et lui dit : « *Talitha koum!* » — ce qui signifie « Fillette, debout, je te le dis! » —

42 La fillette se leva aussitôt et se mit à marcher — elle avait douze ans —. Aussitôt, tous furent frappés d'un très grand étonnement. 43 Mais Jésus leur recommanda fermement de ne le faire savoir à personne; puis il leur dit : « Donnez-lui à manger. »

Les gens de Nazareth ne croient pas en Jésus

6 1 Jésus quitta cet endroit et se rendit dans la ville où il avait grandi; ses disciples l'accompagnaient. 2 Le jour du sabbat, il se mit à enseigner dans la synagogue. Ses nombreux auditeurs furent très étonnés. Ils disaient : « D'où a-t-il tout cela? Qui donc lui a donné cette sagesse et le pouvoir d'accomplir de tels miracles? 3 N'est-ce pas lui le charpentier, le fils de Marie, et le frère de Jacques, de Joses, de Jude et de Simon? Et ses sœurs ne vivent-elles pas ici parmi nous? » Et cela les empêchait de croire en lui. 4 Alors Jésus leur dit : « Un prophète est estimé partout, excepté dans sa ville natale, sa parenté et sa famille. » 5 Jésus ne put faire là aucun miracle, si ce n'est qu'il posa les mains sur quelques malades et les guérit. 6 Et il s'étonnait du manque de foi des gens de sa ville.

La mission des douze disciples

Ensuite, Jésus parcourut tous les villages des
environs pour y donner son enseignement.
7 Il appela ses douze disciples et se mit à les
envoyer deux par deux. Il leur donna le pouvoir
de soumettre les esprits mauvais 8 et leur fit ces
recommandations : « Ne prenez rien avec vous
pour le voyage, sauf un bâton; ne prenez pas
de pain, ni de sac, ni d'argent dans votre poche.
9 Mettez des sandales, mais n'emportez pas deux
chemises. »
10 Il leur dit encore : « Quand vous arriverez
quelque part, restez dans la maison où l'on vous
invitera jusqu'au moment où vous quitterez l'en-
droit. 11 Si les habitants d'une localité refusent
de vous accueillir ou de vous écouter, partez de
là et secouez la poussière de vos pieds : ce sera
un avertissement pour eux. » 12 Les disciples s'en
allèrent donc proclamer à tous qu'il fallait chan-
ger de comportement. 13 Ils chassaient beaucoup
d'esprits mauvais et guérissaient de nombreux
malades après leur avoir versé quelques gouttes
d'huile sur la tête.

La mort de Jean-Baptiste

14 Or, le roi Hérode entendit parler de Jésus,
car sa réputation s'était répandue partout.
Certains disaient : « Jean-Baptiste est revenu
d'entre les morts! C'est pourquoi il a le pouvoir
de faire des miracles. » 15 Mais d'autres disaient :
« C'est Élie. » D'autres encore disaient : « C'est un
prophète, pareil à l'un des prophètes d'autrefois. »
16 Quand Hérode entendit tout ce qui se racontait,
il se dit : « C'est Jean-Baptiste! Je lui ai fait couper
la tête, mais il est revenu à la vie! »
17 En effet, Hérode avait donné l'ordre d'arrê-
ter Jean et de le jeter en prison, enchaîné. C'était
à cause d'Hérodiade, qu'Hérode avait épousée
bien qu'elle fût la femme de son frère Philippe.
18 Car Jean disait à Hérode : « Il ne t'est pas permis
de prendre la femme de ton frère! » 19 Hérodiade
était remplie de haine contre Jean et voulait le
faire exécuter, mais elle ne le pouvait pas. 20 En
effet, Hérode craignait Jean, car il savait que
c'était un homme juste et saint, et il le proté-
geait. Quand il l'écoutait, il était très embarrassé;
pourtant il aimait l'écouter. 21 Cependant, une
occasion favorable se présenta pour Hérodiade
le jour de l'anniversaire d'Hérode. Celui-ci don-
na un banquet aux membres de son gouverne-
ment, aux chefs de l'armée et aux notables de
Galilée. 22 La fille d'Hérodiade entra dans la salle
et dansa; elle plut à Hérode et à ses invités. Le
roi dit alors à la jeune fille : « Demande-moi ce
que tu voudras, et je te le donnerai. » 23 Et il lui
fit ce serment solennel : « Je jure de te donner
ce que tu demanderas, même la moitié de mon
royaume. » 24 La jeune fille sortit et dit à sa mère :
« Que dois-je demander? » Celle-ci répondit : « La
tête de Jean-Baptiste. » 25 La jeune fille se hâta de
retourner auprès du roi et lui fit cette demande :
« Je veux que tu me donnes tout de suite la tête
de Jean-Baptiste sur un plat! » 26 Le roi devint tout
triste; mais il ne voulut pas lui opposer un refus,
à cause des serments qu'il avait faits devant ses
invités. 27 Il envoya donc immédiatement un sol-
dat de sa garde, avec l'ordre d'apporter la tête
de Jean-Baptiste. Le soldat se rendit à la prison
et coupa la tête de Jean. 28 Puis il apporta la tête
sur un plat et la donna à la jeune fille, et celle-
ci la donna à sa mère. 29 Quand les disciples de
Jean apprirent la nouvelle, ils vinrent prendre son
corps et le mirent dans un tombeau.

Le miracle du pain et d'autres signes

Jésus nourrit cinq mille hommes

30 Les apôtres revinrent auprès de Jésus et lui
racontèrent tout ce qu'ils avaient fait et enseigné.
31 Cependant, les gens qui allaient et venaient
étaient si nombreux que Jésus et ses disciples
n'avaient même pas le temps de manger. C'est
pourquoi il leur dit : « Venez avec moi dans un
endroit isolé pour vous reposer un moment. »
32 Ils partirent donc dans la barque, seuls, vers
un endroit isolé. 33 Mais beaucoup de gens les
virent s'éloigner et comprirent où ils allaient; ils
accoururent alors de toutes les localités voisines
et arrivèrent à pied à cet endroit avant Jésus et
ses disciples.

34 Quand Jésus sortit de la barque, il vit cette
grande foule; son cœur fut rempli de pitié pour ces
gens, parce qu'ils ressemblaient à un troupeau
sans berger. Et il se mit à leur enseigner beaucoup
de choses. 35 Il était déjà tard, lorsque les disci-
ples de Jésus s'approchèrent de lui et lui dirent :
« Il est déjà tard et cet endroit est isolé. 36 Renvoie
ces gens pour qu'ils aillent dans les fermes et les
villages des environs acheter de quoi manger. »
37 Jésus leur répondit : « Donnez-leur vous-mêmes
à manger! » Mais ils lui demandèrent : « Voudrais-
tu que nous allions dépenser deux cents pièces
d'argent pour acheter du pain et leur donner à
manger? » 38 Jésus leur dit : « Combien avez-vous
de pains? Allez voir. » Ils se renseignèrent et lui di-
rent : « Nous avons cinq pains, et aussi deux pois-
sons. » 39 Alors, Jésus leur donna l'ordre de faire
asseoir tout le monde, par groupes, sur l'herbe
verte. 40 Les gens s'assirent en rangs de cent et
de cinquante. 41 Puis Jésus prit les cinq pains et
les deux poissons, leva les yeux vers le ciel et re-
mercia Dieu. Il rompit les pains et les donna aux
disciples pour qu'ils les distribuent aux gens. Il
partagea aussi les deux poissons entre eux tous.
42 Chacun mangea à sa faim. 43 Les disciples em-
portèrent les morceaux de pain et de poisson qui
restaient, de quoi remplir douze corbeilles. 44 Ceux
qui avaient mangé les pains étaient au nombre de
cinq mille hommes.

Jésus marche sur le lac

45 Aussitôt après, Jésus fit monter ses disciples dans la barque pour qu'ils passent avant lui de l'autre côté du lac, vers la ville de Bethsaïda, pendant que lui-même renverrait la foule. 46 Après l'avoir congédiée, il s'en alla sur une colline pour prier. 47 Quand le soir fut venu, la barque était au milieu du lac et Jésus était seul à terre. 48 Il vit que ses disciples avaient beaucoup de peine à ramer, parce que le vent soufflait contre eux; alors, tard dans la nuit, il se dirigea vers eux en marchant sur l'eau, et il allait les dépasser. 49 Quand ils le virent marcher sur l'eau, ils crurent que c'était un fantôme et poussèrent des cris. 50 En effet, tous le voyaient et étaient terrifiés. Mais aussitôt, il leur parla : « Courage! leur dit-il. C'est moi; n'ayez pas peur! » 51 Puis il monta dans la barque, auprès d'eux, et le vent tomba. Les disciples étaient remplis d'un étonnement extrême, 52 car ils n'avaient pas compris le miracle des pains : leur intelligence était incapable d'en saisir le sens.

Jésus guérit les malades dans la région de Génésareth

53 Ils achevèrent la traversée du lac et touchèrent terre dans la région de Génésareth. 54 Ils sortirent de la barque et, aussitôt, on reconnut Jésus. 55 Les gens coururent alors dans toute la région et se mirent à lui apporter les malades sur leurs nattes, là où ils entendaient dire qu'il était. 56 Partout où Jésus allait, dans les villes, les villages ou les fermes, les gens venaient mettre leurs malades sur les places publiques et le suppliaient de les laisser toucher au moins le bord de son manteau; tous ceux qui le touchaient étaient guéris.

L'enseignement transmis par les ancêtres

7 1 Les Pharisiens et quelques maîtres de la loi venus de Jérusalem s'assemblèrent autour de Jésus. 2 Ils remarquèrent que certains de ses disciples prenaient leur repas avec des mains impures, c'est-à-dire sans les avoir lavées selon la coutume. 3 En effet, les Pharisiens et tous les autres Juifs respectent les règles transmises par leurs ancêtres : ils ne mangent pas sans s'être lavé les mains avec soin 4 et quand ils reviennent du marché, ils ne mangent pas avant de s'être purifiés. Ils respectent beaucoup d'autres règles traditionnelles, telles que la bonne manière de laver les coupes, les pots, les marmites de cuivre [et les lits].

5 Les Pharisiens et les maîtres de la loi demandèrent donc à Jésus : « Pourquoi tes disciples ne suivent-ils pas les règles transmises par nos ancêtres, mais prennent-ils leur repas avec des mains impures? » 6 Jésus leur répondit : « Ésaïe avait bien raison lorsqu'il prophétisait à votre sujet! Vous êtes des hypocrites, ainsi qu'il l'écrivait :

> "Ce peuple, dit Dieu, m'honore en paroles,
> mais de cœur il est loin de moi.
> 7 Le culte que ces gens me rendent
> est sans valeur,

car les doctrines qu'ils enseignent
ne sont que des prescriptions humaines."
8 Vous laissez de côté les commandements de
Dieu, dit Jésus, pour respecter les règles trans-
mises par les hommes. »
9 Puis il ajouta : « Vous savez fort bien reje-
ter le commandement de Dieu pour vous en tenir
à votre propre tradition! 10 Moïse a dit en effet :
"Respecte ton père et ta mère", et aussi "Celui
qui maudit son père ou sa mère doit être mis à
mort." 11 Mais vous, vous enseignez que si un
homme déclare à son père ou à sa mère : "Ce
que je pourrais te donner pour t'aider est *Corban*"
— c'est-à-dire "offrande réservée à Dieu" —,
12 il n'a plus besoin de rien faire pour son père ou
sa mère, vous le lui permettez. 13 De cette façon,
vous annulez l'exigence de la parole de Dieu par
la tradition que vous transmettez. Et vous faites
beaucoup d'autres choses semblables. »

Les choses qui rendent un homme impur

14 Puis Jésus appela de nouveau la foule et
dit : « Écoutez-moi, vous tous, et comprenez
ceci : 15 Rien de ce qui entre du dehors en l'hom-
me ne peut le rendre impur. Mais ce qui sort de
l'homme, voilà ce qui le rend impur. [16 Écoutez
bien, si vous avez des oreilles pour entendre!] »
17 Quand Jésus eut quitté la foule et fut ren-
tré à la maison, ses disciples lui demandèrent le
sens de cette image. 18 Et il leur dit : « Êtes-vous
donc, vous aussi, sans intelligence? Ne compre-
nez-vous pas que rien de ce qui entre du dehors
en l'homme ne peut le rendre impur, 19 car cela
n'entre pas dans son cœur, mais dans son ven-
tre, et sort ensuite de son corps? » Par ces paro-
les, Jésus déclarait donc que tous les aliments
peuvent être mangés. 20 Et il dit encore : « C'est
ce qui sort de l'homme qui le rend impur. 21 Car
c'est du dedans, du cœur de l'homme, que vien-
nent les mauvaises pensées qui le poussent à vi-
vre dans l'immoralité, à voler, tuer, 22 commettre
l'adultère, vouloir ce qui est aux autres, agir mé-
chamment, tromper, vivre dans le désordre, être
jaloux, dire du mal des autres, être orgueilleux et
insensé. 23 Toutes ces mauvaises choses sortent
du dedans de l'homme et le rendent impur. »

Une femme étrangère croit en Jésus

24 Jésus partit de là et se rendit dans le terri-
toire de Tyr. Il entra dans une maison et il voulait
que personne ne sache qu'il était là, mais il ne put
pas rester caché. 25 En effet, une femme, dont la
fille était tourmentée par un esprit mauvais, en-
tendit parler de Jésus; elle vint aussitôt vers lui
et se jeta à ses pieds. 26 Cette femme était non
juive, née en Phénicie de Syrie. Elle pria Jésus de
chasser l'esprit mauvais hors de sa fille. 27 Mais
Jésus lui dit : « Laisse d'abord les enfants manger
à leur faim; car il n'est pas bien de prendre le
pain des enfants et de le jeter aux chiens. » 28 Elle
lui répondit : « Pourtant, Maître, même les chiens,
sous la table, mangent les miettes que les enfants
laissent tomber. » 29 Alors Jésus lui dit : « À cause
de cette réponse, tu peux retourner chez toi : l'es-
prit mauvais est sorti de ta fille. » 30 Elle retourna
donc chez elle et, là, elle trouva son enfant éten-
due sur le lit : l'esprit mauvais l'avait quittée.

Jésus guérit un homme sourd et muet

31 Jésus quitta ensuite le territoire de Tyr,
passa par Sidon et revint vers le lac de Galilée à
travers le territoire des Dix Villes. 32 On lui amena
un homme qui était sourd et avait de la peine
à parler, et on le supplia de poser la main sur
lui. 33 Alors Jésus l'emmena seul avec lui, loin
de la foule; il mit ses doigts dans les oreilles de
l'homme et lui toucha la langue avec sa propre
salive. 34 Puis il leva les yeux vers le ciel, sou-
pira et dit à l'homme : « *Effata!* » — ce qui signifie
« Ouvre-toi! » — 35 Aussitôt, les oreilles de l'hom-
me s'ouvrirent, sa langue fut libérée et il se mit
à parler normalement. 36 Jésus recommanda à
tous de n'en parler à personne; mais plus il le leur
recommandait, plus ils répandaient la nouvelle.
37 Et les gens étaient impressionnés au plus haut
point; ils disaient : « Tout ce qu'il fait est vraiment
bien! Il fait même entendre les sourds et parler
les muets! »

Jésus nourrit quatre mille personnes

8 1 En ce temps-là, une grande foule s'était de nouveau assemblée. Comme elle n'avait rien à manger, Jésus appela ses disciples et leur dit : 2 « J'ai pitié de ces gens, car voilà trois jours qu'ils sont avec moi et ils n'ont plus rien à manger. 3 Si je les renvoie chez eux le ventre vide, ils se trouveront mal en chemin, car plusieurs d'entre eux sont venus de loin. » 4 Ses disciples lui répondirent : « Où pourrait-on trouver de quoi les faire manger à leur faim, dans cet endroit désert? » 5 Jésus leur demanda : « Combien avez-vous de pains? » Et ils répondirent : « Sept. » 6 Alors, il ordonna à la foule de s'asseoir par terre. Puis il prit les sept pains, remercia Dieu, les rompit et les donna à ses disciples pour les distribuer à tous. C'est ce qu'ils firent. 7 Ils avaient encore quelques petits poissons. Jésus remercia Dieu pour ces poissons et dit à ses disciples de les distribuer aussi. 8 Chacun mangea à sa faim. Les disciples emportèrent sept corbeilles pleines des morceaux qui restaient. 9 Or, il y avait là environ quatre mille personnes. Puis Jésus les renvoya, 10 monta aussitôt dans la barque avec ses disciples et se rendit dans la région de Dalmanoutha.

Les Pharisiens demandent un signe miraculeux

11 Les Pharisiens arrivèrent et commencèrent à discuter avec Jésus pour lui tendre un piège. Ils lui demandèrent de montrer par un signe miraculeux qu'il venait de Dieu. 12 Jésus soupira profondément et dit : « Pourquoi les gens d'aujourd'hui réclament-ils un signe miraculeux? Je vous le déclare, c'est la vérité : aucun signe ne leur sera donné! » 13 Puis il les quitta, remonta dans la barque et partit vers l'autre côté du lac.

Le levain des Pharisiens et d'Hérode

14 Les disciples avaient oublié d'emporter des pains, ils n'en avaient qu'un seul avec eux dans la barque. 15 Jésus leur fit alors cette recommandation : « Attention! Gardez-vous du levain des Pharisiens et du levain d'Hérode. » 16 Les disciples se mirent à discuter entre eux parce qu'ils n'avaient pas de pain. 17 Jésus s'en aperçut et leur demanda : « Pourquoi discutez-vous parce que vous n'avez pas de pain? Ne comprenez-vous pas encore? Ne saisissez-vous pas? Avez-vous l'esprit bouché? 18 Vous avez des yeux, ne voyez-vous pas? Vous avez des oreilles, n'entendez-vous pas? Ne vous rappelez-vous pas : 19 quand j'ai rompu les cinq pains pour les cinq mille hommes, combien de corbeilles pleines de morceaux avez-vous emportées? » — « Douze », répondirent-ils. 20 « Et quand j'ai rompu les sept pains pour les quatre mille personnes, demanda Jésus, combien de corbeilles pleines de morceaux avez-vous emportées? » — « Sept », répondirent-ils. 21 Alors Jésus leur dit : « Et vous ne comprenez pas encore? »

Jésus guérit un aveugle à Bethsaïda

22 Ils arrivèrent à Bethsaïda; là, on amena à Jésus un aveugle et on le pria de le toucher. 23 Jésus prit l'aveugle par la main et le conduisit hors du village. Puis il lui mit de la salive sur les yeux, posa les mains sur lui et lui demanda : « Peux-tu voir quelque chose? » 24 L'aveugle leva les yeux et dit : « Je vois des gens, je les vois comme des arbres, mais ils marchent. » 25 Jésus posa de nouveau les mains sur les yeux de l'homme; celui-ci regarda droit devant lui : il était guéri, il voyait tout clairement. 26 Alors Jésus le renvoya chez lui en lui disant : « N'entre pas dans le village. »

Départ vers Jérusalem

Pierre déclare que Jésus est le Messie

27 Jésus et ses disciples partirent ensuite vers les villages proches de Césarée de Philippe. En chemin, il leur demanda : « Que disent les gens à mon sujet? » 28 Ils lui répondirent : « Certains disent que tu es Jean-Baptiste, d'autres que tu es Élie, et d'autres encore que tu es l'un des prophètes. » — 29 « Et vous, leur demanda Jésus, qui dites-vous que je suis? » Pierre lui répondit : « Tu es le Messie. » 30 Alors, Jésus leur ordonna sévèrement de n'en parler à personne.

Jésus annonce sa mort et sa résurrection

31 Ensuite, Jésus se mit à donner cet enseignement à ses disciples : « Il faut que le Fils de l'homme souffre beaucoup; les anciens, les chefs des prêtres et les maîtres de la loi le rejetteront; il sera mis à mort, et après trois jours, il se relèvera de la mort. » 32 Il leur annonçait cela très clairement. Alors Pierre le prit à part et se mit à lui faire des reproches. 33 Mais Jésus se retourna, regarda ses disciples et reprit sévèrement Pierre : « Va-t'en loin de moi, Satan, dit-il, car tu ne penses pas comme Dieu mais comme les êtres humains. »

34 Puis Jésus appela la foule avec ses disciples et dit à tous : « Si quelqu'un veut venir avec moi, qu'il cesse de penser à lui-même, qu'il porte sa croix et me suive. 35 En effet, celui qui veut sauver sa vie la perdra; mais celui qui perdra sa vie pour moi et pour la Bonne Nouvelle la sauvera. 36 À quoi sert-il à un homme de gagner le monde entier, si c'est au prix de sa vie? 37 Que pourrait-il donner pour racheter sa vie? 38 Si quelqu'un a honte de moi et de mes paroles face aux gens d'aujourd'hui, infidèles et rebelles à Dieu, alors le Fils de l'homme aussi aura honte de lui, quand il viendra dans la gloire de son Père avec les saints anges. »

9 1 Jésus leur dit encore : « Je vous le déclare, c'est la vérité : quelques-uns de ceux qui sont ici ne mourront pas avant d'avoir vu le Royaume de Dieu venir avec puissance. »

La transfiguration de Jésus

2 Six jours après, Jésus prit avec lui Pierre, Jacques et Jean, et les conduisit sur une haute montagne où ils se trouvèrent seuls. Il changea d'aspect devant leurs yeux; 3 ses vêtements devinrent d'un blanc si brillant que personne sur toute la terre ne pourrait les blanchir à ce point. 4 Soudain les trois disciples virent Élie et Moïse qui parlaient avec Jésus. 5 Pierre dit alors à Jésus : « Maître, il est bon que nous soyons ici. Nous allons dresser trois tentes, une pour toi, une pour Moïse et une pour Élie. » 6 En fait, il ne savait pas que dire, car ses deux compagnons et lui-même étaient très effrayés. 7 Un nuage survint et les couvrit de son ombre, et du nuage une voix se fit entendre : « Celui-ci est mon Fils bien-aimé, écoutez-le! » 8 Aussitôt, les disciples regardèrent autour d'eux, mais ils ne virent plus personne; Jésus seul était avec eux. 9 Tandis qu'ils descendaient de la montagne, Jésus leur recommanda de ne raconter à personne ce qu'ils avaient vu, jusqu'à ce que le Fils de l'homme se relève d'entre les morts. 10 Ils retinrent cette recommandation, mais ils se demandèrent entre eux : « Que veut-il dire par "se relever d'entre les morts"? »

11 Puis ils interrogèrent Jésus : « Pourquoi les maîtres de la loi disent-ils qu'Élie doit venir d'abord? » 12 Il leur répondit : « Élie doit en effet

venir d'abord pour tout remettre en ordre. Mais pourquoi les Écritures affirment-elles aussi que le Fils de l'homme souffrira beaucoup et qu'on le traitera avec mépris? 13 Quant à moi, je vous le déclare : Élie est déjà venu, et les gens l'ont traité comme ils l'ont voulu, ainsi que les Écritures l'annoncent à son sujet. »

Jésus guérit un enfant tourmenté par un esprit mauvais

14 Quand ils arrivèrent près des autres disciples, ils virent une grande foule qui les entourait et des maîtres de la loi qui discutaient avec eux. 15 Dès que les gens virent Jésus, ils furent tous très surpris, et ils accoururent pour le saluer. 16 Jésus demanda à ses disciples : « De quoi discutez-vous avec eux? » 17 Un homme dans la foule lui répondit : « Maître, je t'ai amené mon fils, car il est tourmenté par un esprit mauvais qui l'empêche de parler. 18 L'esprit le saisit n'importe où, il le jette à terre, l'enfant a de l'écume à la bouche et grince des dents, son corps devient raide. J'ai demandé à tes disciples de chasser cet esprit, mais ils ne l'ont pas pu. » 19 Jésus leur déclara : « Gens sans foi que vous êtes! Combien de temps encore devrai-je rester avec vous? Combien de temps encore devrai-je vous supporter? Amenez-moi l'enfant. » 20 On le lui amena donc. Dès que l'esprit vit Jésus, il secoua rudement l'enfant; celui-ci tomba à terre, il se roulait et avait de l'écume à la bouche. 21 Jésus demanda au père : « Depuis combien de temps cela lui arrive-t-il? » Et le père répondit : « Depuis sa petite enfance. 22 Et souvent l'esprit l'a poussé dans le feu ou dans l'eau pour le faire mourir. Mais aie pitié de nous et viens à notre secours, si tu peux! » 23 Jésus répliqua : « Si tu peux, dis-tu. Mais, tout est possible pour celui qui croit. » 24 Aussitôt, le père de l'enfant s'écria : « Je crois, aide-moi, car j'ai de la peine à croire! »

25 Jésus vit la foule accourir près d'eux; alors, il menaça l'esprit mauvais et lui dit : « Esprit qui rend muet et sourd, je te le commande : sors de cet enfant et ne reviens plus jamais en lui! » 26 L'esprit poussa des cris, secoua l'enfant avec violence, et sortit. Le garçon paraissait mort, de sorte que beaucoup de gens disaient : « Il est mort. » 27 Mais Jésus le prit par la main, le fit lever et l'enfant se tint debout. 28 Quand Jésus fut rentré à la maison et que ses disciples furent seuls avec lui, ils lui demandèrent : « Pourquoi n'avons-nous pas pu chasser cet esprit? » 29 Et Jésus leur répondit : « C'est par la prière seulement qu'on peut faire sortir ce genre d'esprit. »

Jésus annonce de nouveau sa mort et sa résurrection

30 Ils partirent de là et traversèrent la Galilée. Jésus ne voulait pas qu'on sache où il était. 31 Voici, en effet, ce qu'il enseignait à ses disciples : « Le Fils de l'homme sera livré aux mains des hommes, ceux-ci le mettront à mort; et trois jours après, il se relèvera de la mort. » 32 Mais les disciples ne comprenaient pas la signification de ces paroles et ils avaient peur de lui poser des questions.

Qui est le plus grand?

33 Ils arrivèrent à Capernaüm. Quand il fut à la maison, Jésus questionna ses disciples : « De quoi discutiez-vous en chemin? » 34 Mais ils se taisaient, car, en chemin, ils avaient discuté entre eux pour savoir lequel était le plus grand. 35 Alors Jésus s'assit, il appela les douze disciples et leur dit : « Si quelqu'un veut être le premier, il doit être le dernier de tous et le serviteur de tous. » 36 Puis il prit un petit enfant et le plaça au milieu d'eux; il le serra dans ses bras et leur dit : 37 « Celui qui reçoit un enfant comme celui-ci par amour pour moi, me reçoit moi-même; et celui qui me reçoit ne reçoit pas seulement moi-même, mais aussi celui qui m'a envoyé. »

Celui qui n'est pas contre nous est pour nous

38 Jean dit à Jésus : « Maître, nous avons vu un homme qui chassait les esprits mauvais en usant de ton nom, et nous avons voulu l'en empêcher, parce qu'il n'appartient pas à notre groupe. » 39 Mais Jésus répondit : « Ne l'en empêchez pas, car personne ne peut accomplir un miracle en mon nom et tout de suite après dire du mal

de moi. 40 Car celui qui n'est pas contre nous est pour nous. 41 Et celui qui vous donnera à boire un verre d'eau parce que vous appartenez au Christ, je vous le déclare, c'est la vérité : il recevra sa récompense. »

Sérieuse mise en garde

42 « Celui qui fait tomber dans le péché un de ces petits qui croient en moi, il vaudrait mieux pour lui qu'on lui attache au cou une grosse pierre et qu'on le jette dans la mer. 43 Si c'est à cause de ta main que tu tombes dans le péché, coupe-la; il vaut mieux pour toi entrer dans la vraie vie avec une seule main que de garder les deux mains et d'aller en enfer, dans le feu qui ne s'éteint pas. [44 Là, "les vers qui rongent les corps ne meurent pas et le feu ne s'éteint jamais."] 45 Si c'est à cause de ton pied que tu tombes dans le péché, coupe-le; il vaut mieux pour toi entrer dans la vraie vie avec un seul pied que de garder les deux pieds et d'être jeté en enfer. [46 Là, "les vers qui rongent les corps ne meurent pas et le feu ne s'éteint jamais."] 47 Et si c'est à cause de ton œil que tu tombes dans le péché, arrache-le; il vaut mieux pour toi entrer dans le Royaume de Dieu avec un seul œil que de garder les deux yeux et d'être jeté en enfer. 48 Là, "les vers qui rongent les corps ne meurent pas et le feu ne s'éteint jamais." 49 En effet, chacun sera salé de feu.

50 « Le sel est une bonne chose; mais si le sel perd son goût particulier, comment le lui rendrez-vous? Ayez du sel en vous-mêmes et vivez en paix les uns avec les autres. »

L'enseignement de Jésus sur le divorce

10 1 Jésus partit de là et se rendit dans le territoire de la Judée, puis de l'autre côté du Jourdain. De nouveau, une foule de gens s'assemblèrent près de lui et il se mit à leur donner son enseignement, comme il le faisait toujours. 2 Quelques Pharisiens s'approchèrent de lui pour lui tendre un piège. Ils lui demandèrent : « Notre loi permet-elle à un homme de renvoyer sa femme? » 3 Jésus leur répondit par cette question : « Quel commandement Moïse vous a-t-il donné? » 4 Ils dirent : « Moïse a permis à un homme d'écrire une attestation de divorce et de renvoyer sa femme. » 5 Alors Jésus leur dit : « Moïse a écrit ce commandement pour vous parce que vous avez le cœur dur. 6 Mais au commencement, quand Dieu a tout créé, "il les fit homme et femme", dit l'Écriture. 7 "C'est pourquoi, l'homme quittera son père et sa mère pour s'attacher à sa femme, 8 et les deux deviendront un seul être." Ainsi, ils ne sont plus deux mais un seul être. 9 Que l'homme ne sépare donc pas ce que Dieu a uni. » 10 Quand ils furent dans la maison, les disciples posèrent de nouveau des questions à Jésus à ce propos. 11 Il leur répondit : « Si un homme renvoie sa femme et en épouse une autre, il commet un adultère envers la première; 12 de même, si une femme renvoie son mari et épouse un autre homme, elle commet un adultère. »

Jésus bénit des enfants

13 Des gens amenèrent des enfants à Jésus pour qu'il pose les mains sur eux, mais les disciples leur firent des reproches. 14 Quand Jésus vit cela, il s'indigna et dit à ses disciples : « Laissez les enfants venir à moi! Ne les en empêchez pas, car le Royaume de Dieu appartient à ceux qui sont comme eux. 15 Je vous le déclare, c'est la vérité : celui qui ne reçoit pas le Royaume de Dieu comme un enfant ne pourra jamais y entrer. » 16 Ensuite, il prit les enfants dans ses bras; il posa les mains sur chacun d'eux et les bénit.

L'homme riche

17 Comme Jésus se mettait en route, un homme vint en courant, se jeta à genoux devant lui et lui demanda : « Bon maître, que dois-je faire pour obtenir la vie éternelle? » 18 Jésus lui dit : « Pourquoi m'appelles-tu bon? Personne n'est bon, à part Dieu seul. 19 Tu connais les commandements : "Ne commets pas de meurtre; ne commets pas d'adultère; ne vole pas; ne prononce pas de faux témoignage contre quelqu'un; ne prends rien aux autres par tromperie; respecte ton père et ta mère." » 20 L'homme lui répondit : « Maître, j'ai obéi à tous ces commandements depuis ma jeunesse. » 21 Jésus le regarda avec amour et lui dit :

« Il te manque une chose : va vendre tout ce que tu as et donne l'argent aux pauvres, alors tu auras des richesses dans le ciel; puis viens et suis-moi. » 22 Mais quand l'homme entendit cela, il prit un air sombre et il s'en alla tout triste parce qu'il avait de grands biens.

23 Jésus regarda ses disciples qui l'entouraient et leur dit : « Qu'il est difficile aux riches d'entrer dans le Royaume de Dieu! » 24 Les disciples furent troublés par ces paroles. Mais Jésus leur dit encore : « Mes enfants, qu'il est difficile d'entrer dans le Royaume de Dieu! 25 Il est difficile à un chameau de passer par le trou d'une aiguille, mais il est encore plus difficile à un riche d'entrer dans le Royaume de Dieu. » 26 Les disciples étaient de plus en plus étonnés, et ils se demandèrent les uns aux autres : « Mais qui donc peut être sauvé? » 27 Jésus les regarda et leur dit : « C'est impossible aux hommes, mais non à Dieu, car tout est possible à Dieu. » 28 Alors Pierre lui dit : « Écoute, nous avons tout quitté pour te suivre. » 29 Jésus lui répondit : « Je vous le déclare, c'est la vérité : si quelqu'un quitte, pour moi et pour la Bonne Nouvelle, sa maison, ou ses frères, ses sœurs, sa mère, son père, ses enfants, ses champs, 30 il recevra cent fois plus dans le temps où nous vivons maintenant : des maisons, des frères, des sœurs, des mères, des enfants et des champs, avec des persécutions aussi; et dans le monde futur, il recevra la vie éternelle. 31 Mais beaucoup qui sont maintenant les premiers seront les derniers, et ceux qui sont maintenant les derniers seront les premiers. »

Jésus annonce une troisième fois sa mort et sa résurrection

32 Ils étaient en chemin pour monter à Jérusalem. Jésus marchait devant ses disciples, qui étaient inquiets, et ceux qui les suivaient avaient peur. Jésus prit de nouveau les douze disciples avec lui et se mit à leur parler de ce qui allait bientôt lui arriver. 33 Il leur dit : « Écoutez, nous montons à Jérusalem, où le Fils de l'homme sera livré aux chefs des prêtres et aux maîtres de la loi. Ils le condamneront à mort et le livreront aux païens. 34 Ceux-ci se moqueront de lui, cracheront sur lui, le frapperont à coups de fouet

et le mettront à mort. Et, après trois jours, il se
relèvera de la mort. »

La demande de Jacques et Jean

35 Alors, Jacques et Jean, les fils de Zébédée,
vinrent auprès de Jésus. Ils lui dirent : « Maître,
nous désirons que tu fasses pour nous ce que
nous te demanderons. » — 36 « Que voulez-vous
que je fasse pour vous? » leur dit Jésus. 37 Ils lui
répondirent : « Quand tu seras dans ton règne glo-
rieux, accorde-nous de siéger à côté de toi, l'un à
ta droite, l'autre à ta gauche. » 38 Mais Jésus leur
dit : « Vous ne savez pas ce que vous demandez.
Pouvez-vous boire la coupe de douleur que je vais
boire, ou recevoir le baptême de souffrance que
je vais recevoir? » 39 Et ils lui répondirent : « Nous
le pouvons. » Jésus leur dit : « Vous boirez en ef-
fet la coupe que je vais boire et vous recevrez le
baptême que je vais recevoir. 40 Mais ce n'est pas
à moi de décider qui siègera à ma droite ou à ma
gauche; ces places sont à ceux pour qui Dieu les
a préparées. »

41 Quand les dix autres disciples entendirent
cela, ils s'indignèrent contre Jacques et Jean.
42 Alors Jésus les appela tous et leur dit : « Vous
le savez, ceux qu'on regarde comme les chefs
des peuples les commandent en maîtres, et les
grands personnages leur font sentir leur pouvoir.
43 Mais cela ne se passe pas ainsi parmi vous. Au
contraire, si l'un de vous veut être grand, il doit
être votre serviteur, 44 et si l'un de vous veut être
le premier, il doit être l'esclave de tous. 45 Car le
Fils de l'homme lui-même n'est pas venu pour se
faire servir, mais il est venu pour servir et donner
sa vie comme rançon pour libérer une multitude
de gens. »

Jésus guérit l'aveugle Bartimée

46 Ils arrivèrent à Jéricho. Lorsque Jésus sor-
tit de cette ville avec ses disciples et une gran-
de foule, un aveugle appelé Bartimée, le fils de
Timée, était assis au bord du chemin et mendiait.
47 Quand il entendit que c'était Jésus de Nazareth,
il se mit à crier : « Jésus, Fils de David, aie pitié
de moi! » 48 Beaucoup lui faisaient des reproches
pour qu'il se taise, mais il criait encore plus fort :
« Fils de David, aie pitié de moi! » 49 Jésus s'arrêta
et dit : « Appelez-le. » Ils appelèrent donc l'aveu-
gle et lui dirent : « Courage, lève-toi, il t'appelle. »
50 Alors il jeta son manteau, sauta sur ses pieds
et vint vers Jésus. 51 Jésus lui demanda : « Que
veux-tu que je fasse pour toi? » L'aveugle lui ré-
pondit : « Maître, fais que je voie de nouveau. »
52 Et Jésus lui dit : « Va, ta foi t'a guéri. » Aussitôt,
il put voir, et il suivait Jésus sur le chemin.

Le ministère de Jésus à Jérusalem

Jésus entre à Jérusalem

11 1 Quand ils approchèrent de Jérusalem,
près des villages de Bethfagé et de
Béthanie, ils arrivèrent au mont des
Oliviers. Jésus envoya en avant deux de ses dis-
ciples : 2 « Allez au village qui est là devant vous,
leur dit-il. Dès que vous y serez arrivés, vous trou-
verez un petit âne attaché, sur lequel personne ne
s'est encore assis. Détachez-le et amenez-le-moi.
3 Et si quelqu'un vous demande : "Pourquoi faites-
vous cela?", dites-lui : "Le Seigneur en a besoin,
mais il le renverra ici sans tarder." »
4 Ils partirent donc et trouvèrent un âne dehors,
dans la rue, attaché à la porte d'une maison. Ils le
détachèrent. 5 Quelques-uns de ceux qui se trou-
vaient là leur demandèrent : « Que faites-vous?
pourquoi détachez-vous cet ânon? » 6 Ils leur ré-
pondirent ce que Jésus avait dit, et on les laissa
aller. 7 Ils amenèrent l'ânon à Jésus; ils posèrent
leurs manteaux sur l'animal, et Jésus s'assit des-
sus. 8 Beaucoup de gens étendirent leurs manteaux
sur le chemin, et d'autres y mirent des branches
vertes qu'ils avaient coupées dans la campagne.
9 Ceux qui marchaient devant Jésus et ceux qui le
suivaient criaient : « Gloire à Dieu! Que Dieu bé-
nisse celui qui vient au nom du Seigneur! 10 Que
Dieu bénisse le royaume qui vient, le royaume de
David notre père! Gloire à Dieu dans les cieux! »
11 Jésus entra dans Jérusalem et se rendit dans le
temple. Après avoir tout regardé autour de lui, il
partit pour Béthanie avec les douze disciples, car
il était déjà tard.

Jésus maudit un figuier

12 Le lendemain, au moment où ils quittaient
Béthanie, Jésus eut faim. 13 Il vit de loin un fi-
guier qui avait des feuilles, et il alla regarder s'il
y trouverait des fruits; mais quand il fut près de
l'arbre, il ne trouva que des feuilles, car ce n'était
pas la saison des figues. 14 Alors Jésus dit au fi-
guier : « Que personne ne mange plus jamais de
tes fruits! » Et ses disciples l'entendirent.

Jésus dans le temple

15 Ils arrivèrent ensuite à Jérusalem. Jésus
entra dans le temple et se mit à chasser ceux
qui vendaient ou qui achetaient à cet endroit; il
renversa les tables des changeurs d'argent et les
sièges des vendeurs de pigeons, 16 et il ne laissait
personne transporter un objet à travers le temple.
17 Puis il leur enseigna ceci : « Dans les Écritures,
Dieu déclare : "On appellera ma maison mai-
son de prière pour tous les peuples." Mais vous,
ajouta-t-il, vous en avez fait une caverne de vo-
leurs! » 18 Les chefs des prêtres et les maîtres de
la loi apprirent cela et ils cherchaient un moyen
de faire mourir Jésus; en effet, ils avaient peur de
lui, parce que toute la foule était impressionnée
par son enseignement. 19 Le soir venu, Jésus et
ses disciples sortirent de la ville.

Jésus et le figuier desséché

20 Tôt le lendemain, tandis qu'ils passaient le
long du chemin, ils virent le figuier : il était com-
plètement sec jusqu'aux racines. 21 Pierre se rap-
pela ce qui était arrivé et dit à Jésus : « Maître,
regarde, le figuier que tu as maudit est devenu

tout sec. » 22 Jésus dit alors à ses disciples : « Je vous le déclare, c'est la vérité : Ayez foi en Dieu! 23 Si quelqu'un dit à cette colline : "Ôte-toi de là et jette-toi dans la mer", et s'il ne doute pas dans son cœur, mais croit que ce qu'il dit arrivera, cela arrivera pour lui. 24 C'est pourquoi, je vous dis : Quand vous priez pour demander quelque chose, croyez que vous l'avez reçu et cela vous sera donné. 25 Et quand vous êtes debout pour prier, si vous avez quelque chose contre quelqu'un, pardonnez-lui, afin que votre Père qui est dans les cieux vous pardonne aussi le mal que vous avez fait. [26 Mais si vous ne pardonnez pas aux autres, votre Père qui est dans les cieux ne vous pardonnera pas non plus le mal que vous avez fait.] »

D'où vient l'autorité de Jésus?

27 Ils revinrent à Jérusalem. Pendant que Jésus allait et venait dans le temple, les chefs des prêtres, les maîtres de la loi et les anciens vinrent auprès de lui. 28 Ils lui demandèrent : « De quel droit fais-tu ces choses? Qui t'a donné autorité pour les faire? » 29 Jésus leur répondit : « Je vais vous poser une seule question; si vous me donnez une réponse, alors je vous dirai de quel droit je fais ces choses. 30 Qui a envoyé Jean baptiser? Est-ce Dieu ou les hommes? Répondez-moi. » 31 Mais ils se mirent à discuter entre eux et se dirent : « Si nous répondons : "C'est Dieu qui l'a envoyé", il nous demandera : "Pourquoi donc n'avez-vous pas cru Jean?" 32 Mais pouvons-nous dire : "Ce sont les hommes qui l'ont envoyé..."? » — Ils avaient peur de la foule, car tous pensaient que Jean avait été un vrai prophète. — 33 Alors ils répondirent à Jésus : « Nous ne savons pas. » — « Eh bien, répliqua Jésus, moi non plus, je ne vous dirai pas de quel droit je fais ces choses. »

La parabole des méchants vignerons

12 1 Puis Jésus se mit à leur parler en utilisant des paraboles : « Un homme planta une vigne; il l'entoura d'un mur, creusa la roche pour le pressoir à raisin et bâtit une tour de garde. Ensuite, il loua la vigne à des ouvriers vignerons et partit en voyage. 2 Au moment voulu, il envoya un serviteur aux ouvriers vignerons pour recevoir d'eux sa part de la récolte. 3 Mais ils saisirent le serviteur, le battirent et le renvoyèrent les mains vides. 4 Alors le propriétaire envoya un autre serviteur; celui-là, ils le frappèrent à la tête et l'insultèrent. 5 Le propriétaire en envoya encore un autre, et, celui-là, ils le tuèrent; et ils en traitèrent beaucoup d'autres de la même manière : ils battirent les uns et tuèrent les autres. 6 Le seul homme qui restait au propriétaire était son fils bien-aimé. Il le leur envoya en dernier, car il pensait : "Ils auront du respect pour mon fils." 7 Mais ces vignerons se dirent les uns aux autres : "Voici le futur héritier! Allons, tuons-le, et la vigne sera à nous!" 8 Ils saisirent donc le fils, le tuèrent et jetèrent son corps hors de la vigne.

9 « Eh bien, que fera le propriétaire de la vigne? demanda Jésus. Il viendra, il mettra à mort les vignerons et confiera la vigne à d'autres. 10 Vous avez sûrement lu cette parole de l'Écriture?

"La pierre que les bâtisseurs avaient rejetée
est devenue la pierre principale.
11 Cela vient du Seigneur,
pour nous, c'est une merveille!" »

12 Les chefs des Juifs cherchaient un moyen d'arrêter Jésus, car ils savaient qu'il avait dit cette parabole contre eux. Mais ils avaient peur de la foule; ils le laissèrent donc et s'en allèrent.

L'impôt payé à l'empereur

13 On envoya auprès de Jésus quelques Pharisiens et quelques membres du parti d'Hérode pour le prendre au piège par une question. 14 Ils vinrent lui dire : « Maître, nous savons que tu dis la vérité; tu n'as pas peur de ce que pensent les autres et tu ne tiens pas compte de l'apparence des gens, mais tu enseignes la vérité sur la conduite qui plaît à Dieu. Dis-nous, notre loi permet-elle ou non de payer des impôts à l'empereur romain? Devons-nous les payer, oui ou non? » 15 Mais Jésus savait qu'ils cachaient leur véritable pensée; il leur dit alors : « Pourquoi me tendez-vous un piège? Apportez-moi une pièce d'argent, je voudrais la voir. » 16 Ils en apportèrent une, et Jésus leur demanda : « Ce visage et ce nom gravés ici, de qui sont-ils? » — « De l'empereur », lui répondirent-ils. 17 Alors Jésus leur dit :

« Payez donc à l'empereur ce qui lui appartient, et à Dieu ce qui lui appartient. » Et sa réponse les remplit d'étonnement.

Une question sur la résurrection des morts

18 Quelques Sadducéens vinrent auprès de Jésus.
— Ce sont eux qui disent qu'il n'y a pas de résur-
rection. — Ils l'interrogèrent de la façon suivante :
19 « Maître, Moïse nous a donné ce commandement
écrit : «Si un homme, qui a un frère, meurt et laisse
une femme sans enfants, il faut que son frère épouse
la veuve pour donner des descendants à celui qui
est mort.» 20 Or, il y avait une fois sept frères. Le pre-
mier se maria et mourut sans laisser d'enfants. 21 Le
deuxième épousa la veuve, et il mourut sans laisser
d'enfants. La même chose arriva au troisième frère,
22 et à tous les sept, qui épousèrent successivement
la femme et moururent sans laisser d'enfants. Après
eux tous, la femme mourut aussi. 23 Au jour de la
résurrection, quand les morts se relèveront, de qui
sera-t-elle donc la femme? Car tous les sept l'ont
eue comme épouse! »
24 Jésus leur répondit : « Vous vous trompez, et
savez-vous pourquoi? Parce que vous ne connais-
sez ni les Écritures, ni la puissance de Dieu. 25 En
effet, quand ils se relèveront d'entre les morts, les
hommes et les femmes ne se marieront pas, mais ils
vivront comme les anges dans le ciel. 26 Pour ce qui
est des morts qui reviennent à la vie, n'avez-vous
jamais lu dans le livre de Moïse le passage qui par-
le du buisson en flammes? On y lit que Dieu dit à
Moïse : "Je suis le Dieu d'Abraham, le Dieu d'Isaac
et le Dieu de Jacob." 27 Dieu, ajouta Jésus, est le
Dieu des vivants, et non des morts. Ainsi, vous êtes
complètement dans l'erreur. »

Le commandement le plus important

28 Un maître de la loi les avait entendus discuter.
Il vit que Jésus avait bien répondu aux Sadducéens;
il s'approcha donc de lui et lui demanda : « Quel est
le plus important de tous les commandements? »
29 Jésus lui répondit : « Voici le commandement le
plus important : "Écoute, Israël! Le Seigneur notre
Dieu est le seul Seigneur. 30 Tu dois aimer le Seigneur
ton Dieu de tout ton cœur, de toute ton âme, de toute
ton intelligence et de toute ta force." 31 Et voici le

second commandement : “Tu dois aimer ton
prochain comme toi-même.” Il n’y a pas d’autre
commandement plus important que ces deux-là. »
32 Le maître de la loi dit alors à Jésus : « Très bien,
Maître! Ce que tu as dit est vrai : Le Seigneur est
le seul Dieu, et il n’y a pas d’autre Dieu que lui.
33 Chacun doit donc aimer Dieu de tout son cœur,
de toute son intelligence et de toute sa force; et il
doit aimer son prochain comme lui-même. Cela
vaut beaucoup mieux que de présenter à Dieu
toutes sortes d’offrandes et de sacrifices d’ani-
maux. » 34 Jésus vit qu’il avait répondu de façon
intelligente; il lui dit alors : « Tu n’es pas loin du
Royaume de Dieu. » Après cela, personne n’osait
plus lui poser de questions.

Le Messie et David

35 Alors que Jésus enseignait dans le temple,
il posa cette question : « Comment les maîtres de
la loi peuvent-ils dire que le Messie est descen-
dant de David? 36 Car David, guidé par le Saint-
Esprit, a dit lui-même :

“Le Seigneur Dieu
a déclaré à mon Seigneur :
Viens siéger à ma droite,
je veux contraindre tes ennemis
à passer sous tes pieds.”

37 David lui-même l’appelle “Seigneur” : com-
ment le Messie peut-il alors être aussi descendant
de David? »

Jésus met la foule en garde contre les maîtres de la loi

La foule, nombreuse, écoutait Jésus avec
plaisir.

38 Voici ce qu’il enseignait à tous : « Gardez-
vous des maîtres de la loi qui aiment à se pro-
mener en longues robes et à recevoir des salu-
tations respectueuses sur les places publiques;
39 ils choisissent les sièges les plus en vue dans
les synagogues et les places d’honneur dans les
grands repas. 40 Ils prennent aux veuves tout ce
qu’elles possèdent et, en même temps, font de
longues prières pour se faire remarquer. Ils seront
jugés d’autant plus sévèrement! »

Le don offert par une veuve pauvre

41 Puis Jésus s’assit en face des troncs à of-
frandes du temple, et il regardait comment les
gens y déposaient de l’argent. De nombreux ri-
ches donnaient beaucoup d’argent. 42 Une veuve
pauvre arriva et mit deux petites pièces de cui-
vre, d’une valeur de quelques centimes. 43 Alors
Jésus appela ses disciples et leur dit : « Je vous le
déclare, c’est la vérité : cette veuve pauvre a mis
dans le tronc plus que tous les autres. 44 Car tous
les autres ont donné de l’argent dont ils n’avaient
pas besoin; mais elle, dans sa pauvreté, a offert
tout ce qu’elle possédait, tout ce dont elle avait
besoin pour vivre. »

Jésus annonce la destruction du temple

13 1 Tandis que Jésus sortait du temple,
un de ses disciples lui dit : « Maître,
regarde! Quelles belles pierres, quel-
les grandes constructions! » 2 Jésus lui répondit :
« Tu vois ces grandes constructions? Il ne restera
pas ici une seule pierre posée sur une autre; tout
sera renversé. »

Des malheurs et des persécutions

3 Jésus s’assit au mont des Oliviers, en face
du temple. Pierre, Jacques, Jean et André, qui
étaient seuls avec lui, lui demandèrent : 4 « Dis-
nous quand cela se passera et quel signe indi-
quera le moment où toutes ces choses doivent
arriver. »

5 Alors Jésus se mit à leur dire : « Faites atten-
tion que personne ne vous trompe. 6 Beaucoup
d’hommes viendront en usant de mon nom et di-
ront : “Je suis le Messie!” Et ils tromperont quan-
tité de gens. 7 Quand vous entendrez le bruit de
guerres proches et des nouvelles sur des guerres
lointaines, ne vous effrayez pas; il faut que cela
arrive, mais ce ne sera pas encore la fin de ce
monde. 8 Un peuple combattra contre un autre
peuple, et un royaume attaquera un autre royau-
me; il y aura des tremblements de terre dans dif-
férentes régions, ainsi que des famines. Ce sera
comme les premières douleurs de l’accouchement.
9 Quant à vous, faites attention à vous-mêmes.

Car des gens vous feront passer devant les tribu-
naux; on vous battra dans les synagogues. Vous
devrez comparaître devant des gouverneurs et
des rois à cause de moi, pour apporter votre té-
moignage devant eux. 10 Il faut avant tout que la
Bonne Nouvelle soit annoncée à tous les peuples.
11 Et lorsqu'on vous arrêtera pour vous conduire
devant le tribunal, ne vous inquiétez pas d'avan-
ce de ce que vous aurez à dire; mais dites les
paroles qui vous seront données à ce moment-
là, car elles ne viendront pas de vous, mais du
Saint-Esprit. 12 Des frères livreront leurs propres
frères pour qu'on les mette à mort, et des pères
agiront de même avec leurs enfants; des enfants
se tourneront contre leurs parents et les feront
condamner à mort. 13 Tout le monde vous haïra à
cause de moi. Mais celui qui tiendra bon jusqu'à
la fin sera sauvé. »

L'Horreur abominable

14 « Vous verrez celui qu'on appelle "l'Horreur
abominable" : il sera placé là où il ne doit pas
être. — Que celui qui lit comprenne bien cela!
— Alors, ceux qui seront en Judée devront s'en-
fuir vers les montagnes; 15 celui qui sera sur la
terrasse de sa maison ne devra pas descendre
pour aller prendre quelque chose à l'intérieur;
16 et celui qui sera dans les champs ne devra pas
retourner chez lui pour emporter son manteau.
17 Quel malheur ce sera, en ces jours-là, pour les
femmes enceintes et pour celles qui allaiteront!
18 Priez Dieu pour que ces choses n'arrivent pas
pendant la mauvaise saison! 19 Car, en ces jours-
là, la détresse sera plus grande que toutes celles
qu'on a connues depuis le commencement du
monde, quand Dieu a tout créé, jusqu'à main-
tenant, et il n'y en aura plus jamais de pareille.
20 Si le Seigneur n'avait pas décidé d'abréger cette
période, personne ne pourrait survivre. Mais il l'a
abrégée à cause de ceux qu'il a choisis pour être
à lui. 21 Si quelqu'un vous dit alors : "Regardez, le
Messie est ici!" ou bien : "Regardez, il est là!", ne
le croyez pas. 22 Car de faux messies et de faux
prophètes apparaîtront; ils accompliront des
miracles et des prodiges pour tromper, si possible,
ceux que Dieu a choisis. 23 Vous donc, faites
attention! Je vous ai avertis de tout à l'avance. »

La venue du Fils de l'homme

24 « Mais en ces jours-là, après ce temps de
détresse, le soleil s'obscurcira, la lune ne donne-
ra plus sa clarté, 25 les étoiles tomberont du ciel,
et les puissances qui sont dans les cieux seront
ébranlées. 26 Alors on verra le Fils de l'homme
arriver parmi les nuages, avec beaucoup de puis-
sance et de gloire. 27 Il enverra les anges aux qua-
tre coins de la terre pour rassembler ceux qu'il a
choisis, d'un bout du monde à l'autre. »

L'enseignement donné par le figuier

28 « Comprenez l'enseignement que donne le
figuier : dès que la sève circule dans ses bran-
ches et que ses feuilles poussent, vous savez que
la bonne saison est proche. 29 De même, quand
vous verrez ces choses arriver, sachez que l'évé-
nement est proche, qu'il va se produire. 30 Je vous
le déclare, c'est la vérité : les gens d'aujourd'hui
n'auront pas tous disparu avant que tout cela ar-
rive. 31 Le ciel et la terre disparaîtront, tandis que
mes paroles ne disparaîtront jamais. »

Dieu seul connaît le moment de la fin

32 « Cependant personne ne sait quand viendra
ce jour ou cette heure, pas même les anges dans
les cieux, ni même le Fils; le Père seul le sait.
33 Attention! Ne vous endormez pas, car vous ne
savez pas quand le moment viendra. 34 Ce sera
comme lorsqu'un homme part en voyage : il
quitte sa maison et en laisse le soin à ses servi-
teurs, il donne à chacun un travail particulier à
faire et il ordonne au gardien de la porte de rester
éveillé. 35 Restez donc éveillés, car vous ne savez
pas quand le maître de la maison reviendra : ce
sera peut-être le soir, ou au milieu de la nuit, ou
au chant du coq, ou le matin. 36 S'il revient tout
à coup, il ne faut pas qu'il vous trouve endormis.
37 Ce que je vous dis là, je le dis à tous : Restez
éveillés! »

La passion et la résurrection de Jésus

Les chefs complotent contre Jésus

14 1 On était à deux jours de la fête de
la Pâque et des pains sans levain. Les
chefs des prêtres et les maîtres de la
loi cherchaient un moyen d'arrêter Jésus en ca-
chette et de le mettre à mort. 2 Ils se disaient en
effet : « Nous ne pouvons pas faire cela pendant la
fête, sinon le peuple risquerait de se soulever. »

Une femme met du parfum sur la tête de Jésus

3 Jésus était à Béthanie, dans la maison de
Simon le lépreux; pendant qu'il était à table, une
femme entra avec un flacon d'albâtre plein d'un
parfum très cher, fait de nard pur. Elle brisa le
flacon et versa le parfum sur la tête de Jésus.
4 Certains de ceux qui étaient là furent indignés
et se dirent entre eux : « À quoi bon avoir ainsi
gaspillé ce parfum? 5 On aurait pu le vendre plus
de trois cents pièces d'argent pour les donner
aux pauvres! » Et ils critiquaient sévèrement cette
femme. 6 Mais Jésus dit : « Laissez-la tranquille.
Pourquoi lui faites-vous de la peine? Ce qu'elle
a accompli pour moi est beau. 7 Car vous aurez
toujours des pauvres avec vous, et toutes les fois
que vous le voudrez, vous pourrez leur faire du
bien; mais moi, vous ne m'aurez pas toujours
avec vous. 8 Elle a fait ce qu'elle a pu : elle a
d'avance mis du parfum sur mon corps afin de
le préparer pour le tombeau. 9 Je vous le déclare,
c'est la vérité : partout où l'on annoncera la Bonne
Nouvelle, dans le monde entier, on racontera ce
que cette femme a fait et l'on se souviendra d'elle. »

Judas veut livrer Jésus aux chefs des prêtres

10 Alors Judas Iscariote, un des douze disci-
ples, alla proposer aux chefs des prêtres de leur
livrer Jésus. 11 Ils furent très contents de l'enten-
dre et lui promirent de l'argent. Et Judas se mit à
chercher une occasion favorable pour leur livrer
Jésus.

Jésus prend le repas de la Pâque avec ses disciples

12 Le premier jour de la fête des pains sans
levain, le jour où l'on sacrifiait les agneaux pour
le repas de la Pâque, les disciples de Jésus lui
demandèrent : « Où veux-tu que nous allions te
préparer le repas de la Pâque? » 13 Alors Jésus
envoya deux de ses disciples en avant, avec l'or-
dre suivant : « Allez à la ville, vous y rencontrerez
un homme qui porte une cruche d'eau. Suivez-le,
14 et là où il entrera, dites au propriétaire de la
maison : "Le Maître demande : Où est la pièce
qui m'est réservée, celle où je prendrai le repas de
la Pâque avec mes disciples?" 15 Et il vous mon-
trera, en haut de la maison, une grande chambre
déjà prête, avec tout ce qui est nécessaire. C'est
là que vous nous préparerez le repas. » 16 Les dis-
ciples partirent et allèrent à la ville; ils trouvèrent
tout comme Jésus le leur avait dit, et ils prépare-
rent le repas de la Pâque.

17 Quand le soir fut venu, Jésus arriva avec
les douze disciples. 18 Pendant qu'ils étaient à ta-
ble et qu'ils mangeaient, Jésus dit : « Je vous le
déclare, c'est la vérité : l'un de vous, qui mange
avec moi, me trahira. » 19 Les disciples devinrent
tout tristes, et ils se mirent à lui demander l'un

après l'autre : « Ce n'est pas moi, n'est-ce pas? »
[20] Jésus leur répondit : « C'est l'un d'entre vous,
les douze, quelqu'un qui trempe avec moi son
pain dans le plat. [21] Certes, le Fils de l'homme va
mourir comme les Écritures l'annoncent à son
sujet; mais quel malheur pour celui qui trahit le
Fils de l'homme! Il aurait mieux valu pour cet
homme-là ne pas naître! »

La sainte cène

[22] Pendant le repas, Jésus prit du pain et,
après avoir remercié Dieu, il le rompit et le don-
na à ses disciples; il leur dit : « Prenez ceci, c'est
mon corps. » [23] Il prit ensuite une coupe de vin et,
après avoir remercié Dieu, il la leur donna, et ils
en burent tous. [24] Jésus leur dit : « Ceci est mon
sang, le sang qui garantit l'alliance de Dieu et qui
est versé pour une multitude de gens. [25] Je vous
le déclare, c'est la vérité : je ne boirai plus jamais
de vin jusqu'au jour où je boirai le vin nouveau
dans le Royaume de Dieu. » [26] Ils chantèrent en-
suite les psaumes de la fête, puis ils s'en allèrent
au mont des Oliviers.

Jésus annonce que Pierre le reniera

[27] Jésus dit à ses disciples : « Vous allez tous
m'abandonner, car on lit dans les Écritures : "Je
tuerai le berger, et les moutons partiront de tous
côtés." [28] Mais, ajouta Jésus, quand je serai de
nouveau vivant, j'irai vous attendre en Galilée. »
[29] Pierre lui dit : « Même si tous les autres t'aban-
donnent, moi je ne t'abandonnerai pas. » [30] Alors
Jésus lui répondit : « Je te le déclare, c'est la vé-
rité : aujourd'hui, cette nuit même, avant que le
coq chante deux fois, toi, tu auras prétendu trois
fois ne pas me connaître. » [31] Mais Pierre répliqua
encore plus fort : « Je ne prétendrai jamais que je
ne te connais pas, même si je dois mourir avec
toi. » Et tous les autres disciples disaient la même
chose.

Jésus prie à Gethsémané

[32] Ils arrivèrent ensuite à un endroit ap-
pelé Gethsémané, et Jésus dit à ses disciples :
« Asseyez-vous ici, pendant que je vais prier. »
[33] Puis il emmena avec lui Pierre, Jacques et
Jean. Il commença à ressentir de la frayeur et de
l'angoisse, [34] et il leur dit : « Mon cœur est plein
d'une tristesse mortelle; restez ici et demeurez
éveillés. » [35] Il alla un peu plus loin, se jeta à terre
et pria pour que, si c'était possible, il n'ait pas à
passer par cette heure de souffrance. [36] Il disait :
« Abba, ô mon Père, tout t'est possible; éloigne
de moi cette coupe de douleur. Toutefois, non pas
ce que je veux, mais ce que tu veux. » [37] Il revint
ensuite vers les trois disciples et les trouva endor-
mis. Il dit à Pierre : « Simon, tu dors? Tu n'as pas
été capable de rester éveillé même une heure?
[38] Restez éveillés et priez, pour ne pas tomber
dans la tentation. L'être humain est plein de bonne
volonté, mais il est faible. »
[39] Il s'éloigna de nouveau et pria en répétant
les mêmes paroles. [40] Puis il revint auprès de ses
disciples et les trouva endormis; ils ne pouvaient
pas garder les yeux ouverts. Et ils ne savaient pas
que lui dire. [41] Quand il revint la troisième fois,

il leur dit : « Vous dormez encore et vous vous reposez? C'est fini! L'heure est arrivée. Maintenant, le Fils de l'homme va être livré entre les mains des pécheurs. 42 Levez-vous, allons-y! Voyez, l'homme qui me livre à eux est ici! »

L'arrestation de Jésus

43 Jésus parlait encore quand arriva Judas, l'un des douze disciples. Il y avait avec lui une foule de gens armés d'épées et de bâtons. Ils étaient envoyés par les chefs des prêtres, les maîtres de la loi et les anciens. 44 Judas, celui qui leur livrait Jésus, avait indiqué à cette foule le signe qu'il utiliserait : « L'homme que j'embrasserai, c'est lui. Saisissez-le et emmenez-le sous bonne garde. » 45 Dès que Judas arriva, il s'approcha de Jésus et lui dit : « Maître! » Puis il l'embrassa. 46 Les autres mirent alors la main sur Jésus et l'arrêtèrent. 47 Mais un de ceux qui étaient là tira son épée, frappa le serviteur du grand-prêtre et lui coupa l'oreille. 48 Jésus leur dit : « Deviez-vous venir armés d'épées et de bâtons pour me prendre, comme si j'étais un brigand? 49 Tous les jours j'étais avec vous et j'enseignais dans le temple, et vous ne m'avez pas arrêté. Mais cela arrive pour que les Écritures se réalisent. » 50 Alors tous les disciples l'abandonnèrent et s'enfuirent. 51 Un jeune homme suivait Jésus, vêtu d'un simple drap. On essaya de le saisir, 52 mais il abandonna le drap et s'enfuit tout nu.

Jésus devant le Conseil supérieur

53 Ils emmenèrent Jésus chez le grand-prêtre, où s'assemblèrent tous les chefs des prêtres, les anciens et les maîtres de la loi. 54 Pierre suivit Jésus de loin, et il entra dans la cour de la maison du grand-prêtre. Là, il s'assit avec les gardes et il se chauffait près du feu.

55 Les chefs des prêtres et tout le Conseil supérieur cherchaient une accusation contre Jésus pour le condamner à mort, mais ils n'en trouvaient pas. 56 Beaucoup de gens, en effet, portaient de fausses accusations contre Jésus, mais ils se contredisaient entre eux. 57 Quelques-uns se levèrent alors et portèrent cette fausse accusation contre lui : 58 « Nous l'avons entendu dire : "Je détruirai ce temple construit par les hommes, et en trois jours j'en bâtirai un autre qui ne sera pas une œuvre humaine." » 59 Mais même sur ce point-là ils se contredisaient. 60 Le grand-prêtre se leva alors dans l'assemblée et interrogea Jésus : « Ne réponds-tu rien à ce que ces gens disent contre toi? » 61 Mais Jésus se taisait, il ne répondait rien. Le grand-prêtre l'interrogea de nouveau : « Es-tu le Messie, le Fils du Dieu auquel vont nos louanges? » 62 Jésus répondit : « Oui, je le suis, et vous verrez tous le Fils de l'homme siégeant à la droite du Dieu puissant; vous le verrez aussi venir parmi les nuages du ciel. » 63 Alors le grand-prêtre déchira ses vêtements et dit : « Nous n'avons plus besoin de témoins! 64 Vous avez entendu cette insulte faite à Dieu. Qu'en pensez-vous? » Tous déclarèrent qu'il était coupable et qu'il méritait la mort. 65 Quelques-uns d'entre eux se mirent à cracher sur Jésus, ils lui couvrirent le visage, le frappèrent à coups de poing et lui dirent : « Devine qui t'a fait cela! » Et les gardes prirent Jésus et lui donnèrent des gifles.

Pierre renie Jésus

66 Pierre se trouvait encore en bas dans la cour, quand arriva une des servantes du grand-prêtre. 67 Elle vit Pierre qui se chauffait, le regarda bien et lui dit : « Toi aussi, tu étais avec Jésus, cet homme de Nazareth. » 68 Mais il le nia en déclarant : « Je ne sais pas ce que tu veux dire, je ne comprends pas. » Puis il s'en alla hors de la cour, dans l'entrée. [Alors un coq chanta.] 69 Mais la servante le vit et répéta devant ceux qui étaient là : « Cet homme est l'un d'eux! » 70 Et Pierre le nia de nouveau. Peu après, ceux qui étaient là dirent encore à Pierre : « Certainement, tu es l'un d'eux, parce que, toi aussi, tu es de Galilée. » 71 Alors Pierre s'écria : « Que Dieu me punisse si je mens! Je le jure, je ne connais pas l'homme dont vous parlez. » 72 À ce moment même, un coq chanta pour la seconde fois, et Pierre se rappela ce que Jésus lui avait dit : « Avant que le coq chante deux fois, tu auras prétendu trois fois ne pas me connaître. » Alors, il se mit à pleurer.

CRVCIFIGE . EVM !

Jésus devant Pilate

15 1 Tôt le matin, les chefs des prêtres se réunirent en séance avec les anciens et les maîtres de la loi, c'est-à-dire tout le Conseil supérieur. Ils firent ligoter Jésus, l'emmenèrent et le livrèrent à Pilate. 2 Celui-ci l'interrogea : « Es-tu le roi des Juifs? » Jésus lui répondit : « Tu le dis. » 3 Les chefs des prêtres portaient de nombreuses accusations contre Jésus. 4 Alors, Pilate l'interrogea de nouveau : « Ne réponds-tu rien? Tu entends combien d'accusations ils portent contre toi! » 5 Mais Jésus ne répondit plus rien, de sorte que Pilate était étonné.

Jésus est condamné à mort

6 À chaque fête de la Pâque, Pilate libérait un prisonnier, celui que la foule demandait. 7 Or, un certain Barabbas était en prison avec des rebelles qui avaient commis un meurtre lors d'une révolte. 8 La foule se rendit donc à la résidence de Pilate et tous se mirent à lui demander ce qu'il avait l'habitude de leur accorder. 9 Pilate leur répondit : « Voulez-vous que je vous libère le roi des Juifs? » 10 Il savait bien, en effet, que les chefs des prêtres lui avaient livré Jésus par jalousie. 11 Mais les chefs des prêtres poussèrent la foule à demander que Pilate leur libère plutôt Barabbas. 12 Pilate s'adressa de nouveau à la foule : « Que voulez-vous donc que je fasse de celui que vous appelez le roi des Juifs? » 13 Ils lui répondirent en criant : « Cloue-le sur une croix! » 14 Pilate leur demanda : « Quel mal a-t-il donc commis? » Mais ils crièrent encore plus fort : « Cloue-le sur une croix! » 15 Pilate voulut contenter la foule et leur libéra Barabbas; puis il fit frapper Jésus à coups de fouet et le livra pour qu'on le cloue sur une croix.

Les soldats se moquent de Jésus

16 Les soldats emmenèrent Jésus à l'intérieur du palais du gouverneur, et ils appelèrent toute la troupe. 17 Ils le revêtirent d'un manteau rouge, tressèrent une couronne avec des branches épineuses et la posèrent sur sa tête. 18 Puis ils se mirent à le saluer : « Salut, roi des Juifs! » 19 Et ils le frappaient sur la tête avec un roseau, crachaient sur lui et se mettaient à genoux pour s'incliner bien bas devant lui. 20 Quand ils se furent bien moqués de lui, ils lui enlevèrent le manteau rouge et lui remirent ses vêtements. Puis ils l'emmenèrent au-dehors pour le clouer sur une croix.

Jésus est cloué sur la croix

21 Un certain Simon, de Cyrène, le père d'Alexandre et de Rufus, passait par là alors qu'il revenait des champs. Les soldats l'obligèrent à porter la croix de Jésus. 22 Ils conduisirent Jésus à un endroit appelé Golgotha, ce qui signifie « Le lieu du Crâne ». 23 Ils voulurent lui donner du vin mélangé avec une drogue, la myrrhe, mais Jésus le refusa. 24 Puis ils le clouèrent sur la croix et se partagèrent ses vêtements, en tirant au sort pour savoir ce que chacun recevrait. 25 Il était neuf heures du matin quand ils le clouèrent sur la croix. 26 Sur l'écriteau qui indiquait la raison de sa condamnation, il y avait ces mots : « Le roi des Juifs ». 27 Ils clouèrent aussi deux brigands sur des croix à côté de Jésus, l'un à sa droite et l'autre à sa gauche. [28 C'est ainsi que se réalisa le passage de l'Écriture qui déclare : « Il a été placé au nombre des malfaiteurs. »]

29 Les passants l'insultaient en hochant la tête; ils lui disaient : « Hé! toi qui voulais détruire le temple et en bâtir un autre en trois jours, 30 sauve-toi toi-même, descends de la croix! » 31 De même, les chefs des prêtres et les maîtres de la loi se moquaient de Jésus et se disaient les uns aux autres : « Il a sauvé d'autres gens, mais il ne peut pas se sauver lui-même! 32 Que le Messie, le roi d'Israël descende maintenant de la croix! Si nous voyons cela, alors nous croirons en lui. » Ceux qui avaient été mis en croix à côté de Jésus l'insultaient aussi.

La mort de Jésus

33 À midi, l'obscurité se fit sur tout le pays et dura jusqu'à trois heures de l'après-midi. 34 Et à trois heures, Jésus cria avec force : « *Éloï, Éloï, lema sabactani?* » — ce qui signifie « Mon Dieu, mon Dieu, pourquoi m'as-tu abandonné? » — 35 Quelques-uns de ceux qui étaient là l'entendirent

et s'écrièrent : « Écoutez, il appelle Élie! » 36 L'un
d'eux courut remplir une éponge de vinaigre et la
fixa au bout d'un roseau, puis il la tendit à Jésus
pour qu'il boive et dit : « Attendez, nous allons
voir si Élie vient le descendre de la croix! » 37 Mais
Jésus poussa un grand cri et mourut.

38 Le rideau suspendu dans le temple se dé-
chira en deux depuis le haut jusqu'en bas. 39 Le
capitaine romain, qui se tenait en face de Jésus,
vit comment il était mort et il dit : « Cet homme
était vraiment Fils de Dieu! » 40 Quelques fem-
mes étaient là, elles aussi, et regardaient de loin.
Parmi elles, il y avait Marie du village de Magdala,
Marie, la mère de Jacques le jeune et de Joses,
et Salomé. 41 Elles avaient suivi Jésus et l'avaient
servi quand il était en Galilée. Il y avait là égale-
ment plusieurs autres femmes qui étaient mon-
tées avec lui à Jérusalem.

Jésus est mis dans un tombeau

42 Le soir était déjà là, quand arriva Joseph,
qui était d'Arimathée. 43 Joseph était un membre
respecté du Conseil supérieur, et il espérait, lui
aussi, la venue du Royaume de Dieu. C'était le
jour de la préparation, c'est-à-dire la veille du
sabbat. C'est pourquoi Joseph alla courageuse-
ment demander à Pilate le corps de Jésus. 44 Mais
Pilate fut étonné d'apprendre qu'il était déjà mort.
Il fit donc appeler le capitaine et lui demanda si
Jésus était mort depuis longtemps. 45 Après avoir
reçu la réponse de l'officier, il permit à Joseph
d'avoir le corps. 46 Joseph acheta un drap de lin,
il descendit le corps de la croix, l'enveloppa dans
le drap et le déposa dans un tombeau qui avait
été creusé dans le rocher. Puis il roula une grosse
pierre pour fermer l'entrée du tombeau. 47 Marie
de Magdala et Marie la mère de Joses regardaient
où on mettait Jésus.

La résurrection de Jésus

16 1 Quand le jour du sabbat fut passé,
Marie de Magdala, Marie mère de
Jacques, et Salomé achetèrent des
huiles parfumées pour aller embaumer le corps
de Jésus. 2 Très tôt le dimanche matin, au lever
du soleil, elles se rendirent au tombeau. 3 Elles
se disaient l'une à l'autre : « Qui va rouler pour
nous la pierre qui ferme l'entrée du tombeau? »
4 Mais quand elles regardèrent, elles virent que la
pierre, qui était très grande, avait déjà été roulée
de côté. 5 Elles entrèrent alors dans le tombeau;
elles virent là un jeune homme, assis à droite, qui
portait une robe blanche, et elles furent effrayées.
6 Mais il leur dit : « Ne soyez pas effrayées; vous

cherchez Jésus de Nazareth, celui qu'on a cloué
sur la croix; il est revenu de la mort à la vie, il
n'est pas ici. Regardez, voici l'endroit où on l'avait
déposé. 7 Allez maintenant dire ceci à ses disci-
ples, y compris à Pierre : "Il va vous attendre en
Galilée; c'est là que vous le verrez, comme il vous
l'a dit." » 8 Elles sortirent alors et s'enfuirent loin
du tombeau, car elles étaient toutes tremblantes
de crainte. Et elles ne dirent rien à personne, par-
ce qu'elles avaient peur.

Jésus se montre à Marie de Magdala

[9 Après que Jésus eut passé de la mort à
la vie tôt le dimanche matin, il se montra tout
d'abord à Marie de Magdala, de laquelle il avait
chassé sept esprits mauvais. 10 Elle alla le ra-
conter à ceux qui avaient été avec lui. Ils étaient
tristes et pleuraient. 11 Mais quand ils entendirent
qu'elle disait : « Jésus est vivant, je l'ai vu! », ils ne
la crurent pas.

Jésus se montre à deux disciples

12 Ensuite, Jésus se montra d'une manière dif-
férente à deux disciples qui étaient en chemin pour
aller à la campagne. 13 Ils revinrent et le racontè-
rent aux autres, qui ne les crurent pas non plus.

Jésus se montre aux onze disciples

14 Enfin, Jésus se montra aux onze disciples
pendant qu'ils mangeaient; il leur reprocha de
manquer de foi et de s'être obstinés à ne pas croi-
re ceux qui l'avaient vu vivant. 15 Puis il leur dit :
« Allez dans le monde entier annoncer la Bonne
Nouvelle à tous les êtres humains. 16 Celui qui
croira et sera baptisé sera sauvé; mais celui qui
ne croira pas sera condamné. 17 Et voici à quels
signes on pourra reconnaître ceux qui auront cru :
ils chasseront des esprits mauvais en mon nom; ils
parleront des langues nouvelles; 18 s'ils prennent
des serpents dans leurs mains ou boivent du poi-
son, il ne leur arrivera aucun mal; ils poseront les
mains sur les malades et ceux-ci seront guéris. »

Jésus retourne auprès de Dieu

19 Après leur avoir ainsi parlé, le Seigneur
Jésus fut enlevé au ciel et s'assit à la droite
de Dieu. 20 Les disciples partirent pour annon-
cer partout la Bonne Nouvelle. Le Seigneur les
aidait dans ce travail et confirmait la vérité de
leur prédication par les signes miraculeux qui
l'accompagnaient.]

ÉVANGILE
selon
SAINT LUC

Illustrations de Alessandra Cimatoribus

Introduction

1 1 Cher Théophile, plusieurs personnes ont
essayé d'écrire le récit des événements qui
se sont passés parmi nous. 2 Ils ont rappor-
té les faits tels que nous les ont racontés ceux
qui les ont vus dès le commencement et qui ont
été chargés d'annoncer la parole de Dieu. 3 C'est
pourquoi, à mon tour, je me suis renseigné exac-
tement sur tout ce qui est arrivé depuis le début et
il m'a semblé bon, illustre Théophile, d'en écrire
pour toi le récit suivi. 4 Je le fais pour que tu puis-
ses reconnaître la vérité des enseignements que
tu as reçus.

La naissance de Jean-Baptiste et de Jésus

Annonce de la naissance de Jean-Baptiste

5 Au temps où Hérode était roi de Judée, il y avait un prêtre nommé Zacharie qui appartenait au groupe de prêtres d'Abia. Sa femme, une descendante d'Aaron le grand-prêtre, s'appelait Élisabeth. 6 Ils étaient tous deux justes aux yeux de Dieu et obéissaient parfaitement à toutes les lois et tous les commandements du Seigneur. 7 Mais ils n'avaient pas d'enfant, car Élisabeth ne pouvait pas en avoir et ils étaient déjà âgés tous les deux.

8 Un jour, Zacharie exerçait ses fonctions de prêtre devant Dieu, car c'était au tour de son groupe de le faire. 9 Selon la coutume des prêtres, il fut désigné par le sort pour entrer dans le sanctuaire du Seigneur et y brûler l'encens. 10 Toute la foule des fidèles priait au-dehors à l'heure où l'on brûlait l'encens. 11 Un ange du Seigneur apparut alors à Zacharie : il se tenait à la droite de l'autel servant à l'offrande de l'encens. 12 Quand Zacharie le vit, il fut troublé et saisi de crainte. 13 Mais l'ange lui dit : « N'aie pas peur, Zacharie, car Dieu a entendu ta prière : Élisabeth, ta femme, te donnera un fils que tu nommeras Jean. 14 Tu en seras profondément heureux et beaucoup de gens se réjouiront au sujet de sa naissance. 15 Car il sera un grand serviteur du Seigneur. Il ne boira ni vin, ni aucune autre boisson fermentée. Il sera rempli du Saint-Esprit dès avant sa naissance. 16 Il ramènera beaucoup d'Israélites au Seigneur leur Dieu. 17 Il viendra comme messager de Dieu avec l'esprit et la puissance du prophète Élie, pour réconcilier les pères avec leurs enfants et ramener les désobéissants à la sagesse des justes; il formera un peuple prêt pour le Seigneur. » 18 Mais Zacharie dit à l'ange : « Comment saurai-je que cela est vrai? Car je suis vieux et ma femme aussi est âgée. » 19 Et l'ange lui répondit : « Je suis Gabriel; je me tiens devant Dieu pour le servir; il m'a envoyé pour te parler et t'apporter cette bonne nouvelle. 20 Mais tu n'as pas cru à mes paroles, qui se réaliseront pourtant au moment voulu; c'est pourquoi tu vas devenir muet, tu seras incapable de parler jusqu'au jour où ces événements se produiront. »

21 Pendant ce temps, les fidèles attendaient Zacharie et s'étonnaient qu'il reste si longtemps à l'intérieur du sanctuaire. 22 Mais quand il sortit, il ne put pas leur parler et les gens comprirent qu'il avait eu une vision dans le sanctuaire. Il leur faisait des signes et restait muet.

23 Quand Zacharie eut achevé la période où il devait servir dans le temple, il retourna chez lui. 24 Quelque temps après, Élisabeth sa femme devint enceinte, et elle se tint cachée pendant cinq mois. Elle se disait : 25 « Voilà ce que le Seigneur a fait pour moi : il a bien voulu me délivrer maintenant de ce qui causait ma honte devant tout le monde. »

Annonce de la naissance de Jésus

26 Le sixième mois, Dieu envoya l'ange Gabriel dans une ville de Galilée, Nazareth, 27 chez une jeune fille fiancée à un homme appelé Joseph. Celui-ci était un descendant du roi David; le nom de la jeune fille était Marie. 28 L'ange entra chez elle et lui dit : « Réjouis-toi! Le Seigneur t'a accordé une grande faveur, il est avec toi. » 29 Marie fut très troublée par ces mots; elle se demandait ce que pouvait signifier cette salutation. 30 L'ange lui dit alors : « N'aie pas peur, Marie, car tu as la faveur de Dieu. 31 Bientôt tu seras enceinte, puis

tu mettras au monde un fils que tu nommeras Jésus. 32 Il sera grand et on l'appellera le Fils du Dieu très-haut. Le Seigneur Dieu fera de lui un roi, comme le fut David son ancêtre, 33 et il régnera pour toujours sur le peuple d'Israël, son règne n'aura point de fin. » 34 Marie dit à l'ange : « Comment cela sera-t-il possible, puisque je suis vierge? » 35 L'ange lui répondit : « Le Saint-Esprit viendra sur toi et la puissance du Dieu très-haut te couvrira comme d'une ombre. C'est pourquoi on appellera saint et Fils de Dieu l'enfant qui doit naître. 36 Élisabeth ta parente attend elle-même un fils, malgré son âge; elle qu'on disait stérile en est maintenant à son sixième mois. 37 Car rien n'est impossible à Dieu. » 38 Alors Marie dit : « Je suis la servante du Seigneur; que tout se passe pour moi comme tu l'as dit. » Et l'ange la quitta.

Marie rend visite à Élisabeth

39 Dans les jours qui suivirent, Marie se mit en route et se rendit en hâte dans une localité de la région montagneuse de Judée. 40 Elle entra dans la maison de Zacharie et salua Élisabeth. 41 Au moment où celle-ci entendit la salutation de Marie, l'enfant remua en elle. Élisabeth fut remplie du Saint-Esprit 42 et s'écria d'une voix forte : « Dieu t'a bénie plus que toutes les femmes et sa bénédiction repose sur l'enfant que tu auras! 43 Qui suis-je pour que la mère de mon Seigneur vienne chez moi? 44 Car, vois-tu, au moment où j'ai entendu ta salutation, l'enfant a remué de joie en moi. 45 Tu es heureuse : tu as cru que le Seigneur accomplira ce qu'il t'a annoncé! »

Le cantique de Marie

46 Marie dit alors :
« De tout mon être je veux dire la grandeur du Seigneur,
47 mon cœur est plein de joie
à cause de Dieu, mon Sauveur;
48 car il a bien voulu abaisser son regard sur moi, son humble servante.
Oui, dès maintenant et en tous les temps, les humains me diront bienheureuse,
49 car Dieu le Tout-Puissant a fait pour moi des choses magnifiques.
Il est le Dieu saint,
50 il est plein de bonté en tout temps
pour ceux qui le respectent.
51 Il a montré son pouvoir
en déployant sa force :
il a mis en déroute
les hommes au cœur orgueilleux,
52 il a renversé les rois de leurs trônes
et il a placé les humbles au premier rang.
53 Il a comblé de biens ceux qui avaient faim,
et il a renvoyé les riches les mains vides.
54 Il est venu en aide au peuple d'Israël, son serviteur :
il n'a pas oublié de manifester sa bonté
55 envers Abraham et ses descendants,
pour toujours,
comme il l'avait promis à nos ancêtres. »

56 Marie resta avec Élisabeth pendant environ trois mois, puis elle retourna chez elle.

La naissance de Jean-Baptiste

57 Le moment arriva où Élisabeth devait accoucher et elle mit au monde un fils. 58 Ses voisins et les membres de sa parenté apprirent que le Seigneur lui avait donné cette grande preuve de sa bonté et ils s'en réjouissaient avec elle. 59 Le huitième jour après la naissance, ils vinrent pour circoncire l'enfant; ils voulaient lui donner le nom de son père, Zacharie. 60 Mais sa mère déclara : « Non, il s'appellera Jean. » 61 Ils lui dirent : « Mais, personne dans ta famille ne porte ce nom! » 62 Alors, ils demandèrent par gestes au père comment il voulait qu'on nomme son enfant. 63 Zacharie se fit apporter une tablette à écrire et il y inscrivit ces mots : « Jean est bien son nom. » Ils s'en étonnèrent tous. 64 Aussitôt, Zacharie put de nouveau parler : il se mit à louer Dieu à haute voix. 65 Alors, tous les voisins éprouvèrent de la crainte, et dans toute la région montagneuse de Judée l'on se racontait ces événements. 66 Tous ceux qui en entendaient parler se mettaient à y réfléchir et se demandaient : « Que deviendra donc ce petit enfant? » La puissance du Seigneur était en effet réellement avec lui.

Le cantique prophétique de Zacharie

67 Zacharie, le père du petit enfant, fut rempli
du Saint-Esprit; il se mit à prophétiser en ces ter-
mes :

68 « Loué soit le Seigneur,
le Dieu du peuple d'Israël,
parce qu'il est intervenu en faveur
de son peuple et l'a délivré.
69 Il a fait apparaître un puissant Sauveur,
pour nous,
parmi les descendants du roi David,
son serviteur.
70 C'est ce qu'il avait annoncé depuis
longtemps par ses saints prophètes :
71 il avait promis qu'il nous délivrerait
de nos ennemis
et du pouvoir de tous ceux
qui nous veulent du mal.
72 Il a manifesté sa bonté
envers nos ancêtres
et n'a pas oublié sa sainte alliance.
73 En effet, Dieu avait fait serment
à Abraham, notre ancêtre,
74 de nous libérer du pouvoir des ennemis
et de nous permettre ainsi
de le servir sans peur,
75 pour que nous soyons
saints et justes devant lui
tous les jours de notre vie.
76 Et toi, mon enfant,
tu seras prophète du Dieu très-haut,
car tu marcheras devant le Seigneur
pour préparer son chemin
77 et pour faire savoir à son peuple
qu'il vient le sauver
en pardonnant ses péchés.
78 Notre Dieu est plein de tendresse
et de bonté :
il fera briller sur nous une lumière d'en haut,
semblable à celle du soleil levant,
79 pour éclairer ceux qui se trouvent
dans la nuit et dans l'ombre de la mort,
pour diriger nos pas sur le chemin de la paix. »

80 L'enfant grandissait et se développait spiri-
tuellement. Il demeura dans des lieux déserts jus-
qu'au jour où il se présenta publiquement devant
le peuple d'Israël.

La naissance de Jésus

2 1 En ce temps-là, l'empereur Auguste don-
na l'ordre de recenser tous les habitants de
l'empire romain. 2 Ce recensement, le pre-
mier, eut lieu alors que Quirinius était gouverneur
de la province de Syrie. 3 Tout le monde allait se
faire enregistrer, chacun dans sa ville d'origine.
4 Joseph lui aussi partit de Nazareth, un bourg
de Galilée, pour se rendre en Judée, à Bethléem,
où est né le roi David; en effet, il était lui-même
un descendant de David. 5 Il alla s'y faire enre-
gistrer avec Marie, sa fiancée, qui était enceinte.
6 Pendant qu'ils étaient à Bethléem, le jour de la
naissance arriva. 7 Elle mit au monde un fils, son
premier-né. Elle l'enveloppa de langes et le cou-
cha dans une crèche, parce qu'il n'y avait pas
de place pour eux dans l'abri destiné aux voya-
geurs.

Un ange apparaît à des bergers

8 Dans cette même région, il y avait des ber-
gers qui passaient la nuit dans les champs pour
garder leur troupeau. 9 Un ange du Seigneur leur
apparut et la gloire du Seigneur les entoura de
lumière. Ils eurent alors très peur. 10 Mais l'ange
leur dit : « N'ayez pas peur, car je vous apporte
une bonne nouvelle qui réjouira beaucoup tout
le peuple : 11 cette nuit, dans la ville de David,
est né, pour vous, un Sauveur; c'est le Christ, le
Seigneur. 12 Et voici le signe qui vous le fera re-
connaître : vous trouverez un petit enfant enve-
loppé de langes et couché dans une crèche. »
13 Tout à coup, il y eut avec l'ange une troupe
nombreuse d'anges du ciel, qui louaient Dieu en
disant :

14 « Gloire à Dieu dans les cieux très hauts,
et paix sur la terre pour ceux qu'il aime! »

15 Lorsque les anges les eurent quittés pour
retourner au ciel, les bergers se dirent les uns
aux autres : « Allons donc jusqu'à Bethléem : il
faut que nous voyions ce qui est arrivé, ce que le
Seigneur nous a fait connaître. » 16 Ils se dépêchè-
rent d'y aller et ils trouvèrent Marie et Joseph, et
le petit enfant couché dans la crèche. 17 Quand ils
le virent, ils racontèrent ce que l'ange leur avait
dit au sujet de ce petit enfant. 18 Tous ceux qui

entendirent les bergers furent étonnés de ce qu'ils
leur disaient. 19 Quant à Marie, elle gardait tout
cela dans sa mémoire et y réfléchissait profon-
dément. 20 Puis les bergers prirent le chemin du
retour. Ils célébraient la grandeur de Dieu et le
louaient pour tout ce qu'ils avaient entendu et vu,
car tout s'était passé comme l'ange le leur avait
annoncé.

Jésus reçoit son nom

21 Le huitième jour après la naissance, le mo-
ment vint de circoncire l'enfant; on lui donna
le nom de Jésus, nom que l'ange avait indiqué
avant que sa mère devienne enceinte.

Jésus est présenté dans le temple

22 Puis le moment vint pour Joseph et Marie
d'accomplir la cérémonie de purification qu'or-
donne la loi de Moïse. Ils amenèrent alors l'en-
fant au temple de Jérusalem pour le présenter au
Seigneur, 23 car il est écrit dans la loi du Seigneur :
« Tout garçon premier-né sera mis à part pour le
Seigneur. » 24 Ils devaient offrir aussi le sacrifice
que demande la même loi, « une paire de tourte-
relles ou deux jeunes pigeons. »
25 Il y avait alors à Jérusalem un certain
Siméon. Cet homme était droit; il respectait Dieu
et attendait celui qui devait sauver Israël. Le Saint-
Esprit était avec lui 26 et lui avait appris qu'il ne
mourrait pas avant d'avoir vu le Messie envoyé
par le Seigneur. 27 Guidé par l'Esprit, Siméon alla
dans le temple. Quand les parents de Jésus ame-
nèrent leur petit enfant afin d'accomplir pour lui
ce que demandait la loi, 28 Siméon le prit dans ses
bras et remercia Dieu en disant :

29 « Maintenant, Seigneur,
tu as réalisé ta promesse :
tu peux laisser ton serviteur mourir en paix.
30 Car j'ai vu de mes propres yeux ton salut,
31 ce salut que tu as préparé
devant tous les peuples :
32 c'est la lumière qui te fera connaître
aux nations du monde
et qui sera la gloire d'Israël, ton peuple. »

33 Le père et la mère de Jésus étaient tout
étonnés de ce que Siméon disait de lui. 34 Siméon
les bénit et dit à Marie, la mère de Jésus : « Dieu
a destiné cet enfant à causer la chute ou le relè-
vement de beaucoup en Israël. Il sera un signe de
Dieu auquel les gens s'opposeront, 35 et il mettra
ainsi en pleine lumière les pensées cachées dans
le cœur de beaucoup. Quant à toi, Marie, la dou-
leur te transpercera l'âme comme une épée. »
36 Il y avait aussi une prophétesse, appelée
Anne, qui était la fille de Penouel, de la tribu
d'Asser. Elle était très âgée. Elle avait vécu sept
ans avec le mari qu'elle avait épousé dans sa jeu-
nesse, 37 puis, demeurée veuve, elle était parvenue
à l'âge de quatre-vingt-quatre ans. Elle ne quittait
pas le temple, mais elle servait Dieu jour et nuit :
elle jeûnait et elle priait. 38 Elle arriva à ce même
moment et se mit à remercier Dieu. Et elle parla
de l'enfant à tous ceux qui attendaient que Dieu
délivre Jérusalem.

Le retour à Nazareth

39 Quand les parents de Jésus eurent achevé
de faire tout ce que demandait la loi du Seigneur,
ils retournèrent avec lui en Galilée, dans leur ville
de Nazareth. 40 L'enfant grandissait et se fortifiait.
Il était rempli de sagesse et la faveur de Dieu re-
posait sur lui.

Jésus à douze ans dans le temple

41 Chaque année, les parents de Jésus allaient
à Jérusalem pour la fête de la Pâque. 42 Lorsque
Jésus eut douze ans, ils l'emmenèrent avec eux
selon la coutume. 43 Quand la fête fut terminée, ils
repartirent, mais l'enfant Jésus resta à Jérusalem
et ses parents ne s'en aperçurent pas. 44 Ils pen-
saient que Jésus était avec leurs compagnons de
voyage et firent une journée de marche. Ils se mi-
rent ensuite à le chercher parmi leurs parents et
leurs amis, 45 mais sans le trouver. Ils retournèrent
donc à Jérusalem en continuant à le chercher.
46 Le troisième jour, ils le découvrirent dans le
temple : il était assis au milieu des maîtres de
la loi, les écoutait et leur posait des questions.
47 Tous ceux qui l'entendaient étaient surpris de
son intelligence et des réponses qu'il donnait.
48 Quand ses parents l'aperçurent, ils furent stu-
péfaits et sa mère lui dit : « Mon enfant, pourquoi

nous as-tu fait cela? Ton père et moi, nous étions
très inquiets en te cherchant. » 49 Il leur répondit :
« Pourquoi me cherchiez-vous? Ne saviez-vous
pas que je dois être dans la maison de mon Père? »
50 Mais ils ne comprirent pas ce qu'il leur disait.

51 Jésus repartit avec eux à Nazareth. Il leur
obéissait. Sa mère gardait en elle le souvenir de
tous ces événements. 52 Et Jésus grandissait, il
progressait en sagesse et se rendait agréable à
Dieu et aux hommes.

Préparation du ministère de Jésus

La prédication de Jean-Baptiste

3 1 C'était la quinzième année du règne de
l'empereur Tibère; Ponce-Pilate était gou-
verneur de Judée, Hérode régnait sur la
Galilée et son frère Philippe sur le territoire de
l'Iturée et de la Trachonitide, Lysanias régnait
sur l'Abilène, 2 Hanne et Caïphe étaient grands-
prêtres. La parole de Dieu se fit alors entendre à
Jean, fils de Zacharie, dans le désert. 3 Jean se
mit à parcourir toute la région voisine de la ri-
vière, le Jourdain. Il lançait cet appel : « Changez
de comportement, faites-vous baptiser et Dieu
pardonnera vos péchés. »

4 Ainsi arriva ce que le prophète Ésaïe avait
écrit dans son livre :

« Un homme crie dans le désert :
Préparez le chemin du Seigneur,
faites-lui des sentiers bien droits!
5 Toute vallée sera comblée,
toute montagne et toute colline
seront abaissées;
les courbes de la route seront redressées,
les chemins en mauvais état seront égalisés.
6 Et tout le monde verra
le salut accordé par Dieu. »

7 Une foule de gens venaient à Jean pour qu'il
les baptise. Il leur disait : « Bande de serpents! Qui
vous a enseigné à vouloir échapper au jugement
divin, qui est proche? 8 Montrez par des actes que
vous avez changé de mentalité et ne vous mettez
pas à dire en vous-mêmes : "Abraham est notre
ancêtre." Car je vous déclare que Dieu peut utiliser
les pierres que voici pour en faire des descendants
d'Abraham! 9 La hache est déjà prête à couper les
arbres à la racine : tout arbre qui ne produit pas de
bons fruits va être coupé et jeté au feu. »

10 Les gens lui demandaient : « Que devons-
nous donc faire? » 11 Il leur répondit : « Celui qui
a deux chemises doit en donner une à celui qui
n'en a pas et celui qui a de quoi manger doit par-
tager. »

12 Des collecteurs d'impôts vinrent aussi pour
être baptisés et demandèrent à Jean : « Maître,
que devons-nous faire? » 13 Il leur répondit : « Ne
faites pas payer plus que ce qui vous a été indi-
qué. »

14 Des soldats lui demandèrent également :
« Et nous, que devons-nous faire? » Il leur dit :
« Ne prenez d'argent à personne par la force ou
en portant de fausses accusations, mais conten-
tez-vous de votre solde. »

15 Le peuple attendait, plein d'espoir : chacun
pensait que Jean était peut-être le Messie. 16 Jean
leur dit alors à tous : « Moi, je vous baptise avec
de l'eau; mais celui qui vient est plus puissant
que moi : je ne suis pas même digne de délier la
courroie de ses sandales. Il vous baptisera avec le
Saint-Esprit et avec du feu. 17 Il tient en sa main la
pelle à vanner pour séparer le grain de la paille. Il
amassera le grain dans son grenier, mais il brû-
lera la paille dans un feu qui ne s'éteint jamais. »

18 C'est en leur adressant beaucoup d'autres
appels encore que Jean annonçait la Bonne
Nouvelle au peuple. 19 Cependant Jean fit des
reproches à Hérode, qui régnait sur la Galilée,
parce qu'il avait épousé Hérodiade, la femme
de son frère, et parce qu'il avait commis beau-
coup d'autres mauvaises actions. 20 Alors Hérode
commit une mauvaise action de plus : il fit mettre
Jean en prison.

TU SEI IL FIGLIO MIO L'AMATO IN TE MI COMPIACQUI

Le baptême de Jésus

21 Après que tout le monde eut été baptisé,
Jésus fut aussi baptisé. Pendant qu'il priait, le ciel
s'ouvrit 22 et le Saint-Esprit descendit sur lui sous
une forme corporelle, comme une colombe. Et
une voix se fit entendre du ciel : « Tu es mon Fils
bien-aimé; je mets en toi toute ma joie. »

La généalogie de Jésus

23 Jésus avait environ trente ans lorsqu'il
commença son œuvre. Il était, à ce que l'on pen-
sait, fils de Joseph, qui était fils d'Éli, 24 fils de
Matthat, fils de Lévi, fils de Melchi, fils de Jannaï,
fils de Joseph, 25 fils de Mattatias, fils d'Amos,
fils de Nahoum, fils d'Esli, fils de Naggaï, 26 fils
de Maath, fils de Mattatias, fils de Séméïn, fils de
Josech, fils de Joda, 27 fils de Yohanan, fils de
Rhésa, fils de Zorobabel, fils de Chéaltiel, fils de
Néri, 28 fils de Melchi, fils d'Addi, fils de Kosam, fils
d'Elmadam, fils d'Er, 29 fils de Jésus, fils d'Éliézer,
fils de Jorim, fils de Matthat, fils de Lévi, 30 fils de
Siméon, fils de Juda, fils de Joseph, fils de Jonam,
fils d'Éliakim, 31 fils de Méléa, fils de Menna, fils
de Mattata, fils de Natan, fils de David, 32 fils de
Jessé, fils d'Obed, fils de Booz, fils de Sala, fils
de Nachon, 33 fils d'Amminadab, fils d'Admin, fils
d'Arni, fils de Hesron, fils de Pérès, fils de Juda,
34 fils de Jacob, fils d'Isaac, fils d'Abraham, fils de
Téra, fils de Nahor, 35 fils de Seroug, fils de Réou,
fils de Péleg, fils d'Éber, fils de Chéla, 36 fils de
Quénan, fils d'Arpaxad, fils de Sem, fils de Noé,
fils de Lémek, 37 fils de Matusalem, fils d'Hénok,
fils de Yéred, fils de Malaléel, fils de Quénan, 38 fils
d'Énos, fils de Seth, fils d'Adam, fils de Dieu.

La tentation de Jésus

4 1 Jésus, rempli de Saint-Esprit, revint du
Jourdain et fut conduit par l'Esprit dans le
désert. 2 Il y fut tenté par le diable pendant
quarante jours. Il ne mangea rien durant ces jours-
là et, quand ils furent passés, il eut faim. 3 Le dia-
ble lui dit alors : « Si tu es le Fils de Dieu, ordonne
à cette pierre de se changer en pain. » 4 Jésus
lui répondit : « L'Écriture déclare : "L'homme ne
vivra pas de pain seulement." »
5 Le diable l'emmena plus haut, lui fit voir en
un instant tous les royaumes de la terre 6 et lui
dit : « Je te donnerai toute cette puissance et la
richesse de ces royaumes : tout cela m'a été re-
mis et je peux le donner à qui je veux. 7 Si donc
tu te mets à genoux devant moi, tout sera à toi. »
8 Jésus lui répondit : « L'Écriture déclare : "Adore
le Seigneur ton Dieu et ne rends de culte qu'à lui
seul." »
9 Le diable le conduisit ensuite à Jérusalem,
le plaça au sommet du temple et lui dit : « Si tu es
le Fils de Dieu, jette-toi d'ici en bas; 10 car l'Écri-
ture déclare : "Dieu ordonnera à ses anges de te
garder." 11 Et encore : "Ils te porteront sur leurs
mains pour éviter que ton pied ne heurte une pier-
re." » 12 Jésus lui répondit : « L'Écriture déclare :
"Ne mets pas à l'épreuve le Seigneur ton Dieu." »
13 Après avoir achevé de tenter Jésus de toutes
les manières, le diable s'éloigna de lui jusqu'à
une autre occasion.

Ministère de Jésus en Galilée

Jésus commence son œuvre en Galilée

14 Jésus retourna en Galilée, plein de la puis-
sance du Saint-Esprit. On se mit à parler de lui
dans toute cette région. 15 Il y enseignait dans les
synagogues et tout le monde faisait son éloge.

Jésus est rejeté à Nazareth

16 Jésus se rendit à Nazareth, où il avait été
élevé. Le jour du sabbat, il entra dans la syna-
gogue selon son habitude. Il se leva pour lire les
Écritures 17 et on lui remit le rouleau du livre du
prophète Ésaïe. Il le déroula et trouva le passage
où il est écrit :

18 « L'Esprit du Seigneur est sur moi,
il m'a consacré pour apporter
la Bonne Nouvelle aux pauvres.
Il m'a envoyé pour proclamer
la délivrance aux prisonniers
et le don de la vue aux aveugles,
pour libérer les opprimés,
19 pour annoncer l'année où le Seigneur
manifestera sa faveur. »

20 Puis Jésus roula le livre, le rendit au ser-
viteur et s'assit. Toutes les personnes présentes
dans la synagogue fixaient les yeux sur lui. 21 Alors
il se mit à leur dire : « Ce passage de l'Écriture est
réalisé, aujourd'hui, pour vous qui m'écoutez. »
22 Tous exprimaient leur admiration à l'égard de
Jésus et s'étonnaient des paroles merveilleuses
qu'il prononçait. Ils disaient : « N'est-ce pas le fils
de Joseph? » 23 Jésus leur déclara : « Vous allez
certainement me citer ce proverbe : "Médecin,
guéris-toi toi-même." Vous me direz aussi : "Nous
avons appris tout ce que tu as fait à Capernaüm,
accomplis les mêmes choses ici, dans ta propre
ville." » 24 Puis il ajouta : « Je vous le déclare, c'est
la vérité : aucun prophète n'est bien reçu dans sa
ville natale. 25 De plus, je peux vous assurer qu'il
y avait beaucoup de veuves en Israël à l'époque
d'Élie, lorsque la pluie ne tomba pas durant trois
ans et demi et qu'une grande famine sévit dans
tout le pays. 26 Pourtant Dieu n'envoya Élie chez
aucune d'elles, mais seulement chez une veuve
qui vivait à Sarepta, dans la région de Sidon. 27 Il y
avait aussi beaucoup de lépreux en Israël à l'épo-
que du prophète Élisée; pourtant aucun d'eux ne
fut guéri, mais seulement Naaman le Syrien. »

28 Tous, dans la synagogue, furent remplis de
colère en entendant ces mots. 29 Ils se levèrent,
entraînèrent Jésus hors de la ville et le menèrent
au sommet de la colline sur laquelle Nazareth
était bâtie, afin de le précipiter dans le vide.
30 Mais il passa au milieu d'eux et s'en alla.

L'homme tourmenté par un esprit mauvais

31 Jésus se rendit alors à Capernaüm, ville de
Galilée, et il y donnait son enseignement à tous
le jour du sabbat. 32 Les gens étaient impression-
nés par sa manière d'enseigner, car il parlait avec
autorité. 33 Dans la synagogue, il y avait un hom-
me tourmenté par un esprit mauvais. Il se mit à
crier avec force : 34 « Ah! que nous veux-tu, Jésus
de Nazareth? Es-tu venu pour nous détruire? Je
sais bien qui tu es : le Saint envoyé de Dieu! »
35 Jésus parla sévèrement à l'esprit mauvais et
lui donna cet ordre : « Tais-toi et sors de cet hom-
me! » L'esprit jeta l'homme à terre devant tout le
monde et sortit de lui sans lui faire aucun mal.
36 Tous furent saisis d'étonnement et ils se di-
saient les uns aux autres : « Quel genre de parole
est-ce là? Cet homme commande avec autorité et
puissance aux esprits mauvais et ils sortent! »

OGGI

37 Et la renommée de Jésus se répandit partout dans cette région.

Jésus guérit beaucoup de malades

38 Jésus quitta la synagogue et se rendit à la maison de Simon. La belle-mère de Simon souffrait d'une forte fièvre et l'on demanda à Jésus de faire quelque chose pour elle. 39 Il se pencha sur elle et, d'un ton sévère, donna un ordre à la fièvre. La fièvre la quitta, elle se leva aussitôt et se mit à les servir.

40 Au coucher du soleil, tous ceux qui avaient des malades atteints de divers maux les amenèrent à Jésus. Il posa les mains sur chacun d'eux et les guérit. 41 Des esprits mauvais sortirent aussi de beaucoup de malades en criant : « Tu es le Fils de Dieu! » Mais Jésus leur adressait des paroles sévères et les empêchait de parler, parce qu'ils savaient, eux, qu'il était le Messie.

Jésus prêche dans les synagogues

42 Dès que le jour parut, Jésus sortit de la ville et s'en alla vers un endroit isolé. Une foule de gens se mirent à le chercher; quand ils l'eurent rejoint, ils voulurent le retenir et l'empêcher de les quitter. 43 Mais Jésus leur dit : « Je dois annoncer la Bonne Nouvelle du Royaume de Dieu aux autres villes aussi, car c'est pour cela que Dieu m'a envoyé. » 44 Et il prêchait dans les synagogues du pays.

Jésus appelle les premiers disciples

5 1 Un jour, Jésus se tenait au bord du lac de Génésareth et la foule se pressait autour de lui pour écouter la parole de Dieu. 2 Il vit deux barques près de la rive : les pêcheurs en étaient descendus et lavaient leurs filets. 3 Jésus monta dans l'une des barques, qui appartenait à Simon, et pria celui-ci de s'éloigner un peu du bord. Jésus s'assit dans la barque et se mit à donner son enseignement à la foule.

4 Quand il eut fini de parler, il dit à Simon : « Avance plus loin, là où l'eau est profonde, puis, toi et tes compagnons, jetez vos filets pour pêcher. » 5 Simon lui répondit : « Maître, nous avons peiné toute la nuit sans rien prendre. Mais puisque tu me dis de le faire, je jetterai les filets. » 6 Ils les jetèrent donc et prirent une si grande quantité de poissons que leurs filets commençaient à se déchirer. 7 Ils firent alors signe à leurs compagnons qui étaient dans l'autre barque de venir les aider. Ceux-ci vinrent et, ensemble, ils remplirent les deux barques de tant de poissons qu'elles enfonçaient dans l'eau. 8 Quand Simon Pierre vit cela, il se mit à genoux devant Jésus et dit : « Éloigne-toi de moi, Seigneur, car je suis un homme pécheur! » 9 Simon, comme tous ceux qui étaient avec lui, était en effet saisi de crainte, à cause de la grande quantité de poissons qu'ils avaient pris. 10 Il en était de même des compagnons de Simon, Jacques et Jean, les fils de Zébédée. Mais Jésus dit à Simon : « N'aie pas peur; désormais, ce sont des hommes que tu prendras. » 11 Ils ramenèrent alors leurs barques à terre et laissèrent tout pour suivre Jésus.

Jésus guérit un lépreux

12 Alors que Jésus se trouvait dans une localité, survint un homme couvert de lèpre. Quand il vit Jésus, il se jeta devant lui le visage contre terre et le pria en ces termes : « Maître, si tu le veux, tu peux me rendre pur. » 13 Jésus étendit la main, le toucha et déclara : « Je le veux, sois pur! » Aussitôt, la lèpre quitta cet homme. 14 Jésus lui donna cet ordre : « Ne parle de cela à personne. Mais va te faire examiner par le prêtre, puis offre le sacrifice que Moïse a ordonné, pour prouver à tous que tu es guéri. » 15 Cependant, la réputation de Jésus se répandait de plus en plus; des foules nombreuses se rassemblaient pour l'entendre et se faire guérir de leurs maladies. 16 Mais Jésus se retirait dans des endroits isolés où il priait.

Jésus guérit un homme paralysé

17 Un jour, Jésus était en train d'enseigner. Des Pharisiens et des maîtres de la loi étaient présents; ils étaient venus de tous les villages de Galilée et de Judée, ainsi que de Jérusalem. La puissance du Seigneur était avec Jésus et lui faisait guérir des malades. 18 Des gens arrivèrent, portant sur une civière un homme paralysé; ils cherchaient à le faire entrer dans la maison et à le déposer

devant Jésus. 19 Mais ils ne savaient par où l'introduire, à cause de la foule. Ils le montèrent alors sur le toit, firent une ouverture parmi les tuiles et le descendirent sur sa civière au milieu de l'assemblée, devant Jésus. 20 Quand Jésus vit leur foi, il dit au malade : « Mon ami, tes péchés te sont pardonnés. » 21 Les maîtres de la loi et les Pharisiens se mirent à penser : « Qui est cet homme qui fait insulte à Dieu? Qui peut pardonner les péchés? Dieu seul le peut! » 22 Jésus devina leurs pensées et leur dit : « Pourquoi avez-vous de telles pensées? 23 Est-il plus facile de dire : "Tes péchés te sont pardonnés", ou de dire : "Lève-toi et marche"? 24 Mais je veux que vous le sachiez : le Fils de l'homme a le pouvoir sur la terre de pardonner les péchés. » Alors il adressa ces mots au paralysé : « Je te le dis, lève-toi, prends ta civière et rentre chez toi! » 25 Aussitôt, l'homme se leva devant tout le monde, prit la civière sur laquelle il avait été couché et s'en alla chez lui en louant Dieu. 26 Tous furent frappés d'étonnement. Ils louaient Dieu, remplis de crainte, et disaient : « Nous avons vu aujourd'hui des choses extraordinaires! »

Jésus appelle Lévi

27 Après cela, Jésus sortit et vit un collecteur d'impôts, nommé Lévi, assis à son bureau. Jésus lui dit : « Suis-moi! » 28 Lévi se leva, laissa tout et le suivit. 29 Puis Lévi lui offrit un grand repas dans sa maison; beaucoup de collecteurs d'impôts et d'autres personnes étaient à table avec eux. 30 Les Pharisiens et les maîtres de la loi qui étaient de leur parti critiquaient cela; ils dirent aux disciples de Jésus : « Pourquoi mangez-vous et buvez-vous avec les collecteurs d'impôts et autres gens de mauvaise réputation? » 31 Jésus leur répondit : « Les personnes en bonne santé n'ont pas besoin de médecin, ce sont les malades qui en ont besoin. 32 Je ne suis pas venu appeler ceux qui s'estiment justes, mais ceux qui se savent pécheurs pour qu'ils changent de comportement. »

Jésus et le jeûne

33 Les Pharisiens dirent à Jésus : « Les disciples de Jean, de même que les nôtres, jeûnent souvent et font des prières; mais tes disciples, eux, mangent et boivent. » 34 Jésus leur répondit : « Pensez-vous pouvoir obliger les invités d'une noce à ne pas manger pendant que le marié est avec eux? Bien sûr que non! 35 Mais le temps viendra où le marié leur sera enlevé; ces jours-là, ils jeûneront. »

36 Jésus leur dit aussi cette parabole : « Personne ne déchire une pièce d'un vêtement neuf pour réparer un vieux vêtement; sinon, le vêtement neuf est déchiré et la pièce d'étoffe neuve ne s'accorde pas avec le vieux. 37 Et personne ne verse du vin nouveau dans de vieilles outres; sinon, le vin nouveau fait éclater les outres : il se répand et les outres sont perdues. 38 Mais non! pour le vin nouveau, il faut des outres neuves! 39 Et personne ne veut du vin nouveau après en avoir bu du vieux. On dit en effet : "Le vieux est meilleur." »

Jésus et le sabbat

6 1 Un jour de sabbat, Jésus traversait des champs de blé. Ses disciples cueillaient des épis, les frottaient dans leurs mains et en mangeaient les grains. 2 Quelques Pharisiens leur dirent : « Pourquoi faites-vous ce que notre loi ne permet pas le jour du sabbat? » 3 Jésus leur répondit : « N'avez-vous pas lu ce que fit David un jour où lui-même et ses compagnons avaient faim? 4 Il entra dans la maison de Dieu, prit les pains offerts à Dieu, en mangea et en donna à ses compagnons, bien que notre loi ne permette qu'aux seuls prêtres d'en manger. » 5 Jésus leur dit encore : « Le Fils de l'homme est maître du sabbat. »

L'homme à la main paralysée

6 Un autre jour de sabbat, Jésus entra dans la synagogue et se mit à enseigner. Il y avait là un homme dont la main droite était paralysée. 7 Les maîtres de la loi et les Pharisiens observaient attentivement Jésus pour voir s'il allait guérir quelqu'un le jour du sabbat, car ils voulaient avoir une raison de l'accuser. 8 Mais Jésus connaissait leurs pensées. Il dit alors à l'homme dont la main était paralysée : « Lève-toi et tiens-toi là, devant tout le monde. » L'homme se leva et se tint là. 9 Puis

Jésus leur dit : « Je vous le demande : Que per-
met notre loi? de faire du bien le jour du sabbat ou
de faire du mal? de sauver la vie d'un être humain
ou de la détruire? » 10 Il les regarda tous et dit en-
suite à l'homme : « Avance ta main. » Il le fit et sa
main redevint saine. 11 Mais les maîtres de la loi
et les Pharisiens furent remplis de fureur et se mi-
rent à discuter entre eux sur ce qu'ils pourraient
faire à Jésus.

Jésus choisit les douze apôtres

12 En ce temps-là, Jésus monta sur une col-
line pour prier et y passa toute la nuit à prier
Dieu. 13 Quand le jour parut, il appela ses dis-
ciples et en choisit douze qu'il nomma apôtres :
14 Simon — auquel il donna aussi le nom de Pierre
— et son frère André, Jacques et Jean, Philippe
et Barthélemy, 15 Matthieu et Thomas, Jacques
le fils d'Alphée et Simon — dit le nationaliste —,
16 Jude le fils de Jacques et Judas Iscariote, celui
qui devint un traître.

Jésus enseigne et guérit

17 Jésus descendit de la colline avec eux et
s'arrêta en un endroit plat, où se trouvait un grand
nombre de ses disciples. Il y avait aussi là une
foule immense : des gens de toute la Judée, de
Jérusalem et des villes de la côte, Tyr et Sidon;
18 ils étaient venus pour l'entendre et se faire gué-
rir de leurs maladies. Ceux que tourmentaient des
esprits mauvais étaient guéris. 19 Tout le monde
cherchait à le toucher, parce qu'une force sortait
de lui et les guérissait tous.

Le bonheur et le malheur

20 Jésus regarda alors ses disciples et dit :
« Heureux, vous qui êtes pauvres,
car le Royaume de Dieu est à vous!
21 Heureux, vous qui avez faim maintenant,
car vous aurez de la nourriture en abondance!
Heureux, vous qui pleurez maintenant,
car vous rirez!

22 « Heureux êtes-vous si les hommes vous
haïssent, s'ils vous rejettent, vous insultent et
disent du mal de vous, parce que vous croyez au
Fils de l'homme. 23 Réjouissez-vous quand cela
arrivera et sautez de joie, car une grande récom-
pense vous attend dans le ciel. C'est ainsi, en ef-
fet, que leurs ancêtres maltraitaient les prophè-
tes.

24 « Mais malheur à vous qui êtes riches,
car vous avez déjà eu votre bonheur!
25 Malheur à vous qui avez tout
en abondance maintenant,
car vous aurez faim!
Malheur à vous qui riez maintenant,
car vous serez dans la tristesse
et vous pleurerez!

26 « Malheur à vous si tous les hommes disent
du bien de vous, car c'est ainsi que leurs ancêtres
agissaient avec les faux prophètes! »

L'amour pour les ennemis

27 « Mais je vous le dis, à vous qui m'écoutez :
Aimez vos ennemis, faites du bien à ceux qui vous
haïssent, 28 bénissez ceux qui vous maudissent et
priez pour ceux qui vous maltraitent. 29 Si quel-
qu'un te frappe sur une joue, présente-lui aussi
l'autre; si quelqu'un te prend ton manteau, laisse-
le prendre aussi ta chemise. 30 Donne à quicon-
que te demande quelque chose, et si quelqu'un te
prend ce qui t'appartient, ne le lui réclame pas.
31 Faites pour les autres exactement ce que vous
voulez qu'ils fassent pour vous. 32 Si vous aimez
seulement ceux qui vous aiment, pourquoi vous
attendre à une reconnaissance particulière? Même
les pécheurs aiment ceux qui les aiment! 33 Et si
vous faites du bien seulement à ceux qui vous font
du bien, pourquoi vous attendre à une reconnais-
sance particulière? Même les pécheurs en font
autant! 34 Et si vous prêtez seulement à ceux dont
vous espérez qu'ils vous rendront, pourquoi vous
attendre à une reconnaissance particulière? Des
pécheurs aussi prêtent à des pécheurs pour qu'ils
leur rendent la même somme! 35 Au contraire,
aimez vos ennemis, faites-leur du bien et prêtez
sans rien espérer recevoir en retour. Vous obtien-
drez une grande récompense et vous serez les fils
du Dieu très-haut, car il est bon pour les ingrats
et les méchants. 36 Soyez pleins de bonté comme
votre Père est plein de bonté. »

Ne pas juger les autres

37 « Ne portez de jugement contre personne et
Dieu ne vous jugera pas non plus; ne condamnez
pas les autres et Dieu ne vous condamnera pas;
pardonnez aux autres et Dieu vous pardonnera.
38 Donnez aux autres et Dieu vous donnera : on
versera dans la grande poche de votre vêtement
une bonne mesure, bien serrée et secouée, dé-
bordante. Dieu mesurera ses dons envers vous
avec la mesure même que vous employez pour
les autres. »
39 Jésus leur parla encore avec des images :
« Un aveugle ne peut pas conduire un autre aveu-
gle, n'est-ce pas? Sinon, ils tomberont tous les
deux dans un trou. 40 Aucun élève n'est supérieur à
son maître; mais tout élève complètement instruit
sera comme son maître. 41 Pourquoi regardes-tu le
brin de paille qui est dans l'œil de ton frère, alors
que tu ne remarques pas la poutre qui est dans
ton œil? 42 Comment peux-tu dire à ton frère :
“Mon frère, laisse-moi enlever cette paille qui est
dans ton œil”, toi qui ne vois même pas la poutre
qui est dans le tien? Hypocrite, enlève d'abord la
poutre de ton œil et alors tu verras assez clair
pour enlever la paille de l'œil de ton frère. »

L'arbre et ses fruits

43 « Un bon arbre ne produit pas de mauvais
fruits, ni un arbre malade de bons fruits. 44 Chaque
arbre se reconnaît à ses fruits : on ne cueille pas
des figues sur des buissons d'épines et l'on ne
récolte pas du raisin sur des ronces. 45 L'homme
bon tire du bien du bon trésor que contient son
cœur; l'homme mauvais tire du mal de son mau-
vais trésor. Car la bouche de chacun exprime ce
dont son cœur est plein. »

Les deux maisons

[46] « Pourquoi m'appelez-vous "Seigneur, Seigneur",
et ne faites-vous pas ce que je vous dis? [47] Je vais
vous montrer à qui ressemble quiconque vient à
moi, écoute mes paroles et les met en pratique :
[48] il est comme un homme qui s'est mis à bâtir
une maison; il a creusé profondément la terre et
a posé les fondations sur le roc. Quand l'inon-
dation est venue, les eaux de la rivière se sont
jetées contre cette maison, mais sans pouvoir
l'ébranler, car la maison était bien bâtie. [49] Mais
quiconque écoute mes paroles et ne les met pas
en pratique est comme un homme qui a bâti une
maison directement sur le sol, sans fondations.
Quand les eaux de la rivière se sont jetées contre
cette maison, elle s'est aussitôt écroulée : elle a
été complètement détruite. »

Jésus guérit le serviteur d'un officier romain

7 [1] Quand Jésus eut fini d'adresser toutes ces
paroles à la foule qui l'entourait, il se ren-
dit à Capernaüm. [2] Là, un capitaine romain
avait un serviteur qui lui était très cher. Ce ser-
viteur était malade et près de mourir. [3] Quand le
capitaine entendit parler de Jésus, il lui envoya
quelques anciens des Juifs pour lui demander de
venir guérir son serviteur. [4] Ils arrivèrent auprès
de Jésus et se mirent à le prier avec insistance
en disant : « Cet homme mérite que tu lui accor-
des ton aide. [5] Il aime notre peuple et c'est lui
qui a fait bâtir notre synagogue. » [6] Alors Jésus
s'en alla avec eux. Il n'était pas loin de la maison,
quand le capitaine envoya des amis pour lui dire :
« Maître, ne te dérange pas. Je ne suis pas digne
que tu entres dans ma maison; [7] c'est pour cela
que je ne me suis pas permis d'aller en personne
vers toi. Mais dis un mot pour que mon serviteur
soit guéri. [8] Je suis moi-même soumis à mes su-
périeurs et j'ai des soldats sous mes ordres. Si
je dis à l'un : "Va!", il va; si je dis à un autre :
"Viens!", il vient; et si je dis à mon serviteur :
"Fais ceci!", il le fait. » [9] Quand Jésus entendit
ces mots, il admira le capitaine. Il se retourna et
dit à la foule qui le suivait : « Je vous le déclare :
je n'ai jamais trouvé une telle foi, non, pas même
en Israël. » [10] Les envoyés retournèrent dans la
maison du capitaine et y trouvèrent le serviteur
en bonne santé.

Jésus ramène à la vie le fils d'une veuve

[11] Jésus se rendit ensuite dans une localité
appelée Naïn; ses disciples et une grande foule
l'accompagnaient. [12] Au moment où il approchait
de la porte de cette localité, on menait un mort
au cimetière : c'était le fils unique d'une veuve.
Un grand nombre d'habitants de l'endroit se trou-
vaient avec elle. [13] Quand le Seigneur la vit, il fut
rempli de pitié pour elle et lui dit : « Ne pleure
pas! » [14] Puis il s'avança et toucha le cercueil; les
porteurs s'arrêtèrent. Jésus dit : « Jeune homme,
je te l'ordonne, lève-toi! » [15] Le mort se dressa
et se mit à parler. Jésus le rendit à sa mère.
[16] Tous furent saisis de crainte; ils louaient Dieu
en disant : « Un grand prophète est apparu par-
mi nous! » et aussi : « Dieu est venu secourir son
peuple! » [17] Et dans toute la Judée et ses environs
on apprit ce que Jésus avait fait.

Les envoyés de Jean-Baptiste

[18] Les disciples de Jean racontèrent tout cela
à leur maître. Jean appela deux d'entre eux [19] et
les envoya au Seigneur pour lui demander : « Es-
tu le Messie qui doit venir ou devons-nous atten-
dre quelqu'un d'autre? » [20] Quand ils arrivèrent
auprès de Jésus, ils lui dirent : « Jean-Baptiste
nous a envoyés pour te demander : "Es-tu le
Messie qui doit venir ou devons-nous attendre
quelqu'un d'autre?" » [21] Au même moment, Jésus
guérit beaucoup de personnes de leurs maladies,
de leurs maux, il les délivra d'esprits mauvais et
rendit la vue à de nombreux aveugles. [22] Puis il
répondit aux envoyés de Jean : « Allez raconter à
Jean ce que vous avez vu et entendu : les aveu-
gles voient, les boiteux marchent, les lépreux
sont guéris, les sourds entendent, les morts re-
viennent à la vie, la Bonne Nouvelle est annoncée
aux pauvres. [23] Heureux celui qui n'abandonnera
pas la foi en moi! »

[24] Quand les envoyés de Jean furent partis,
Jésus se mit à parler de Jean à la foule en di-
sant : « Qu'êtes-vous allés voir au désert? un ro-
seau agité par le vent? Non? [25] Alors qu'êtes-vous

allés voir? un homme vêtu d'habits magnifiques?
Mais ceux qui portent de riches habits et vivent
dans le luxe se trouvent dans les palais des rois.
26 Qu'êtes-vous donc allés voir? un prophète? Oui,
vous dis-je, et même bien plus qu'un prophète.
27 Car Jean est celui dont l'Écriture déclare :

"Je vais envoyer mon messager devant toi,
dit Dieu,
pour t'ouvrir le chemin."

28 « Je vous le déclare, ajouta Jésus, il n'est ja-
mais né personne de plus grand que Jean; pour-
tant, celui qui est le plus petit dans le Royaume
de Dieu est plus grand que lui. 29 Tout le peuple
et les collecteurs d'impôts l'ont écouté, ils ont re-
connu que Dieu est juste et ils se sont fait bapti-
ser par Jean. 30 Mais les Pharisiens et les maîtres
de la loi ont rejeté ce que Dieu voulait pour eux et
ont refusé de se faire baptiser par Jean. »

31 Jésus dit encore : « À qui puis-je compa-
rer les gens d'aujourd'hui? À qui ressemblent-ils?
32 Ils ressemblent à des enfants assis sur la place
publique, dont les uns crient aux autres : "Nous
vous avons joué un air de danse sur la flûte et
vous n'avez pas dansé! Nous avons chanté des
chants de deuil et vous n'avez pas pleuré!" 33 En
effet, Jean-Baptiste est venu, il ne mange pas
de pain et ne boit pas de vin, et vous dites : "Il
est possédé d'un esprit mauvais!" 34 Le Fils de
l'homme est venu, il mange et boit, et vous dites :
"Voyez cet homme qui ne pense qu'à manger et à
boire du vin, qui est ami des collecteurs d'impôts
et autres gens de mauvaise réputation!" 35 Mais la
sagesse de Dieu est reconnue comme juste par
tous ceux qui l'acceptent. »

Jésus dans la maison de Simon le Pharisien

36 Un Pharisien invita Jésus à prendre un re-
pas avec lui. Jésus se rendit chez cet homme et
se mit à table. 37 Il y avait dans cette ville une
femme de mauvaise réputation. Lorsqu'elle ap-
prit que Jésus était à table chez le Pharisien, elle
apporta un flacon d'albâtre plein de parfum 38 et
se tint derrière Jésus, à ses pieds. Elle pleurait
et se mit à mouiller de ses larmes les pieds de
Jésus; puis elle les essuya avec ses cheveux, les
embrassa et répandit le parfum sur eux. 39 Quand
le Pharisien qui avait invité Jésus vit cela, il se
dit en lui-même : « Si cet homme était vraiment
un prophète, il saurait qui est cette femme qui le
touche et ce qu'elle est : une femme de mauvaise
réputation. » 40 Jésus prit alors la parole et dit au
Pharisien : « Simon, j'ai quelque chose à te dire. »
Simon répondit : « Parle, Maître. » 41 Et Jésus dit :
« Deux hommes devaient de l'argent à un prê-
teur. L'un lui devait cinq cents pièces d'argent
et l'autre cinquante. 42 Comme ni l'un ni l'autre
ne pouvaient le rembourser, il leur fit grâce de
leur dette à tous deux. Lequel des deux l'aimera
le plus? » 43 Simon lui répondit : « Je pense que
c'est celui auquel il a fait grâce de la plus grosse
somme. » Jésus lui dit : « Tu as raison. »

44 Puis il se tourna vers la femme et dit à
Simon : « Tu vois cette femme? Je suis entré chez
toi et tu ne m'as pas donné d'eau pour mes pieds;
mais elle m'a lavé les pieds de ses larmes et les
a essuyés avec ses cheveux. 45 Tu ne m'as pas
reçu en m'embrassant; mais elle n'a pas cessé
de m'embrasser les pieds depuis que je suis en-
tré. 46 Tu n'as pas répandu d'huile sur ma tête;
mais elle a répandu du parfum sur mes pieds.
47 C'est pourquoi, je te le déclare : le grand amour
qu'elle a manifesté prouve que ses nombreux pé-
chés ont été pardonnés. Mais celui à qui l'on a
peu pardonné ne manifeste que peu d'amour. »
48 Jésus dit alors à la femme : « Tes péchés sont
pardonnés. » 49 Ceux qui étaient à table avec lui
se mirent à dire en eux-mêmes : « Qui est cet
homme qui ose même pardonner les péchés? »
50 Mais Jésus dit à la femme : « Ta foi t'a sauvée :
va en paix. »

Les femmes qui accompagnaient Jésus

8 1 Ensuite, Jésus alla dans les villes et les vil-
lages pour y prêcher et annoncer la Bonne
Nouvelle du Royaume de Dieu. Les douze
disciples l'accompagnaient, 2 ainsi que quelques
femmes qui avaient été délivrées d'esprits mau-
vais et guéries de maladies : Marie — appelée
Marie de Magdala —, dont sept esprits mauvais
avaient été chassés; 3 Jeanne, femme de Chuza,
un administrateur d'Hérode; Suzanne et plusieurs
autres qui utilisaient leurs biens pour aider Jésus
et ses disciples.

La parabole du semeur

4 De chaque ville, des gens venaient à Jésus.
Comme une grande foule s'assemblait, il dit cet-
te parabole : 5 « Un homme s'en alla dans son
champ pour semer du grain. Tandis qu'il lançait
la semence, une partie des grains tomba le long
du chemin : on marcha dessus et les oiseaux les
mangèrent. 6 Une autre partie tomba sur un sol
pierreux : dès que les plantes poussèrent, elles se
desséchèrent parce qu'elles manquaient d'humi-
dité. 7 Une autre partie tomba parmi des plantes
épineuses qui poussèrent en même temps que
les bonnes plantes et les étouffèrent. 8 Mais une
autre partie tomba dans la bonne terre; les plan-
tes poussèrent et produisirent des épis : chacun
portait cent grains. » Et Jésus ajouta : « Écoutez
bien, si vous avez des oreilles pour entendre! »

Pourquoi Jésus utilise des paraboles

9 Les disciples de Jésus lui demandèrent ce
que signifiait cette parabole. 10 Il leur répondit :

« Vous avez reçu, vous, la connaissance des
secrets du Royaume de Dieu;
mais aux autres gens, ils sont présentés
sous forme de paraboles et ainsi
"Ils peuvent regarder, mais sans voir,
ils peuvent entendre,
mais sans comprendre". »

Jésus explique la parabole du semeur

11 « Voici ce que signifie cette parabole : la se-
mence, c'est la parole de Dieu. 12 Certains sont
comme le bord du chemin où tombe le grain :
ils entendent, mais le diable arrive et arrache la
parole de leur cœur pour les empêcher de croire
et d'être sauvés. 13 D'autres sont comme un sol
pierreux : ils entendent la parole et la reçoivent
avec joie. Mais ils ne la laissent pas s'enraciner, ils
ne croient qu'un instant et ils abandonnent la foi
au moment où survient l'épreuve. 14 La semence
qui tombe parmi les plantes épineuses représente
ceux qui entendent; mais ils se laissent étouffer
en chemin par les préoccupations, la richesse et
les plaisirs de la vie, et ils ne donnent pas de fruits
mûrs. 15 La semence qui tombe dans la bonne
terre représente ceux qui écoutent la parole et la
gardent dans un cœur bon et bien disposé, qui
demeurent fidèles et portent ainsi des fruits. »

La parabole de la lampe

16 « Personne n'allume une lampe pour la cou-
vrir d'un pot ou pour la mettre sous un lit. Au
contraire, on la place sur son support, afin que
ceux qui entrent voient la lumière. 17 Tout ce qui
est caché apparaîtra au grand jour, et tout ce qui
est secret sera connu et mis en pleine lumière.
18 Faites attention à la manière dont vous écoutez!
Car celui qui a quelque chose recevra davantage;
mais à celui qui n'a rien on enlèvera même le peu
qu'il pense avoir. »

La mère et les frères de Jésus

19 La mère et les frères de Jésus vinrent le trou-
ver, mais ils ne pouvaient pas arriver jusqu'à lui à
cause de la foule. 20 On l'annonça à Jésus en ces
termes : « Ta mère et tes frères se tiennent dehors
et désirent te voir. » 21 Mais Jésus dit à tous : « Ma
mère et mes frères, ce sont ceux qui écoutent la
parole de Dieu et la mettent en pratique. »

Jésus apaise une tempête

22 Un jour, Jésus monta dans une barque avec
ses disciples et leur dit : « Passons de l'autre côté
du lac. » Et ils partirent. 23 Pendant qu'ils navi-
guaient, Jésus s'endormit. Soudain, un vent
violent se mit à souffler sur le lac; la barque se
remplissait d'eau et ils étaient en danger. 24 Les
disciples s'approchèrent alors de Jésus et le ré-
veillèrent en criant : « Maître, maître, nous allons
mourir! » Jésus, réveillé, menaça le vent et les
grosses vagues, qui s'apaisèrent. Il y eut un grand
calme. 25 Jésus dit aux disciples : « Où est votre
confiance? » Mais ils avaient peur, étaient remplis
d'étonnement et se disaient les uns aux autres :
« Qui est donc cet homme? Il donne des ordres
même aux vents et à l'eau, et ils lui obéissent! »

Jésus guérit un homme possédé par des esprits mauvais

26 Ils abordèrent dans le territoire des Géraséniens, qui est de l'autre côté du lac, en face de la Galilée. 27 Au moment où Jésus descendait à terre, un homme de la ville vint à sa rencontre. Cet homme était possédé par des esprits mauvais; depuis longtemps il ne portait pas de vêtement et n'habitait pas dans une maison, mais vivait parmi les tombeaux. 28 Quand il vit Jésus, il poussa un cri, se jeta à ses pieds et dit avec force : « Que me veux-tu, Jésus, fils du Dieu très-haut? Je t'en prie, ne me tourmente pas! » 29 Jésus ordonnait en effet à l'esprit mauvais de sortir de lui. Cet esprit s'était emparé de lui bien des fois; on attachait alors les mains et les pieds de l'homme avec des chaînes pour le garder, mais il rompait ses liens et l'esprit l'entraînait vers les lieux déserts. 30 Jésus l'interrogea : « Quel est ton nom? » — « Mon nom est "Multitude" », répondit-il. En effet, de nombreux esprits mauvais étaient entrés en lui. 31 Et ces esprits suppliaient Jésus de ne pas les envoyer dans l'abîme.

32 Il y avait là un grand troupeau de porcs qui cherchait sa nourriture sur la colline. Les esprits prièrent Jésus de leur permettre d'entrer dans ces porcs. Il le leur permit. 33 Alors les esprits mauvais sortirent de l'homme et entrèrent dans les porcs. Tout le troupeau se précipita du haut de la falaise dans le lac et s'y noya. 34 Quand les hommes qui gardaient les porcs virent ce qui était arrivé, ils s'enfuirent et portèrent la nouvelle dans la ville et dans les fermes. 35 Les gens sortirent pour voir ce qui s'était passé. Ils arrivèrent auprès de Jésus et trouvèrent l'homme dont les esprits mauvais étaient sortis : il était assis aux pieds de Jésus, il portait des vêtements et était dans son bon sens. Et ils prirent peur. 36 Ceux qui avaient tout vu leur racontèrent comment l'homme possédé avait été guéri. 37 Alors toute la population de ce territoire demanda à Jésus de s'en aller de chez eux, car ils avaient très peur. Jésus monta dans la barque pour partir. 38 L'homme dont les esprits mauvais étaient sortis priait Jésus de le laisser rester avec lui. Mais Jésus le renvoya en disant : 39 « Retourne chez toi et raconte tout ce que Dieu a fait pour toi. » L'homme s'en alla donc et proclama dans la ville entière tout ce que Jésus avait fait pour lui.

La fille de Jaïrus et la femme qui toucha le vêtement de Jésus

40 Au moment où Jésus revint sur l'autre rive du lac, la foule l'accueillit, car tous l'attendaient. 41 Un homme appelé Jaïrus arriva alors. Il était chef de la synagogue locale. Il se jeta aux pieds de Jésus et le supplia de venir chez lui, 42 parce qu'il avait une fille unique, âgée d'environ douze ans, qui était mourante.

Pendant que Jésus s'y rendait, la foule le pressait de tous côtés. 43 Il y avait là une femme qui souffrait de pertes de sang depuis douze ans. Elle avait dépensé tout ce qu'elle possédait chez les médecins, mais personne n'avait pu la guérir. 44 Elle s'approcha de Jésus par derrière et toucha le bord de son vêtement. Aussitôt, sa perte de sang s'arrêta. 45 Jésus demanda : « Qui m'a touché? » Tous niaient l'avoir fait et Pierre dit : « Maître, la foule t'entoure et te presse de tous côtés. » 46 Mais Jésus dit : « Quelqu'un m'a touché, car j'ai senti qu'une force était sortie de moi. » 47 La femme vit qu'elle avait été découverte. Elle vint alors, toute tremblante, se jeter aux pieds de Jésus. Elle lui raconta devant tout le monde pourquoi elle l'avait touché et comment elle avait été guérie immédiatement. 48 Jésus lui dit : « Ma fille, ta foi t'a guérie. Va en paix. »

49 Tandis que Jésus parlait ainsi, un messager vint de la maison du chef de la synagogue et dit à celui-ci : « Ta fille est morte. Ne dérange plus le maître. » 50 Mais Jésus l'entendit et dit à Jaïrus : « N'aie pas peur, crois seulement, et elle guérira. » 51 Lorsqu'il fut arrivé à la maison, il ne permit à personne d'entrer avec lui, si ce n'est à Pierre, à Jean, à Jacques, et au père et à la mère de l'enfant. 52 Tous pleuraient et se lamentaient à cause de l'enfant. Alors Jésus dit : « Ne pleurez pas. Elle n'est pas morte, elle dort. » 53 Mais ils se moquèrent de lui, car ils savaient qu'elle était morte. 54 Cependant, Jésus la prit par la main et dit d'une voix forte : « Enfant, debout! » 55 Elle revint à la vie et se leva aussitôt. Jésus leur ordonna de lui donner à manger. 56 Ses parents furent remplis

d'étonnement, mais Jésus leur recommanda de ne dire à personne ce qui s'était passé.

La mission des douze disciples

9 1 Jésus réunit les douze disciples et leur donna le pouvoir et l'autorité de chasser tous les esprits mauvais et de guérir les maladies. 2 Puis il les envoya prêcher le Royaume de Dieu et guérir les malades. 3 Il leur dit : « Ne prenez rien avec vous pour le voyage : ni bâton, ni sac, ni pain, ni argent, et n'ayez pas deux chemises chacun. 4 Partout où l'on vous accueillera, restez dans la même maison jusqu'à ce que vous quittiez l'endroit. 5 Partout où les gens refuseront de vous accueillir, quittez leur ville et secouez la poussière de vos pieds : ce sera un avertissement pour eux. » 6 Les disciples partirent; ils passaient dans tous les villages, annonçaient la Bonne Nouvelle et guérissaient partout les malades.

L'inquiétude d'Hérode

7 Or, Hérode, qui régnait sur la Galilée, entendit parler de tout ce qui se passait. Il ne savait qu'en penser, car certains disaient : « Jean-Baptiste est revenu d'entre les morts. » 8 D'autres disaient : « C'est Élie qui est apparu. » D'autres encore disaient : « L'un des prophètes d'autrefois s'est relevé de la mort. » 9 Mais Hérode déclara : « J'ai fait couper la tête à Jean. Qui est donc cet homme dont j'entends dire toutes ces choses? » Et il cherchait à voir Jésus.

Jésus nourrit cinq mille hommes

10 Les apôtres revinrent et racontèrent à Jésus tout ce qu'ils avaient fait. Il les emmena et se retira avec eux seuls près d'une localité appelée Bethsaïda. 11 Mais les gens l'apprirent et le suivirent. Jésus les accueillit, leur parla du Royaume de Dieu et guérit ceux qui en avaient besoin. 12 Le jour commençait à baisser; alors les Douze s'approchèrent de Jésus et lui dirent : « Renvoie tous ces gens, afin qu'ils aillent dans les villages et les fermes des environs pour y trouver à se loger et à se nourrir, car nous sommes ici dans un endroit isolé. » 13 Mais Jésus leur dit : « Donnez-leur vous-mêmes à manger! » Ils répondirent : « Nous n'avons que cinq pains et deux poissons. Voudrais-tu peut-être que nous allions acheter des vivres pour tout ce monde? » 14 Il y avait là, en effet, environ cinq mille hommes. Jésus dit à ses disciples : « Faites-les asseoir par groupes de cinquante environ. » 15 Les disciples obéirent et les firent tous asseoir. 16 Jésus prit les cinq pains et les deux poissons, leva les yeux vers le ciel et remercia Dieu pour ces aliments. Il les partagea et les donna aux disciples pour qu'ils les distribuent à la foule. 17 Chacun mangea à sa faim. On emporta douze corbeilles pleines des morceaux qu'ils eurent en trop.

Pierre déclare que Jésus est le Messie

18 Un jour, Jésus priait à l'écart et ses disciples étaient avec lui. Il leur demanda : « Que disent les foules à mon sujet? » 19 Ils répondirent : « Certains disent que tu es Jean-Baptiste, d'autres que tu es Élie, et d'autres encore que l'un des prophètes d'autrefois s'est relevé de la mort. » — 20 « Et vous, leur demanda Jésus, qui dites-vous que je suis? » Pierre répondit : « Tu es le Messie de Dieu. »

Jésus annonce sa mort et sa résurrection

21 Jésus leur ordonna sévèrement de n'en parler à personne, 22 et il ajouta : « Il faut que le Fils de l'homme souffre beaucoup; les anciens, les chefs des prêtres et les maîtres de la loi le rejetteront; il sera mis à mort et, le troisième jour, il reviendra à la vie. »

23 Puis il dit à tous : « Si quelqu'un veut venir avec moi, qu'il cesse de penser à lui-même, qu'il porte sa croix chaque jour et me suive. 24 En effet, celui qui veut sauver sa vie la perdra; mais celui qui perdra sa vie pour moi la sauvera. 25 À quoi sert-il à un homme de gagner le monde entier, s'il se perd lui-même ou va à sa ruine? 26 Si quelqu'un a honte de moi et de mes paroles, alors le Fils de l'homme aura honte de lui, quand il viendra dans sa gloire et dans la gloire du Père et des saints anges. 27 Je vous le déclare, c'est la vérité : quelques-uns de ceux qui sont ici ne mourront pas avant d'avoir vu le Royaume de Dieu. »

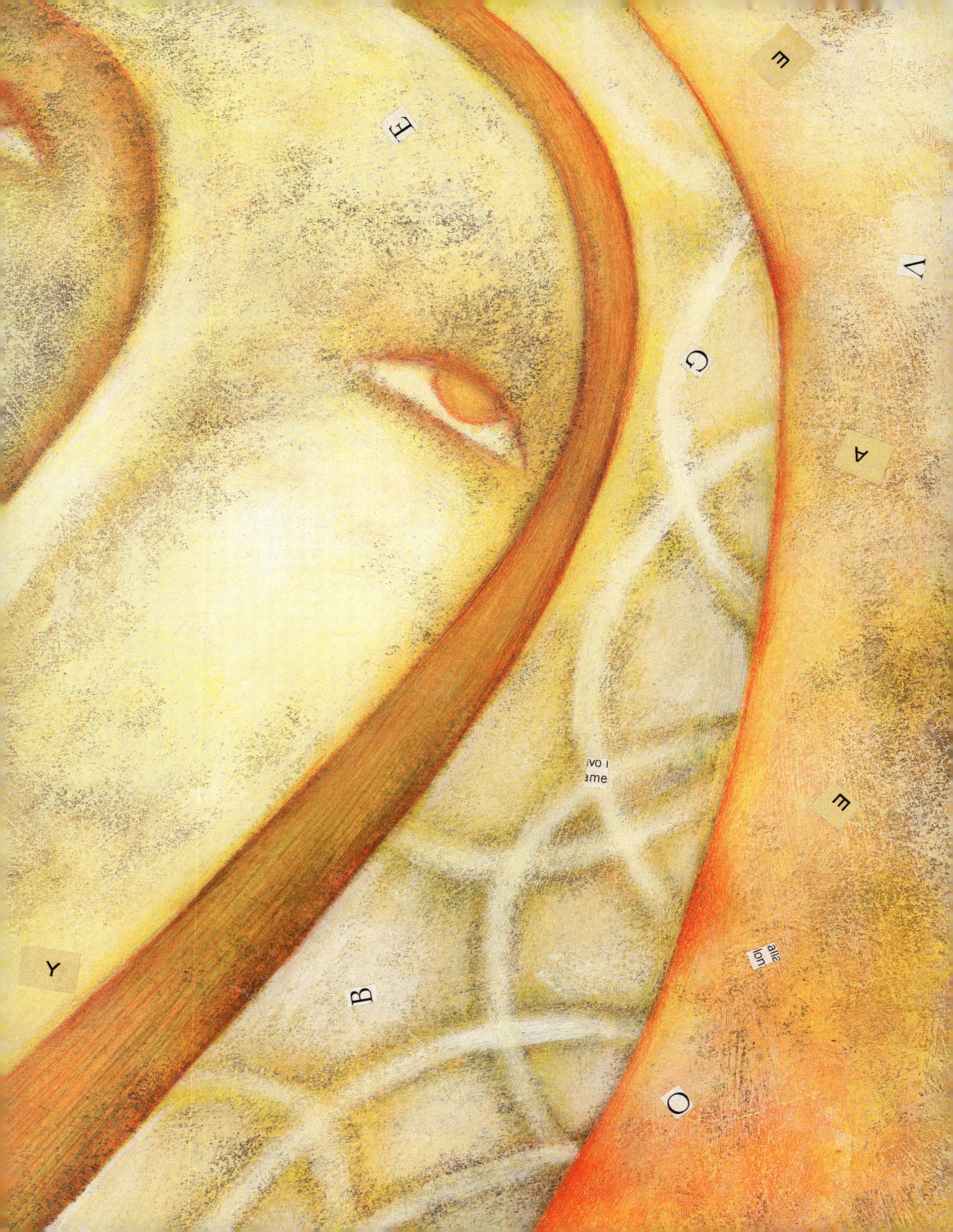

La transfiguration de Jésus

28 Environ une semaine après qu'il eut parlé
ainsi, Jésus prit avec lui Pierre, Jean et Jacques,
et il monta sur une montagne pour prier. 29 Pendant
qu'il priait, son visage changea d'aspect et ses
vêtements devinrent d'une blancheur éblouissan-
te. 30 Soudain, il y eut là deux hommes qui s'en-
tretenaient avec Jésus : c'étaient Moïse et Élie,
31 qui apparaissaient au milieu d'une gloire cé-
leste. Ils parlaient avec Jésus de la façon dont il
allait réaliser sa mission en mourant à Jérusalem.
32 Pierre et ses compagnons s'étaient profondé-
ment endormis; mais ils se réveillèrent et virent la
gloire de Jésus et les deux hommes qui se tenaient
avec lui. 33 Au moment où ces hommes quittaient
Jésus, Pierre lui dit : « Maître, il est bon que nous
soyons ici. Nous allons dresser trois tentes, une
pour toi, une pour Moïse et une pour Élie. » — Il
ne savait pas ce qu'il disait. — 34 Pendant qu'il
parlait ainsi, un nuage survint et les couvrit de
son ombre. Les disciples eurent peur en voyant
ce nuage les recouvrir. 35 Du nuage une voix se fit
entendre : « Celui-ci est mon Fils, que j'ai choisi.
Écoutez-le! » 36 Après que la voix eut parlé, on ne
vit plus que Jésus seul. Les disciples gardèrent le
silence et, en ce temps-là, ne racontèrent rien à
personne de ce qu'ils avaient vu.

Jésus guérit un enfant tourmenté par un esprit mauvais

37 Le jour suivant, ils descendirent de la mon-
tagne et une grande foule vint à la rencontre de
Jésus. 38 De la foule un homme se mit à crier :
« Maître, je t'en prie, jette un regard sur mon
fils, mon fils unique! 39 Un esprit le saisit, le fait
crier tout à coup, le secoue avec violence et le
fait écumer de la bouche; il le maltraite et ne le
quitte que difficilement. 40 J'ai prié tes disciples
de chasser cet esprit, mais ils ne l'ont pas pu. »
41 Jésus s'écria : « Gens mauvais et sans foi que
vous êtes! Combien de temps encore devrai-je
rester avec vous? Combien de temps encore de-
vrai-je vous supporter? Amène ton fils ici. » 42 Au
moment où l'enfant approchait, l'esprit le jeta à
terre et le secoua rudement. Mais Jésus mena-
ça l'esprit mauvais, guérit l'enfant et le rendit à
son père. 43 Et tous étaient impressionnés par la
grande puissance de Dieu.

Jésus annonce de nouveau sa mort

Comme chacun s'étonnait encore de tout ce
que Jésus faisait, il dit à ses disciples :
44 « Retenez bien ce que je vous affirme main-
tenant : Le Fils de l'homme va être livré entre les
mains des hommes. » 45 Mais ils ne comprenaient
pas cette parole : son sens leur avait été caché
afin qu'ils ne puissent pas le comprendre, et ils
avaient peur d'interroger Jésus à ce sujet.

Qui est le plus grand?

46 Les disciples se mirent à discuter pour
savoir lequel d'entre eux était le plus grand.
47 Jésus se rendit compte de ce qu'ils pensaient.
Il prit alors un enfant, le plaça auprès de lui, 48 et
leur dit : « Celui qui reçoit cet enfant par amour
pour moi, me reçoit moi-même; et celui qui me
reçoit, reçoit aussi celui qui m'a envoyé. Car ce-
lui qui est le plus petit parmi vous tous, c'est lui
qui est le plus grand. »

Celui qui n'est pas contre vous est pour vous

49 Jean prit la parole : « Maître, dit-il, nous
avons vu un homme qui chassait les esprits mau-
vais en usant de ton nom et nous avons voulu
l'en empêcher, parce qu'il n'appartient pas à
notre groupe. » 50 Mais Jésus lui répondit : « Ne
l'en empêchez pas, car celui qui n'est pas contre
vous est pour vous. »

La montée vers Jérusalem

Un village de Samarie refuse de recevoir Jésus

51 Lorsque le moment approcha où Jésus de-
vait être enlevé au ciel, il décida fermement de se
rendre à Jérusalem. 52 Il envoya des messagers
devant lui. Ceux-ci partirent et entrèrent dans
un village de Samarie pour lui préparer tout le
nécessaire. 53 Mais les habitants refusèrent de le
recevoir parce qu'il se dirigeait vers Jérusalem.
54 Quand les disciples Jacques et Jean appri-
rent cela, ils dirent : « Seigneur, veux-tu que nous
commandions au feu de descendre du ciel et de
les exterminer? »
55 Jésus se tourna vers eux et leur fit des re-
proches. 56 Et ils allèrent dans un autre village.

Ceux qui désirent suivre Jésus

57 Ils étaient en chemin, lorsqu'un homme
dit à Jésus : « Je te suivrai partout où tu iras. »
58 Jésus lui dit : « Les renards ont des terriers et
les oiseaux ont des nids, mais le Fils de l'homme
n'a pas un endroit où il puisse se coucher et se
reposer. »
59 Il dit à un autre homme : « Suis-moi. »
Mais l'homme dit : « Maître, permets-moi d'aller
d'abord enterrer mon père. » 60 Jésus lui répon-
dit : « Laisse les morts enterrer leurs morts; et toi,
va annoncer le Royaume de Dieu. »
61 Un autre homme encore dit : « Je te suivrai,
Maître, mais permets-moi d'aller d'abord dire
adieu à ma famille. » 62 Jésus lui déclara : « Celui
qui se met à labourer puis regarde en arrière n'est
d'aucune utilité pour le Royaume de Dieu. »

La mission des soixante-douze disciples

10 1 Après cela, le Seigneur choisit
soixante-douze autres hommes et les
envoya deux par deux devant lui dans
toutes les villes et tous les endroits où lui-même
devait se rendre. 2 Il leur dit : « La moisson à faire
est grande, mais il y a peu d'ouvriers pour cela.
Priez donc le propriétaire de la moisson d'envoyer
davantage d'ouvriers pour la faire. 3 En route! Je
vous envoie comme des agneaux au milieu des
loups. 4 Ne prenez ni bourse, ni sac, ni chaussu-
res; ne vous arrêtez pas en chemin pour saluer
quelqu'un. 5 Quand vous entrerez dans une mai-
son, dites d'abord : "Paix à cette maison." 6 Si un
homme de paix habite là, votre souhait de paix
reposera sur lui; sinon, retirez votre souhait de
paix. 7 Demeurez dans cette maison-là, mangez
et buvez ce que l'on vous y donnera, car l'ouvrier
a droit à son salaire. Ne passez pas de cette mai-
son dans une autre. 8 Quand vous entrerez dans
une ville et que l'on vous recevra, mangez ce que
l'on vous présentera; 9 guérissez les malades de
cette ville et dites à ses habitants : "Le Royaume
de Dieu s'est approché de vous." 10 Mais quand
vous entrerez dans une ville et que l'on ne vous
recevra pas, allez dans les rues et dites à tous :
11 "Nous secouons contre vous la poussière même
de votre ville qui s'est attachée à nos pieds.
Pourtant, sachez bien ceci : le Royaume de Dieu
s'est approché de vous." 12 Je vous le déclare :
au jour du Jugement les habitants de Sodome se-
ront traités moins sévèrement que les habitants
de cette ville-là. »

Les villes qui refusent de croire

13 « Malheur à toi, Chorazin! Malheur à toi,
Bethsaïda! Car si les miracles qui ont été accom-
plis chez vous l'avaient été à Tyr et à Sidon, il y
a longtemps que leurs habitants auraient pris le
deuil, se seraient assis dans la cendre et auraient
changé de comportement. 14 C'est pourquoi, au
jour du Jugement, Tyr et Sidon seront traitées
moins sévèrement que vous. 15 Et toi, Capernaüm,
crois-tu que tu t'élèveras jusqu'au ciel? Tu seras
abaissée jusqu'au monde des morts. » 16 Il dit
encore à ses disciples : « Celui qui vous écoute,
m'écoute; celui qui vous rejette, me rejette; et ce-
lui qui me rejette, rejette celui qui m'a envoyé. »

Le retour des soixante-douze

17 Les soixante-douze envoyés revinrent pleins
de joie et dirent : « Seigneur, même les esprits
mauvais nous obéissent quand nous leur don-
nons des ordres en ton nom! » 18 Jésus leur ré-
pondit : « Je voyais Satan tomber du ciel comme
un éclair. 19 Écoutez : je vous ai donné le pouvoir
de marcher sur les serpents et les scorpions et
d'écraser toute la puissance de l'ennemi, et rien
ne pourra vous faire du mal. 20 Mais ne vous ré-
jouissez pas de ce que les esprits mauvais vous
obéissent; réjouissez-vous plutôt de ce que vos
noms sont écrits dans les cieux. »

Jésus se réjouit

21 À ce moment même, Jésus fut rempli de joie
par le Saint-Esprit et s'écria : « Ô Père, Seigneur
du ciel et de la terre, je te remercie d'avoir révélé
aux petits ce que tu as caché aux sages et aux
gens instruits. Oui, Père, tu as bien voulu qu'il en
soit ainsi.

22 « Mon Père m'a remis toutes choses.
Personne ne sait qui est le Fils si ce n'est le Père,
et personne ne sait qui est le Père si ce n'est le
Fils et ceux à qui le Fils veut bien le révéler. »

23 Puis Jésus se tourna vers ses disciples
et leur dit à eux seuls : « Heureux êtes-vous de
voir ce que vous voyez! 24 Car, je vous le décla-
re, beaucoup de prophètes et de rois ont désiré
voir ce que vous voyez, mais ne l'ont pas vu, et
entendre ce que vous entendez, mais ne l'ont pas
entendu. »

La parabole du bon Samaritain

25 Un maître de la loi intervint alors. Pour ten-
dre un piège à Jésus, il lui demanda : « Maître,
que dois-je faire pour recevoir la vie éternelle? »
26 Jésus lui dit : « Qu'est-il écrit dans notre loi?
Qu'est-ce que tu y lis? » 27 L'homme répondit :
« "Tu dois aimer le Seigneur ton Dieu de tout ton
cœur, de toute ton âme, de toute ta force et de
toute ton intelligence." Et aussi : "Tu dois aimer
ton prochain comme toi-même." » 28 Jésus lui dit
alors : « Tu as bien répondu. Fais cela et tu vi-
vras. » 29 Mais le maître de la loi voulait justifier
sa question. Il demanda donc à Jésus : « Qui est
mon prochain? » 30 Jésus répondit : « Un homme
descendait de Jérusalem à Jéricho, lorsque des
brigands l'attaquèrent, lui prirent tout ce qu'il
avait, le battirent et s'en allèrent en le laissant à
demi-mort. 31 Il se trouva qu'un prêtre descen-
dait cette route. Quand il vit l'homme, il passa de
l'autre côté de la route et s'éloigna. 32 De même,
un lévite arriva à cet endroit, il vit l'homme, passa
de l'autre côté de la route et s'éloigna. 33 Mais
un Samaritain, qui voyageait par là, arriva près
du blessé. Quand il le vit, il en eut profondément
pitié. 34 Il s'en approcha encore plus, versa de
l'huile et du vin sur ses blessures et les recouvrit
de pansements. Puis il le plaça sur sa propre bête
et le mena dans un hôtel, où il prit soin de lui.
35 Le lendemain, il sortit deux pièces d'argent, les
donna à l'hôtelier et lui dit : "Prends soin de cet
homme; lorsque je repasserai par ici, je te paierai
moi-même ce que tu auras dépensé en plus pour
lui." »

36 Jésus ajouta : « Lequel de ces trois te sem-
ble avoir été le prochain de l'homme attaqué par
les brigands? » 37 Le maître de la loi répondit :
« Celui qui a été bon pour lui. » Jésus lui dit alors :
« Va et fais de même. »

Jésus chez Marthe et Marie

38 Tandis que Jésus et ses disciples étaient en
chemin, il entra dans un village où une femme,
appelée Marthe, le reçut chez elle. 39 Elle avait une

Quante
trova

sœur, appelée Marie, qui, après s'être assise aux
pieds du Seigneur, écoutait ce qu'il enseignait.
40 Marthe était très affairée à tout préparer pour
le repas. Elle survint et dit : « Seigneur, cela ne te
fait-il rien que ma sœur me laisse seule pour ac-
complir tout le travail? Dis-lui donc de m'aider. »
41 Le Seigneur lui répondit : « Marthe, Marthe, tu
t'inquiètes et tu t'agites pour beaucoup de choses,
42 mais une seule est nécessaire. Marie a choisi la
meilleure part, qui ne lui sera pas enlevée. »

Jésus et la prière

11 1 Un jour, Jésus priait en un certain
lieu. Quand il eut fini, un de ses disci-
ples lui demanda : « Seigneur, ensei-
gne-nous à prier, comme Jean l'a appris à ses
disciples. » 2 Jésus leur déclara : « Quand vous
priez, dites :

"Père,
que tous reconnaissent
que tu es le Dieu saint;
que ton Règne vienne.
3 Donne-nous chaque jour le pain nécessaire.
4 Pardonne-nous nos péchés,
car nous pardonnons nous-mêmes
à tous ceux qui nous ont fait du tort.
Et ne nous expose pas à la tentation." »

5 Jésus leur dit encore : « Supposons ceci :
l'un d'entre vous a un ami qu'il s'en va trouver
chez lui à minuit pour lui dire : "Mon ami, prê-
te-moi trois pains. 6 Un de mes amis qui est en
voyage vient d'arriver chez moi et je n'ai rien à lui
offrir." 7 Et supposons que l'autre lui réponde de
l'intérieur de la maison : "Laisse-moi tranquille!
La porte est déjà fermée à clé, mes enfants et
moi sommes au lit; je ne peux pas me lever pour
te donner des pains." 8 Eh bien, je vous l'affirme,
même s'il ne se lève pas par amitié pour les lui
donner, il se lèvera pourtant et lui donnera tout ce
dont il a besoin parce que son ami insiste sans se
gêner. 9 Et moi, je vous dis : demandez et vous
recevrez; cherchez et vous trouverez; frappez et
l'on vous ouvrira la porte. 10 Car quiconque de-
mande reçoit, qui cherche trouve et l'on ouvrira
la porte à qui frappe. 11 Si l'un d'entre vous est
père, donnera-t-il un serpent à son fils alors que
celui-ci lui demande un poisson? 12 Ou bien lui
donnera-t-il un scorpion s'il demande un œuf?
13 Tout mauvais que vous êtes, vous savez donner
de bonnes choses à vos enfants. À combien plus
forte raison, donc, le Père qui est au ciel donnera-
t-il le Saint-Esprit à ceux qui le lui demandent! »

Jésus répond à une accusation portée contre lui

14 Jésus était en train de chasser un esprit
mauvais qui rendait un homme muet. Quand
l'esprit mauvais sortit, le muet se mit à parler et,
dans la foule, les gens furent remplis d'étonne-
ment. 15 Cependant, quelques-uns dirent : « C'est
Béelzébul, le chef des esprits mauvais, qui lui don-
ne le pouvoir de chasser ces esprits! » 16 D'autres
voulaient lui tendre un piège : ils lui demandè-
rent de montrer par un signe miraculeux qu'il
venait de Dieu. 17 Mais Jésus connaissait leurs
pensées; il leur dit alors : « Tout royaume dont les
habitants luttent les uns contre les autres finit par
être détruit, ses maisons s'écroulent les unes sur
les autres. 18 Si donc Satan est en lutte contre
lui-même, comment son royaume pourra-t-il se
maintenir? Vous dites, en effet, que je chasse les
esprits mauvais parce que Béelzébul m'en donne
le pouvoir. 19 Si je les chasse de cette façon, qui
donne à vos partisans le pouvoir de les chasser?
Vos partisans eux-mêmes démontrent que vous
avez tort! 20 En réalité, c'est avec la puissance
de Dieu que je chasse les esprits mauvais, ce qui
signifie que le Royaume de Dieu est déjà venu
jusqu'à vous.

21 « Quand un homme fort et bien armé garde
sa maison, tous ses biens sont en sûreté. 22 Mais
si un homme plus fort que lui arrive et s'en rend
vainqueur, il lui enlève les armes dans lesquelles
il mettait sa confiance et il distribue tout ce qu'il
lui a pris.

23 « Celui qui n'est pas avec moi est contre moi;
et celui qui ne m'aide pas à rassembler disperse. »

Le retour de l'esprit mauvais

24 « Lorsqu'un esprit mauvais est sorti d'un
homme, il va et vient dans des espaces déserts
en cherchant un lieu où s'établir. S'il n'en trouve
pas, il se dit alors : "Je vais retourner dans ma

maison, celle que j'ai quittée." 25 Il y retourne et
la trouve balayée, bien arrangée. 26 Alors il s'en
va prendre sept autres esprits encore plus mal-
faisants que lui; ils reviennent ensemble dans la
maison et s'y installent. Finalement, l'état de cet
homme est donc pire qu'au début. »

Le vrai bonheur

27 Jésus venait de parler ainsi, quand une
femme s'adressa à lui du milieu de la foule :
« Heureuse est la femme qui t'a porté en elle et
qui t'a allaité! » 28 Mais Jésus répondit : « Heureux
plutôt ceux qui écoutent la parole de Dieu et la
mettent en pratique! »

La demande d'un signe miraculeux

29 Tandis que les foules s'amassaient autour
de Jésus, il se mit à dire : « Les gens d'aujourd'hui
sont mauvais; ils réclament un signe miraculeux,
mais aucun signe ne leur sera accordé si ce n'est
celui de Jonas. 30 En effet, de même que Jonas
fut un signe pour les habitants de Ninive, ainsi
le Fils de l'homme sera un signe pour les gens
d'aujourd'hui. 31 Au jour du Jugement, la reine
du Sud se lèvera en face des gens d'aujourd'hui
et les accusera, car elle est venue des régions les
plus lointaines de la terre pour écouter les paro-
les pleines de sagesse de Salomon. Et il y a ici
plus que Salomon! 32 Au jour du Jugement, les
habitants de Ninive se lèveront en face des gens
d'aujourd'hui et les accuseront, car les Ninivites
ont changé de comportement quand ils ont enten-
du prêcher Jonas. Et il y a ici plus que Jonas! »

La lumière du corps

33 « Personne n'allume une lampe pour la ca-
cher ou la mettre sous un seau; au contraire, on la
place sur son support, afin que ceux qui entrent
voient la lumière. 34 Tes yeux sont la lampe de ton
corps : si tes yeux sont en bon état, tout ton corps
est éclairé; mais si tes yeux sont mauvais, alors
ton corps est dans l'obscurité. 35 Ainsi, prends
garde que la lumière qui est en toi ne soit pas
obscurité. 36 Si donc tout ton corps est éclairé,
sans aucune partie dans l'obscurité, il sera tout
entier en pleine lumière, comme lorsque la lampe
t'illumine de sa brillante clarté. »

Jésus accuse les Pharisiens et les maîtres de la loi

37 Quand Jésus eut fini de parler, un Pharisien
l'invita à prendre un repas chez lui. Jésus entra
et se mit à table. 38 Le Pharisien s'étonna lorsqu'il
remarqua que Jésus ne s'était pas lavé avant le
repas. 39 Le Seigneur lui dit alors : « Voilà comme
vous êtes, vous les Pharisiens : vous nettoyez
l'extérieur de la coupe et du plat, mais à l'inté-
rieur vous êtes pleins du désir de voler et pleins
de méchanceté. 40 Insensés que vous êtes! Dieu
qui a fait l'extérieur n'a-t-il pas aussi fait l'inté-
rieur? 41 Donnez donc plutôt aux pauvres ce qui
est dans vos coupes et vos plats, et tout sera pur
pour vous.

42 « Malheur à vous, Pharisiens! Vous donnez à
Dieu le dixième de plantes comme la menthe et la
rue, ainsi que de toutes sortes de légumes, mais
vous négligez la justice et l'amour pour Dieu :
c'est pourtant là ce qu'il fallait pratiquer, sans né-
gliger le reste.

43 « Malheur à vous, Pharisiens! Vous aimez
les sièges les plus en vue dans les synagogues
et vous aimez à recevoir des salutations respec-
tueuses sur les places publiques. 44 Malheur à
vous! Vous êtes comme des tombeaux qu'on ne
remarque pas et sur lesquels on marche sans le
savoir! »

45 Un des maîtres de la loi lui dit : « Maître, en
parlant ainsi, tu nous insultes nous aussi! » 46 Jésus
répondit : « Malheur à vous aussi, maîtres de la
loi! Vous mettez sur le dos des gens des fardeaux
difficiles à porter, et vous ne bougez pas même
un seul doigt pour les aider à porter ces fardeaux.
47 Malheur à vous! Vous construisez de beaux
tombeaux pour les prophètes, ces prophètes que
vos ancêtres ont tués! 48 Vous montrez ainsi que
vous approuvez les actes de vos ancêtres, car ils
ont tué les prophètes, et vous, vous construisez
leurs tombeaux! 49 C'est pourquoi Dieu, dans sa
sagesse, a déclaré : "Je leur enverrai des pro-
phètes et des apôtres; ils tueront certains d'entre
eux et en persécuteront d'autres." 50 Par consé-
quent, les gens d'aujourd'hui supporteront les

conséquences des meurtres commis contre tous
les prophètes depuis la création du monde, 51 de-
puis le meurtre d'Abel jusqu'à celui de Zacharie,
qui fut tué entre l'autel et le sanctuaire. Oui, je
vous l'affirme, les gens d'aujourd'hui supporte-
ront les conséquences de tous ces meurtres!
52 « Malheur à vous, maîtres de la loi! Vous
avez pris la clé permettant d'ouvrir la porte du
savoir : vous n'entrez pas vous-mêmes et vous
empêchez d'entrer ceux qui le désirent. »
53 Quand Jésus fut sorti de cette maison, les
maîtres de la loi et les Pharisiens se mirent à lui
manifester une violente fureur et à lui poser des
questions sur toutes sortes de sujets : 54 ils lui
tendaient des pièges pour essayer de surprendre
quelque chose de faux dans ses paroles.

Une mise en garde contre l'hypocrisie

12 1 Pendant ce temps, les gens s'étaient
assemblés par milliers, au point qu'ils
se marchaient sur les pieds les uns
des autres. Jésus s'adressa d'abord à ses dis-
ciples : « Gardez-vous, leur dit-il, du levain des
Pharisiens, c'est-à-dire de leur hypocrisie. 2 Tout
ce qui est caché sera découvert, et tout ce qui est
secret sera connu. 3 C'est pourquoi tout ce que
vous aurez dit dans l'obscurité sera entendu à la
lumière du jour, et ce que vous aurez murmuré à
l'oreille d'autrui dans une chambre fermée sera
crié du haut des toits. »

Celui qu'il faut craindre

4 « Je vous le dis, à vous mes amis : ne crai-
gnez pas ceux qui tuent le corps mais qui, en-
suite, ne peuvent rien faire de plus. 5 Je vais vous
montrer qui vous devez craindre : craignez Dieu
qui, après la mort, a le pouvoir de vous jeter en
enfer. Oui, je vous le dis, c'est lui que vous devez
craindre!
6 « Ne vend-on pas cinq moineaux pour deux
sous? Cependant, Dieu n'en oublie pas un seul.
7 Et même vos cheveux sont tous comptés. N'ayez
donc pas peur : vous valez plus que beaucoup de
moineaux! »

Confesser ou renier Jésus-Christ

8 « Je vous le dis : quiconque reconnaît publi-
quement qu'il est mon disciple, le Fils de l'hom-
me aussi reconnaîtra devant les anges de Dieu
qu'il est à lui; 9 mais si quelqu'un affirme publi-
quement ne pas me connaître, le Fils de l'homme
aussi affirmera devant les anges de Dieu qu'il
ne le connaît pas. 10 Quiconque dira une parole
contre le Fils de l'homme sera pardonné; mais
celui qui aura fait insulte au Saint-Esprit ne rece-
vra pas de pardon.
11 « Quand on vous conduira pour être jugés
dans les synagogues, ou devant les dirigeants ou
les autorités, ne vous inquiétez pas de la manière
dont vous vous défendrez ou de ce que vous aurez
à dire, 12 car le Saint-Esprit vous enseignera à ce
moment-là ce que vous devez exprimer. »

La parabole du riche insensé

13 Quelqu'un dans la foule dit à Jésus : « Maître,
dis à mon frère de partager avec moi les biens
que notre père nous a laissés. » 14 Jésus lui ré-
pondit : « Mon ami, qui m'a établi pour juger vos
affaires ou pour partager vos biens? » 15 Puis il dit
à tous : « Attention! Gardez-vous de tout amour
des richesses, car la vie d'un homme ne dépend
pas de ses biens, même s'il est très riche. »
16 Il leur raconta alors cette parabole : « Un
homme riche avait des terres qui lui rapportèrent
de bonnes récoltes. 17 Il réfléchissait et se deman-
dait : "Que vais-je faire? Je n'ai pas de place où
amasser toutes mes récoltes." 18 Puis il ajouta :
"Voici ce que je vais faire : je vais démolir mes gre-
niers, j'en construirai de plus grands, j'y amasserai
tout mon blé et mes autres biens. 19 Ensuite, je me
dirai à moi-même : Mon cher, tu as des biens en
abondance pour de nombreuses années; repose-
toi, mange, bois et jouis de la vie." 20 Mais Dieu lui
dit : "Insensé! Cette nuit même tu cesseras de vi-
vre. Et alors, pour qui sera tout ce que tu as accu-
mulé?" » 21 Jésus ajouta : « Ainsi en est-il de celui
qui amasse des richesses pour lui-même, mais qui
n'est pas riche aux yeux de Dieu. »

at A il mo La a n

Avoir confiance en Dieu

22 Puis Jésus dit à ses disciples : « Voilà pour-
quoi je vous dis : Ne vous inquiétez pas au sujet
de la nourriture dont vous avez besoin pour vivre,
ou au sujet des vêtements dont vous avez besoin
pour votre corps. 23 Car la vie est plus impor-
tante que la nourriture et le corps plus important
que les vêtements. 24 Regardez les corbeaux : ils
ne sèment ni ne moissonnent, ils n'ont ni cave
à provisions ni grenier, mais Dieu les nourrit!
Vous valez beaucoup plus que les oiseaux! 25 Qui
d'entre vous parvient à prolonger un peu la du-
rée de sa vie par le souci qu'il se fait? 26 Si donc
vous ne pouvez rien pour ce qui est très peu de
chose, pourquoi vous inquiétez-vous au sujet du
reste? 27 Regardez comment poussent les fleurs
des champs : elles ne travaillent pas et ne tissent
pas de vêtements. Pourtant, je vous le dis, même
Salomon, avec toute sa richesse, n'a pas eu de
vêtements aussi beaux qu'une seule de ces fleurs.
28 Dieu revêt ainsi l'herbe des champs qui est là
aujourd'hui et qui demain sera jetée au feu : à
combien plus forte raison vous vêtira-t-il vous-
mêmes! Comme votre confiance en lui est faible!
29 Ne vous tourmentez donc pas à chercher conti-
nuellement ce que vous allez manger et boire.
30 Ce sont les païens de ce monde qui recherchent
sans arrêt tout cela. Mais vous, vous avez un Père
qui sait que vous en avez besoin. 31 Préoccupez-
vous plutôt du Royaume de Dieu et Dieu vous ac-
cordera aussi le reste. »

Des richesses dans le ciel

32 « N'aie pas peur, petit troupeau! Car il a plu à
votre Père de vous donner le Royaume. 33 Vendez
vos biens et donnez l'argent aux pauvres. Munissez-
vous de bourses qui ne s'usent pas, amassez-vous
des richesses dans les cieux, où elles ne disparaî-
tront jamais : les voleurs ne peuvent pas les y at-
teindre ni les vers les détruire. 34 Car votre cœur
sera toujours là où sont vos richesses. »

Des serviteurs qui veillent

35 « Soyez prêts à agir, avec la ceinture ser-
rée autour de la taille et vos lampes allumées.
36 Soyez comme des serviteurs qui attendent leur
maître au moment où il va revenir d'un mariage,
afin de lui ouvrir la porte dès qu'il arrivera et frap-
pera. 37 Heureux ces serviteurs que le maître, à
son arrivée, trouvera éveillés! Je vous le déclare,
c'est la vérité : il attachera sa ceinture, les fera
prendre place à table et viendra les servir. 38 S'il
revient à minuit ou même plus tard encore et qu'il
les trouve éveillés, heureux sont-ils!
39 « Comprenez bien ceci : si le maître de la
maison savait à quelle heure le voleur doit ve-
nir, il ne le laisserait pas pénétrer dans la maison.
40 Tenez-vous prêts, vous aussi, car le Fils de l'hom-
me viendra à l'heure que vous ne pensez pas. »

Le serviteur fidèle et le serviteur infidèle

41 Alors Pierre demanda : « Seigneur, dis-tu
cette parabole pour nous seulement ou bien pour
tout le monde? »
42 Le Seigneur répondit : « Quel est donc le
serviteur fidèle et intelligent? En voici un que son
maître va charger de veiller sur la maison et de
donner aux autres serviteurs leur part de nourri-
ture au moment voulu. 43 Heureux ce serviteur si
le maître, à son retour chez lui, le trouve occupé
à ce travail! 44 Je vous le déclare, c'est la vérité :
le maître lui confiera la charge de tous ses biens.
45 Mais si le serviteur se dit : "Mon maître tarde à
revenir", s'il se met alors à battre les autres servi-
teurs et les servantes, s'il mange, boit et s'enivre,
46 alors le maître reviendra un jour où le serviteur
ne l'attend pas et à une heure qu'il ne connaît
pas; il chassera le serviteur et lui fera partager le
sort des infidèles. 47 Le serviteur qui sait ce que
veut son maître, mais ne se tient pas prêt à le
faire, recevra de nombreux coups. 48 Par contre,
le serviteur qui ne sait pas ce que veut son maî-
tre et agit de telle façon qu'il mérite d'être battu,
recevra peu de coups. À qui l'on a beaucoup don-
né, on demandera beaucoup; à qui l'on a confié
beaucoup, on demandera encore plus. »

Jésus, cause de division

49 « Je suis venu apporter un feu sur la terre et
combien je voudrais qu'il soit déjà allumé! 50 Je
dois recevoir un baptême et quelle angoisse pour

moi jusqu'à ce qu'il soit accompli! 51 Pensez-vous que je sois venu apporter la paix sur la terre? Non, je vous le dis, mais la division. 52 Dès maintenant, une famille de cinq personnes sera divisée, trois contre deux et deux contre trois. 53 Le père sera contre son fils et le fils contre son père, la mère contre sa fille et la fille contre sa mère, la belle-mère contre sa belle-fille et la belle-fille contre sa belle-mère. »

Comprendre le sens des temps

54 Jésus disait aussi à la foule : « Quand vous voyez un nuage se lever à l'ouest, vous dites aussitôt : “Il va pleuvoir”, et c'est ce qui arrive. 55 Et quand vous sentez souffler le vent du sud, vous dites : “Il va faire chaud”, et c'est ce qui arrive. 56 Hypocrites! Vous êtes capables de comprendre ce que signifient les aspects de la terre et du ciel; alors, pourquoi ne comprenez-vous pas le sens du temps présent? »

Trouver un arrangement avec son adversaire

57 « Pourquoi ne jugez-vous pas par vous-mêmes de la juste façon d'agir? 58 Si tu es en procès avec quelqu'un et que vous alliez ensemble au tribunal, efforce-toi de trouver un arrangement avec lui pendant que vous êtes en chemin. Tu éviteras ainsi que ton adversaire ne te traîne devant le juge, que le juge ne te livre à la police et que la police ne te jette en prison. 59 Tu ne sortiras pas de là, je te l'affirme, tant que tu n'auras pas payé ta dette jusqu'au dernier centime. »

Changer de comportement ou mourir

13 1 En ce temps-là, quelques personnes vinrent raconter à Jésus comment Pilate avait fait tuer des Galiléens au moment où ils offraient des sacrifices à Dieu. 2 Jésus leur répondit : « Pensez-vous que si ces Galiléens ont été ainsi massacrés, cela signifie qu'ils étaient de plus grands pécheurs que tous les autres Galiléens? 3 Non, vous dis-je; mais si vous ne changez pas de comportement, vous mourrez tous comme eux. 4 Et ces dix-huit personnes que la tour de Siloé a écrasées en s'écroulant, pensez-vous qu'elles étaient plus coupables que tous les autres habitants de Jérusalem? 5 Non, vous dis-je; mais si vous ne changez pas de comportement, vous mourrez tous comme eux. »

La parabole du figuier sans figues

6 Puis Jésus leur dit cette parabole : « Un homme avait un figuier planté dans sa vigne. Il vint y chercher des figues, mais n'en trouva pas. 7 Il dit alors au vigneron : “Regarde : depuis trois ans je viens chercher des figues sur ce figuier et je n'en trouve pas. Coupe-le donc! Pourquoi occupe-t-il du terrain inutilement?” 8 Mais le vigneron lui répondit : “Maître, laisse-le cette année encore; je vais creuser la terre tout autour et j'y mettrai du fumier. 9 Ainsi, il donnera peut-être des figues l'année prochaine; sinon, tu le feras couper.” »

Jésus guérit une femme infirme le jour du sabbat

10 Un jour de sabbat, Jésus enseignait dans une synagogue. 11 Une femme malade se trouvait là : depuis dix-huit ans, un esprit mauvais la tenait courbée et elle était totalement incapable de se redresser. 12 Quand Jésus vit cette femme, il l'appela et lui dit : « Tu es délivrée de ta maladie. » 13 Il posa les mains sur elle et, aussitôt, elle se redressa et se mit à louer Dieu. 14 Mais le chef de la synagogue était indigné de ce que Jésus avait accompli une guérison le jour du sabbat. Il s'adressa alors à la foule : « Il y a six jours pendant lesquels on doit travailler; venez donc vous faire guérir ces jours-là et non le jour du sabbat! » 15 Le Seigneur lui répondit en ces mots : « Hypocrites que vous êtes! Le jour du sabbat, chacun de vous détache de la crèche son bœuf ou son âne pour le mener boire, n'est-ce pas? 16 Et cette femme, descendante d'Abraham, que Satan a tenue liée pendant dix-huit ans, ne fallait-il pas la détacher de ses liens le jour du sabbat? » 17 Cette réponse de Jésus remplit de honte tous ses adversaires; mais la foule entière se réjouissait de toutes les œuvres magnifiques qu'il accomplissait.

L´
bb
me
u

La parabole de la graine de moutarde

18 Jésus dit : « À quoi le Royaume de Dieu res-
semble-t-il? À quoi puis-je le comparer? 19 Il res-
semble à une graine de moutarde qu'un homme
a prise et mise en terre dans son jardin : elle a
poussé, elle est devenue un arbre et les oiseaux
ont fait leurs nids dans ses branches. »

La parabole du levain

20 Jésus dit encore : « À quoi puis-je compa-
rer le Royaume de Dieu? 21 Il ressemble au levain
qu'une femme prend et mêle à une grande quan-
tité de farine, si bien que toute la pâte lève. »

La porte étroite

22 Jésus traversait villes et villages et en-
seignait en faisant route vers Jérusalem.
23 Quelqu'un lui demanda : « Maître, n'y a-t-il que
peu de gens qui seront sauvés? » Jésus répondit :
24 « Efforcez-vous d'entrer par la porte étroite; car,
je vous l'affirme, beaucoup essayeront d'entrer et
ne le pourront pas.
25 « Quand le maître de maison se sera levé et
aura fermé la porte à clé, vous vous trouverez de-
hors, vous vous mettrez à frapper à la porte et à
dire : "Maître, ouvre-nous." Il vous répondra : "Je
ne sais pas d'où vous êtes!" 26 Alors, vous allez
lui dire : "Nous avons mangé et bu avec toi, tu as
enseigné dans les rues de notre ville." 27 Il vous
dira de nouveau : "Je ne sais pas d'où vous êtes.
Écartez-vous de moi, vous tous qui commettez
le mal!" 28 C'est là que vous pleurerez et grince-
rez des dents, quand vous verrez Abraham, Isaac,
Jacob et tous les prophètes dans le Royaume de
Dieu et que vous serez jetés dehors! 29 Des hom-
mes viendront de l'est et de l'ouest, du nord et du
sud et prendront place à table dans le Royaume
de Dieu. 30 Et alors, certains de ceux qui sont
maintenant les derniers seront les premiers et
d'autres qui sont maintenant les premiers seront
les derniers. »

Jésus et Jérusalem

31 À ce moment-là, quelques Pharisiens s'ap-
prochèrent de Jésus et lui dirent : « Pars d'ici,
va-t'en ailleurs, car Hérode veut te faire mourir. »
32 Jésus leur répondit : « Allez dire à cette espèce
de renard : "Je chasse des esprits mauvais et j'ac-
complis des guérisons aujourd'hui et demain, et
le troisième jour j'achève mon œuvre." 33 Mais il
faut que je continue ma route aujourd'hui, demain
et le jour suivant, car il ne convient pas qu'un pro-
phète soit mis à mort ailleurs qu'à Jérusalem.
34 « Jérusalem, Jérusalem, toi qui mets à mort
les prophètes et tues à coups de pierres ceux que
Dieu t'envoie! Combien de fois ai-je désiré ras-
sembler tes habitants auprès de moi comme une
poule rassemble ses poussins sous ses ailes, mais
vous ne l'avez pas voulu! 35 Eh bien, votre maison
va être abandonnée. Je vous le déclare : vous ne
me verrez plus jusqu'à ce que vienne le moment
où vous direz : "Que Dieu bénisse celui qui vient
au nom du Seigneur!" »

Jésus guérit un malade

14 1 Un jour de sabbat, Jésus se rendit
chez un des chefs des Pharisiens pour
y prendre un repas. Ceux qui étaient
là observaient attentivement Jésus. 2 Un homme
atteint d'hydropisie se tenait devant lui. 3 Jésus
prit la parole et demanda aux maîtres de la loi et
aux Pharisiens : « Notre loi permet-elle ou non de
faire une guérison le jour du sabbat? » 4 Mais ils
ne voulurent pas répondre. Alors Jésus toucha le
malade, le guérit et le renvoya. 5 Puis il leur dit :
« Si l'un de vous a un fils ou un bœuf qui tombe
dans un puits, ne va-t-il pas l'en retirer aussitôt,
même le jour du sabbat? » 6 Ils furent incapables
de répondre à cela.

La façon de choisir une place et la façon d'inviter

7 Jésus remarqua comment les invités choi-
sissaient les meilleures places. Il dit alors à tous
cette parabole : 8 « Lorsque quelqu'un t'invite
à un repas de mariage, ne va pas t'asseoir à la
meilleure place. Il se pourrait en effet que quel-
qu'un de plus important que toi ait été invité 9 et
que celui qui vous a invités l'un et l'autre vien-
ne te dire : "Laisse-lui cette place." Alors tu de-
vrais, tout honteux, te mettre à la dernière place.

10 Au contraire, lorsque tu es invité, va t'installer
à la dernière place, pour qu'au moment où viendra celui qui t'a invité, il te dise : "Mon ami, viens
t'asseoir à une meilleure place." Ainsi, ce sera
pour toi un honneur devant tous ceux qui seront à
table avec toi. 11 En effet, quiconque s'élève sera
abaissé, et celui qui s'abaisse sera élevé. »
12 Puis Jésus dit à celui qui l'avait invité :
« Quand tu donnes un déjeuner ou un dîner, n'invite ni tes amis, ni tes frères, ni les membres de
ta parenté, ni tes riches voisins; car ils pourraient
t'inviter à leur tour et tu serais ainsi payé pour
ce que tu as donné. 13 Mais quand tu offres un
repas de fête, invite les pauvres, les infirmes, les
boiteux et les aveugles. 14 Tu seras heureux, car
ils ne peuvent pas te le rendre. Dieu te le rendra
lorsque ceux qui ont fait le bien se relèveront de
la mort. »

La parabole du grand repas

15 Après avoir entendu ces mots, un de ceux
qui étaient à table dit à Jésus : « Heureux celui qui
prendra son repas dans le Royaume de Dieu! »
16 Jésus lui raconta cette parabole : « Un homme
offrit un grand repas auquel il invita beaucoup
de monde. 17 À l'heure du repas, il envoya son
serviteur dire aux invités : "Venez, car c'est prêt
maintenant." 18 Mais tous, l'un après l'autre, se
mirent à s'excuser. Le premier dit au serviteur :
"J'ai acheté un champ et il faut que j'aille le voir;
je te prie de m'excuser." 19 Un autre lui dit : "J'ai
acheté cinq paires de bœufs et je vais les essayer;
je te prie de m'excuser." 20 Un autre encore dit :
"Je viens de me marier et c'est pourquoi je ne
peux pas y aller." 21 Le serviteur retourna auprès
de son maître et lui rapporta ces réponses. Le
maître de la maison se mit en colère et dit à son
serviteur : "Va vite sur les places et dans les rues
de la ville, et amène ici les pauvres, les infirmes,
les aveugles et les boiteux." 22 Après un moment,
le serviteur vint dire : "Maître, tes ordres ont été
exécutés, mais il y a encore de la place." 23 Le
maître dit alors à son serviteur : "Va sur les chemins de campagne, le long des haies, et oblige
les gens à entrer, afin que ma maison soit remplie. 24 Je vous le dis : aucun de ceux qui avaient
été invités ne mangera de mon repas!" »

Les conditions nécessaires pour être disciple

25 Une foule immense faisait route avec Jésus.
Il se retourna et dit à tous : 26 « Celui qui vient à
moi doit me préférer à son père, sa mère, sa femme, ses enfants, ses frères, ses sœurs, et même
à sa propre personne. Sinon, il ne peut pas être
mon disciple. 27 Celui qui ne porte pas sa croix
pour me suivre ne peut pas être mon disciple.
28 Si l'un de vous veut construire une tour, il s'assied
d'abord pour calculer la dépense et voir s'il a assez d'argent pour achever le travail. 29 Autrement,
s'il pose les fondations sans pouvoir achever la
tour, tous ceux qui verront cela se mettront à rire
de lui 30 en disant : "Cet homme a commencé de
construire mais a été incapable d'achever le travail!" 31 De même, si un roi veut partir en guerre
contre un autre roi, il s'assied d'abord pour examiner s'il peut, avec dix mille hommes, affronter
son adversaire qui marche contre lui avec vingt
mille hommes. 32 S'il ne le peut pas, il envoie des
messagers à l'autre roi, pendant qu'il est encore
loin, pour lui demander ses conditions de paix.
33 Ainsi donc, ajouta Jésus, aucun de vous ne
peut être mon disciple s'il ne renonce pas à tout
ce qu'il possède. »

Le sel inutile

34 « Le sel est une bonne chose. Mais s'il perd
son goût, comment pourrait-on le lui rendre? 35 Il
n'est alors bon ni pour la terre, ni pour le fumier;
on le jette dehors. Écoutez bien, si vous avez des
oreilles pour entendre! »

La parabole du mouton perdu et retrouvé

15 1 Les collecteurs d'impôts et autres
gens de mauvaise réputation s'approchaient tous de Jésus pour l'écouter.
2 Les Pharisiens et les maîtres de la loi critiquaient
Jésus; ils disaient : « Cet homme fait bon accueil
aux gens de mauvaise réputation et mange avec
eux! » 3 Jésus leur dit alors cette parabole : 4 « Si
quelqu'un parmi vous possède cent moutons et
qu'il perde l'un d'entre eux, ne va-t-il pas laisser les quatre-vingt-dix-neuf autres dans leur

pâturage pour partir à la recherche de celui qui est perdu jusqu'à ce qu'il le retrouve? 5 Et quand il l'a retrouvé, il est tout joyeux : il met le mouton sur ses épaules, 6 il rentre chez lui, puis appelle ses amis et ses voisins et leur dit : "Réjouissez-vous avec moi, car j'ai retrouvé mon mouton, celui qui était perdu!" 7 De même, je vous le dis, il y aura plus de joie dans le ciel pour un seul pécheur qui commence une vie nouvelle que pour quatre-vingt-dix-neuf justes qui n'en ont pas besoin. »

La pièce d'argent perdue et retrouvée

8 « Ou bien, si une femme possède dix pièces d'argent et qu'elle en perde une, ne va-t-elle pas allumer une lampe, balayer la maison et chercher avec soin jusqu'à ce qu'elle la retrouve? 9 Et quand elle l'a retrouvée, elle appelle ses amies et ses voisines et leur dit : "Réjouissez-vous avec moi, car j'ai retrouvé la pièce d'argent que j'avais perdue!" 10 De même, je vous le dis, il y a de la joie parmi les anges de Dieu pour un seul pécheur qui commence une vie nouvelle. »

Le fils perdu et retrouvé

11 Jésus dit encore : « Un homme avait deux fils. 12 Le plus jeune dit à son père : "Mon père, donne-moi la part de notre fortune qui doit me revenir." Alors le père partagea ses biens entre ses deux fils. 13 Peu de jours après, le plus jeune fils vendit sa part de la propriété et partit avec son argent pour un pays éloigné. Là, il vécut dans le désordre et dissipa ainsi tout ce qu'il possédait. 14 Quand il eut tout dépensé, une grande famine survint dans ce pays, et il commença à manquer du nécessaire. 15 Il alla donc se mettre au service d'un des habitants du pays, qui l'envoya dans ses champs garder les cochons. 16 Il aurait bien voulu se nourrir des fruits du caroubier que mangeaient les cochons, mais personne ne lui en donnait. 17 Alors, il se mit à réfléchir sur sa situation et se dit : "Tous les ouvriers de mon père ont plus à manger qu'ils ne leur en faut, tandis que moi, ici, je meurs de faim! 18 Je veux repartir chez mon père et je lui dirai : Mon père, j'ai péché contre Dieu et contre toi, 19 je ne suis plus digne que tu me regardes comme ton fils. Traite-moi donc comme l'un de tes ouvriers." 20 Et il repartit chez son père.

« Tandis qu'il était encore assez loin de la maison, son père le vit et en eut profondément pitié : il courut à sa rencontre, le serra contre lui et l'embrassa. 21 Le fils lui dit alors : "Mon père, j'ai péché contre Dieu et contre toi, je ne suis plus digne que tu me regardes comme ton fils..." 22 Mais le père dit à ses serviteurs : "Dépêchez-vous d'apporter la plus belle robe et mettez-la-lui; passez-lui une bague au doigt et des chaussures aux pieds. 23 Amenez le veau que nous avons engraissé et tuez-le; nous allons faire un festin et nous réjouir, 24 car mon fils que voici était mort et il est revenu à la vie, il était perdu et je l'ai retrouvé." Et ils commencèrent la fête.

25 « Pendant ce temps, le fils aîné de cet homme était aux champs. À son retour, quand il approcha de la maison, il entendit un bruit de musique et de danses. 26 Il appela un des serviteurs et lui demanda ce qui se passait. 27 Le serviteur lui répondit : "Ton frère est revenu, et ton père a fait tuer le veau que nous avons engraissé, parce qu'il a retrouvé son fils en bonne santé." 28 Le fils aîné se mit alors en colère et refusa d'entrer dans la maison. Son père sortit pour le prier d'entrer. 29 Mais le fils répondit à son père : "Écoute, il y a tant d'années que je te sers sans avoir jamais désobéi à l'un de tes ordres. Pourtant, tu ne m'as jamais donné même un chevreau pour que je fasse la fête avec mes amis. 30 Mais quand ton fils que voilà revient, lui qui a dépensé entièrement ta fortune avec des prostituées, pour lui tu fais tuer le veau que nous avons engraissé!" 31 Le père lui dit : "Mon enfant, tu es toujours avec moi, et tout ce que je possède est aussi à toi. 32 Mais nous devions faire une fête et nous réjouir, car ton frère que voici était mort et il est revenu à la vie, il était perdu et le voilà retrouvé!" »

Le gérant habile

16 1 Jésus dit à ses disciples : « Un homme riche avait un gérant et l'on vint lui rapporter que ce gérant gaspillait ses biens. 2 Le maître l'appela et lui dit : "Qu'est-ce que j'apprends à ton sujet? Présente-moi les

comptes de ta gestion, car tu ne pourras plus être mon gérant." 3 Le gérant se dit en lui-même : "Mon maître va me retirer ma charge. Que faire? Je ne suis pas assez fort pour travailler la terre et j'aurais honte de mendier. 4 Ah! je sais ce que je vais faire! Et quand j'aurai perdu ma place, des gens me recevront chez eux!" 5 Il fit alors venir un à un tous ceux qui devaient quelque chose à son maître. Il dit au premier : "Combien dois-tu à mon maître?" — 6 "Cent tonneaux d'huile d'olive", lui répondit-il. Le gérant lui dit : "Voici ton compte; vite, assieds-toi et note cinquante." 7 Puis il dit à un autre : "Et toi, combien dois-tu?" — "Cent sacs de blé", répondit-il. Le gérant lui dit : "Voici ton compte; note quatre-vingts." 8 Eh bien, le maître loua le gérant malhonnête d'avoir agi si habilement. En effet, les gens de ce monde sont bien plus habiles dans leurs rapports les uns avec les autres que ceux qui appartiennent à la lumière. »

9 Jésus ajouta : « Et moi je vous dis : faites-vous des amis avec les richesses trompeuses de ce monde, afin qu'au moment où elles n'existeront plus pour vous on vous reçoive dans les demeures éternelles. 10 Celui qui est fidèle dans les petites choses est aussi fidèle dans les grandes; celui qui est malhonnête dans les petites choses est aussi malhonnête dans les grandes. 11 Si donc vous n'avez pas été fidèles dans votre façon d'utiliser les richesses trompeuses de ce monde, qui pourrait vous confier les vraies richesses? 12 Et si vous n'avez pas été fidèles en ce qui concerne le bien des autres, qui vous donnera le bien qui vous est destiné?

13 « Aucun serviteur ne peut servir deux maîtres : ou bien il haïra le premier et aimera le second; ou bien il s'attachera au premier et méprisera le second. Vous ne pouvez pas servir à la fois Dieu et l'argent. »

Diverses déclarations de Jésus

14 Les Pharisiens entendaient toutes ces paroles et se moquaient de Jésus, car ils aimaient l'argent. 15 Jésus leur dit : « Vous êtes des gens qui se font passer pour justes aux yeux des hommes, mais Dieu connaît vos cœurs. Car ce que les hommes considèrent comme grand est détestable aux yeux de Dieu.

16 « Le temps de la loi de Moïse et des livres des Prophètes a duré jusqu'à l'époque de Jean-Baptiste. Depuis cette époque, la Bonne Nouvelle du Royaume de Dieu est annoncée et chacun use de force pour y entrer. 17 Mais le ciel et la terre peuvent disparaître plus facilement que le plus petit détail de la loi.

18 « Tout homme qui renvoie sa femme et en épouse une autre commet un adultère, et celui qui épouse une femme renvoyée par son mari commet un adultère. »

L'homme riche et Lazare

19 « Il y avait une fois un homme riche qui s'habillait des vêtements les plus fins et les plus coûteux et qui, chaque jour, vivait dans le luxe en faisant de bons repas. 20 Devant la porte de sa maison était couché un pauvre homme, appelé Lazare. Son corps était couvert de plaies. 21 Il aurait bien voulu se nourrir des morceaux qui tombaient de la table du riche. De plus, les chiens venaient lécher ses plaies. 22 Le pauvre mourut et les anges le portèrent auprès d'Abraham. Le riche mourut aussi et on l'enterra. 23 Il souffrait beaucoup dans le monde des morts; il leva les yeux et vit de loin Abraham et Lazare à côté de lui. 24 Alors il s'écria : "Père Abraham, aie pitié de moi; envoie donc Lazare tremper le bout de son doigt dans de l'eau pour me rafraîchir la langue, car je souffre beaucoup dans ce feu." 25 Mais Abraham dit : "Mon enfant, souviens-toi que tu as reçu beaucoup de biens pendant ta vie, tandis que Lazare a eu beaucoup de malheurs. Maintenant, il reçoit ici sa consolation, tandis que toi tu souffres. 26 De plus, il y a un profond abîme entre vous et nous; ainsi, ceux qui voudraient passer d'ici vers vous ne le peuvent pas et l'on ne peut pas non plus parvenir jusqu'à nous de là où tu es." 27 Le riche dit : "Je t'en prie, père, envoie donc Lazare dans la maison de mon père, 28 où j'ai cinq frères. Qu'il aille les avertir, afin qu'ils ne viennent pas eux aussi dans ce lieu de souffrances." 29 Abraham répondit : "Tes frères ont Moïse et les prophètes pour les avertir : qu'ils les écoutent!" 30 Le riche dit : "Cela ne suffit pas, père Abraham. Mais si quelqu'un revient de chez les morts et va les trouver, alors ils changeront de

comportement.” [31] Mais Abraham lui dit : “S’ils ne veulent pas écouter Moïse et les prophètes, ils ne se laisseront pas persuader même si quelqu’un se relevait d’entre les morts.” »

Le péché et le pardon

17 [1] Jésus dit à ses disciples : « Il est inévitable qu’il y ait des faits qui entraînent les hommes à pécher. Mais malheur à celui qui en est la cause! [2] Il vaudrait mieux pour lui qu’on lui attache au cou une grosse pierre et qu’on le jette dans la mer, plutôt que de faire tomber dans le péché un seul de ces petits. [3] Prenez bien garde!

« Si ton frère se rend coupable, parle-lui sérieusement. Et s’il regrette son acte, pardonne-lui. [4] S’il se rend coupable à ton égard sept fois en un jour et que chaque fois il revienne te dire : “Je le regrette”, tu lui pardonneras. »

La foi

[5] Les apôtres dirent au Seigneur : « Augmente notre foi. » [6] Le Seigneur répondit : « Si vous aviez de la foi gros comme un grain de moutarde, vous pourriez dire à cet arbre, ce mûrier : “Déracine-toi et va te planter dans la mer”, et il vous obéirait. »

Le devoir du serviteur

[7] « Supposons ceci : l’un d’entre vous a un serviteur qui laboure ou qui garde les troupeaux. Lorsqu’il le voit revenir des champs, va-t-il lui dire : “Viens vite te mettre à table”? [8] Non, il lui dira plutôt : “Prépare mon repas, puis change de vêtements pour me servir pendant que je mange et bois; après quoi, tu pourras manger et boire à ton tour.” [9] Il n’a pas à remercier son serviteur d’avoir fait ce qui lui était ordonné, n’est-ce pas? [10] Il en va de même pour vous : quand vous aurez fait tout ce qui vous est ordonné, dites : “Nous sommes de simples serviteurs; nous n’avons fait que notre devoir.” »

Jésus guérit dix lépreux

[11] Tandis que Jésus faisait route vers Jérusalem, il passa le long de la frontière qui sépare la Samarie et la Galilée. [12] Il entrait dans un village quand dix lépreux vinrent à sa rencontre. Ils se tinrent à distance [13] et se mirent à crier : « Jésus, Maître, aie pitié de nous! » [14] Jésus les vit et leur dit : « Allez vous faire examiner par les prêtres. » Pendant qu’ils y allaient, ils furent guéris. [15] L’un d’entre eux, quand il vit qu’il était guéri, revint sur ses pas en louant Dieu à haute voix. [16] Il se jeta aux pieds de Jésus, le visage contre terre, et le remercia. Cet homme était Samaritain. [17] Jésus dit alors : « Tous les dix ont été guéris, n’est-ce pas? Où sont les neuf autres? [18] Personne n’a-t-il pensé à revenir pour remercier Dieu, sinon cet étranger? » [19] Puis Jésus lui dit : « Relève-toi et va; ta foi t’a sauvé. »

La venue du Royaume

[20] Les Pharisiens demandèrent à Jésus quand viendrait le Royaume de Dieu. Il leur répondit : « Le Royaume de Dieu ne vient pas de façon spectaculaire. [21] On ne dira pas : “Voyez, il est ici!” ou bien : “Il est là!” Car, sachez-le, le Royaume de Dieu est au milieu de vous. »

[22] Puis il dit aux disciples : « Le temps viendra où vous désirerez voir le Fils de l’homme même un seul jour, mais vous ne le verrez pas. [23] On vous dira : “Regardez là!” ou : “Regardez ici!” Mais n’y allez pas, n’y courez pas. [24] Comme l’éclair brille à travers le ciel et l’illumine d’une extrémité à l’autre, ainsi sera le Fils de l’homme en son jour. [25] Mais il faut d’abord qu’il souffre beaucoup et qu’il soit rejeté par les gens d’aujourd’hui. [26] Ce qui s’est passé du temps de Noé se passera de la même façon aux jours du Fils de l’homme. [27] Les gens mangeaient et buvaient, se mariaient ou étaient donnés en mariage, jusqu’au jour où Noé entra dans l’arche : la grande inondation vint alors et les fit tous périr. [28] Ce sera comme du temps de Loth : les gens mangeaient et buvaient, achetaient et vendaient, plantaient et bâtissaient; [29] mais le jour où Loth quitta Sodome, il tomba du ciel une pluie de soufre enflammé qui les fit tous périr. [30] Il se passera la même chose le jour où le Fils de l’homme doit apparaître.

[31] « En ce jour-là, celui qui sera sur la terrasse de sa maison et aura ses affaires à l’intérieur, ne devra pas descendre pour les prendre; de même,

celui qui sera dans les champs ne devra pas re-
tourner dans sa maison. 32 Rappelez-vous la fem-
me de Loth! 33 Celui qui cherchera à préserver
sa vie la perdra; mais celui qui perdra sa vie la
conservera. 34 Je vous le déclare, en cette nuit-là,
deux personnes seront dans un même lit : l'une
sera emmenée et l'autre laissée. 35 Deux femmes
moudront du grain ensemble : l'une sera emme-
née et l'autre laissée. [36 Deux hommes seront
dans un champ : l'un sera emmené et l'autre
laissé.] » 37 Les disciples lui demandèrent : « Où
cela se passera-t-il, Seigneur? » Et il répondit :
« Où sera le cadavre, là aussi se rassembleront
les vautours. »

La parabole de la veuve et du juge

18 1 Jésus leur dit ensuite cette parabole
pour leur montrer qu'ils devaient tou-
jours prier, sans jamais se découra-
ger : 2 « Il y avait dans une ville un juge qui ne
se souciait pas de Dieu et n'avait d'égards pour
personne. 3 Il y avait aussi dans cette ville une
veuve qui venait fréquemment le trouver pour ob-
tenir justice : “Rends-moi justice contre mon ad-
versaire”, disait-elle. 4 Pendant longtemps, le juge
refusa, puis il se dit : “Bien sûr, je ne me soucie
pas de Dieu et je n'ai d'égards pour personne;
5 mais comme cette veuve me fatigue, je vais fai-
re reconnaître ses droits, sinon, à force de venir,
elle finira par m'exaspérer.” » 6 Puis le Seigneur
ajouta : « Écoutez ce que dit ce juge indigne! 7 Et
Dieu, lui, ne ferait-il pas justice aux siens quand
ils crient à lui jour et nuit? Tardera-t-il à les aider?
8 Je vous le déclare : il leur fera justice rapide-
ment. Mais quand le Fils de l'homme viendra,
trouvera-t-il la foi sur la terre? »

La parabole du Pharisien et du collecteur d'impôts

9 Jésus dit la parabole suivante à l'intention de
ceux qui se croyaient justes aux yeux de Dieu et
méprisaient les autres : 10 « Deux hommes mon-
tèrent au temple pour prier; l'un était Pharisien,
l'autre collecteur d'impôts. 11 Le Pharisien, de-
bout, priait ainsi en lui-même : “Ô Dieu, je te re-
mercie de ce que je ne suis pas comme le reste
des hommes, qui sont voleurs, mauvais et adultè-
res; je te remercie de ce que je ne suis pas com-
me ce collecteur d'impôts. 12 Je jeûne deux jours
par semaine et je te donne le dixième de tous mes
revenus.” 13 Le collecteur d'impôts, lui, se tenait à
distance et n'osait pas même lever les yeux vers
le ciel, mais il se frappait la poitrine et disait :
“Ô Dieu, aie pitié de moi, qui suis un pécheur.”
14 Je vous le dis, ajouta Jésus, cet homme était en
règle avec Dieu quand il retourna chez lui, mais
pas le Pharisien. En effet, quiconque s'élève sera
abaissé, mais celui qui s'abaisse sera élevé. »

Jésus bénit des petits enfants

15 Des gens amenèrent à Jésus même des bé-
bés pour qu'il pose les mains sur eux. En voyant
cela, les disciples leur firent des reproches. 16 Mais
Jésus fit approcher les enfants et dit : « Laissez les
enfants venir à moi! Ne les en empêchez pas, car
le Royaume de Dieu appartient à ceux qui sont
comme eux. 17 Je vous le déclare, c'est la vérité :
celui qui ne reçoit pas le Royaume de Dieu com-
me un enfant ne pourra jamais y entrer. »

L'homme riche

18 Un chef juif demanda à Jésus : « Bon maî-
tre, que dois-je faire pour obtenir la vie éternel-
le? » 19 Jésus lui dit : « Pourquoi m'appelles-tu
bon? Personne n'est bon si ce n'est Dieu seul.
20 Tu connais les commandements : “Ne com-
mets pas d'adultère; ne commets pas de meurtre;
ne vole pas; ne prononce pas de faux témoignage
contre quelqu'un; respecte ton père et ta mère.” »
21 L'homme répondit : « J'ai obéi à tous ces com-
mandements depuis ma jeunesse. » 22 Après avoir
entendu cela, Jésus lui dit : « Il te manque enco-
re une chose : vends tout ce que tu as et distri-
bue l'argent aux pauvres, alors tu auras des ri-
chesses dans les cieux; puis viens et suis-moi. »
23 Mais quand l'homme entendit ces mots, il de-
vint tout triste, car il était très riche. 24 Jésus vit
qu'il était triste et dit : « Qu'il est difficile aux ri-
ches d'entrer dans le Royaume de Dieu! 25 Il est
difficile à un chameau de passer par le trou d'une
aiguille, mais il est encore plus difficile à un riche
d'entrer dans le Royaume de Dieu. » 26 Ceux qui

l'écoutaient dirent : « Mais qui donc peut être sau-
vé? » 27 Jésus répondit : « Ce qui est impossible
aux hommes est possible à Dieu. » 28 Pierre dit
alors : « Écoute, nous avons quitté ce que nous
avions pour te suivre. » 29 Jésus leur dit : « Je
vous le déclare, c'est la vérité : si quelqu'un quit-
te, pour le Royaume de Dieu, sa maison, ou sa
femme, ses frères, ses parents, ses enfants, 30 il
recevra beaucoup plus dans le temps présent et
dans le monde futur il recevra la vie éternelle. »

Jésus annonce une troisième fois sa mort et sa résurrection

31 Jésus prit les douze disciples avec lui et
leur dit : « Écoutez, nous allons à Jérusalem où
se réalisera tout ce que les prophètes ont écrit
au sujet du Fils de l'homme. 32 On le livrera aux
païens, qui se moqueront de lui, l'insulteront et
cracheront sur lui. 33 Ils le frapperont à coups de
fouet et le mettront à mort. Et le troisième jour il

se relèvera de la mort. » 34 Mais les disciples ne
comprirent rien à cela; le sens de ces paroles leur
était caché et ils ne savaient pas de quoi Jésus
parlait.

Jésus guérit un aveugle

35 Jésus approchait de Jéricho. Or, un aveu-
gle était assis au bord du chemin et mendiait.
36 Il entendit la foule qui avançait et demanda ce
que c'était. 37 On lui apprit que Jésus de Nazareth
passait par là. 38 Alors il s'écria : « Jésus, Fils de
David, aie pitié de moi! » 39 Ceux qui marchaient
en avant lui faisaient des reproches pour qu'il
se taise, mais il criait encore plus fort : « Fils de
David, aie pitié de moi! » 40 Jésus s'arrêta et or-
donna qu'on le lui amène. Quand l'aveugle se
fut approché, Jésus lui demanda : 41 « Que veux-
tu que je fasse pour toi? » Il répondit : « Maître,
fais que je voie de nouveau. » 42 Et Jésus lui dit :

« Eh bien, ta foi t'a guéri. » 43 Aussitôt, il put voir, et il suivait Jésus en louant Dieu. Toute la foule vit cela et se mit aussi à louer Dieu.

Jésus et Zachée

19 1 Après être entré dans Jéricho, Jésus traversait la ville. 2 Il y avait là un homme appelé Zachée; c'était le chef des collecteurs d'impôts et il était riche. 3 Il cherchait à voir qui était Jésus, mais comme il était de petite taille, il ne pouvait pas y parvenir à cause de la foule. 4 Il courut alors en avant et grimpa sur un arbre, un sycomore, pour voir Jésus qui devait passer par là. 5 Quand Jésus arriva à cet endroit, il leva les yeux et dit à Zachée : « Dépêche-toi de descendre, Zachée, car il faut que je loge chez toi aujourd'hui. » 6 Zachée se dépêcha de descendre et le reçut avec joie. 7 En voyant cela, tous critiquaient Jésus; ils disaient : « Cet homme est allé loger chez un pécheur! » 8 Zachée, debout devant le Seigneur, lui dit : « Écoute, Maître, je vais donner la moitié de mes biens aux pauvres, et si j'ai pris trop d'argent à quelqu'un, je vais lui rendre quatre fois autant. » 9 Jésus lui dit : « Aujourd'hui, le salut est entré dans cette maison, parce que tu es, toi aussi, un descendant d'Abraham. 10 Car le Fils de l'homme est venu chercher et sauver ceux qui étaient perdus. »

La parabole des pièces d'or

11 Jésus dit encore une parabole pour ceux qui venaient d'entendre ces paroles. Il était en effet près de Jérusalem et l'on pensait que le Royaume de Dieu allait se manifester d'un instant à l'autre. 12 Voici donc ce qu'il dit : « Un homme de famille noble se rendit dans un pays éloigné pour y être nommé roi; il devait revenir ensuite. 13 Avant de partir, il appela dix de ses serviteurs, leur remit à chacun une pièce d'or de grande valeur et leur dit : "Faites des affaires avec cet argent jusqu'à mon retour." 14 Mais les gens de son pays le haïssaient; ils envoyèrent une délégation derrière lui pour dire : "Nous ne voulons pas de lui comme roi." 15 Il fut pourtant nommé roi et revint dans son pays. Il fit alors appeler les serviteurs auxquels il avait remis l'argent, pour savoir ce qu'ils avaient gagné. 16 Le premier se présenta et dit : "Maître, j'ai gagné dix pièces d'or avec celle que tu m'as donnée." 17 Le roi lui dit : "C'est bien, bon serviteur; puisque tu as été fidèle dans de petites choses, je te nomme gouverneur de dix villes." 18 Le deuxième serviteur vint et dit : "Maître, j'ai gagné cinq pièces d'or avec celle que tu m'as donnée." 19 Le roi dit à celui-là : "Toi, je te nomme gouverneur de cinq villes." 20 Un autre serviteur vint et dit : "Maître, voici ta pièce d'or; je l'ai gardée cachée dans un mouchoir. 21 J'avais peur de toi, car tu es un homme dur : tu prends ce que tu n'as pas déposé, tu moissonnes ce que tu n'as pas semé." 22 Le roi lui dit : "Mauvais serviteur, je vais te juger sur tes propres paroles. Tu savais que je suis un homme dur, que je prends ce que je n'ai pas déposé et moissonne ce que je n'ai pas semé. 23 Alors, pourquoi n'as-tu pas placé mon argent dans une banque? À mon retour, j'aurais pu le retirer avec les intérêts." 24 Puis il dit à ceux qui étaient là : "Enlevez-lui cette pièce d'or et remettez-la à celui qui en a dix." 25 Ils lui dirent : "Maître, il a déjà dix pièces!" 26 — "Je vous l'affirme, répondit-il, à celui qui a quelque chose l'on donnera davantage; tandis qu'à celui qui n'a rien on enlèvera même le peu qui pourrait lui rester. 27 Quant à mes ennemis qui n'ont pas voulu de moi comme roi, amenez-les ici et exécutez-les devant moi." »

Ministère de Jésus à Jérusalem

Jésus se rend à Jérusalem

28 Après avoir ainsi parlé, Jésus partit en tête de la foule sur le chemin qui monte à Jérusalem. 29 Lorsqu'il approcha de Bethfagé et de Béthanie, près de la colline appelée mont des Oliviers, il envoya en avant deux disciples : 30 « Allez au village qui est en face, leur dit-il. Quand vous y serez arrivés, vous trouverez un petit âne attaché, sur lequel personne ne s'est jamais assis. Détachez-le et amenez-le ici. 31 Et si quelqu'un vous demande : "Pourquoi le détachez-vous?", dites-lui : "Le Seigneur en a besoin." »

32 Les envoyés partirent et trouvèrent tout comme Jésus le leur avait dit. 33 Pendant qu'ils détachaient l'ânon, ses propriétaires leur dirent : « Pourquoi détachez-vous cet ânon? » 34 Ils répondirent : « Le Seigneur en a besoin. » 35 Puis ils amenèrent l'ânon à Jésus; ils jetèrent leurs manteaux sur l'animal et y firent monter Jésus. 36 À mesure qu'il avançait, les gens étendaient leurs manteaux sur le chemin. 37 Tandis qu'il approchait de Jérusalem, par le chemin qui descend du mont des Oliviers, toute la foule des disciples, pleine de joie, se mit à louer Dieu d'une voix forte pour tous les miracles qu'ils avaient vus. 38 Ils disaient : « Que Dieu bénisse le roi qui vient au nom du Seigneur! Paix dans le ciel et gloire à Dieu! »

39 Quelques Pharisiens, qui se trouvaient dans la foule, dirent à Jésus : « Maître, ordonne à tes disciples de se taire. » 40 Jésus répondit : « Je vous le déclare, s'ils se taisent, les pierres crieront! »

Jésus pleure sur Jérusalem

41 Quand Jésus fut près de la ville et qu'il la vit, il pleura sur elle, 42 en disant : « Si seulement tu comprenais toi aussi, en ce jour, comment trouver la paix! Mais maintenant, cela t'est caché, tu ne peux pas le voir! 43 Car des jours vont venir pour toi où tes ennemis t'entoureront d'ouvrages fortifiés, t'assiégeront et te presseront de tous côtés. 44 Ils te détruiront complètement, toi et ta population; ils ne te laisseront pas une seule pierre posée sur une autre, parce que tu n'as pas reconnu le temps où Dieu est venu te secourir! »

Jésus dans le temple

45 Jésus entra dans le temple et se mit à en chasser les marchands, 46 en leur disant : « Dans les Écritures, Dieu déclare : "Ma maison sera une maison de prière." Mais vous, ajouta-t-il, vous en avez fait une caverne de voleurs! »

47 Jésus enseignait tous les jours dans le temple. Les chefs des prêtres, les maîtres de la loi, ainsi que les notables du peuple, cherchaient à le faire mourir. 48 Mais ils ne savaient pas comment y parvenir, car tout le peuple l'écoutait avec une grande attention.

D'où vient l'autorité de Jésus?

20 1 Un jour, Jésus donnait son enseignement au peuple dans le temple et annonçait la Bonne Nouvelle. Les chefs des prêtres et les maîtres de la loi survinrent alors avec les anciens 2 et lui demandèrent : « Dis-nous de quel droit tu fais ces choses, qui t'a donné autorité pour cela? » 3 Jésus leur répondit : « Je vais vous poser une question, moi aussi. Dites-moi : 4 qui a envoyé Jean baptiser? Est-ce Dieu ou les hommes? » 5 Mais ils se mirent à discuter entre eux et se dirent : « Si nous répondons :

"C'est Dieu qui l'a envoyé", il nous demandera : "Pourquoi n'avez-vous pas cru Jean?" 6 Mais si nous disons : "Ce sont les hommes qui l'ont envoyé," le peuple tout entier nous jettera des pierres pour nous tuer, car il est persuadé que Jean a été un prophète. » 7 Ils répondirent alors : « Nous ne savons pas qui l'a envoyé baptiser. » — 8 « Eh bien, répliqua Jésus, moi non plus, je ne vous dirai pas de quel droit je fais ces choses. »

La parabole des méchants vignerons

9 Ensuite, Jésus se mit à dire au peuple la parabole suivante : « Un homme planta une vigne, la loua à des ouvriers vignerons et partit en voyage pour longtemps. 10 Au moment voulu, il envoya un serviteur aux ouvriers vignerons pour qu'ils lui remettent sa part de la récolte. Mais les vignerons battirent le serviteur et le renvoyèrent les mains vides. 11 Le propriétaire envoya encore un autre serviteur, mais les vignerons le battirent aussi, l'insultèrent et le renvoyèrent sans rien lui donner. 12 Il envoya encore un troisième serviteur; celui-là, ils le blessèrent aussi et le jetèrent dehors. 13 Le propriétaire de la vigne dit alors : "Que faire? Je vais envoyer mon fils bien-aimé; ils auront probablement du respect pour lui." 14 Mais quand les vignerons le virent, ils se dirent les uns aux autres : "Voici le futur héritier. Tuons-le, pour que la vigne soit à nous." 15 Et ils le jetèrent hors de la vigne et le tuèrent.

« Eh bien, que leur fera le propriétaire de la vigne? demanda Jésus. 16 Il viendra, il mettra à mort ces vignerons et confiera la vigne à d'autres. » Quand les gens entendirent ces mots, ils affirmèrent : « Cela n'arrivera certainement pas! » 17 Mais Jésus les regarda et dit : « Que signifie cette parole de l'Écriture :

"La pierre que les bâtisseurs avaient rejetée
est devenue la pierre principale"?

18 Tout homme qui tombera sur cette pierre s'y brisera; et si la pierre tombe sur quelqu'un, elle le réduira en poussière. »

L'impôt payé à l'empereur

19 Les maîtres de la loi et les chefs des prêtres cherchèrent à arrêter Jésus à ce moment même, car ils savaient qu'il avait dit cette parabole contre eux; mais ils eurent peur du peuple. 20 Ils se mirent alors à surveiller Jésus. À cet effet, ils lui envoyèrent des gens qui faisaient semblant d'être des hommes honorables. Ces gens devaient prendre Jésus au piège par une question, afin qu'on ait l'occasion de le livrer au pouvoir et à l'autorité du gouverneur. 21 Ils lui posèrent cette question : « Maître, nous savons que ce que tu dis et enseignes est juste; tu ne juges personne sur les apparences, mais tu enseignes la vérité sur la conduite qui plaît à Dieu. 22 Eh bien, dis-nous, notre loi permet-elle ou non de payer des impôts à l'empereur romain? » 23 Mais Jésus se rendit compte de leur ruse et leur dit : 24 « Montrez-moi une pièce d'argent. Le visage et le nom gravés sur cette pièce, de qui sont-ils? » — « De l'empereur », répondirent-ils. 25 Alors Jésus leur dit : « Eh bien, payez à l'empereur ce qui lui appartient, et à Dieu ce qui lui appartient. » 26 Ils ne purent pas le prendre en faute pour ce qu'il disait devant le peuple. Au contraire, sa réponse les remplit d'étonnement et ils gardèrent le silence.

Une question sur la résurrection des morts

27 Quelques Sadducéens vinrent auprès de Jésus. — Ce sont eux qui affirment qu'il n'y a pas de résurrection. — Ils l'interrogèrent 28 de la façon suivante : « Maître, Moïse nous a donné ce commandement écrit : "Si un homme marié, qui a un frère, meurt sans avoir eu d'enfants, il faut que son frère épouse la veuve pour donner des descendants à celui qui est mort." 29 Or, il y avait une fois sept frères. Le premier se maria et mourut sans laisser d'enfants. 30 Le deuxième épousa la veuve, 31 puis le troisième. Il en fut de même pour tous les sept, qui moururent sans laisser d'enfants. 32 Finalement, la femme mourut aussi. 33 Au jour où les morts se relèveront, de qui sera-t-elle donc la femme? Car tous les sept l'ont eue comme épouse! » 34 Jésus leur répondit : « Les hommes et les femmes de ce monde-ci se marient; 35 mais les hommes et les femmes qui sont jugés dignes de se relever d'entre les morts et de vivre dans le monde à venir ne se marient pas. 36 Ils ne peuvent plus mourir, ils sont pareils aux anges. Ils sont fils de Dieu, car ils ont passé

de la mort à la vie. 37 Moïse indique clairement
que les morts reviendront à la vie. Dans le pas-
sage qui parle du buisson en flammes, il appelle
le Seigneur “le Dieu d’Abraham, le Dieu d’Isaac
et le Dieu de Jacob.” 38 Dieu, ajouta Jésus, est
le Dieu des vivants, et non des morts, car tous
sont vivants pour lui. » 39 Quelques maîtres de la
loi prirent alors la parole et dirent : « Tu as bien
parlé, Maître. » 40 Car ils n’osaient plus lui poser
d’autres questions.

Le Messie et David

41 Jésus leur dit : « Comment peut-on af-
firmer que le Messie est descendant de David?
42 Car David déclare lui-même dans le livre des
Psaumes :

“Le Seigneur Dieu
a déclaré à mon Seigneur :
Viens siéger à ma droite,
43 je veux contraindre tes ennemis
à te servir de marchepied.”

44 David l’appelle donc “Seigneur” : comment
le Messie peut-il être aussi le descendant de
David? »

Jésus met en garde contre les maîtres de la loi

45 Tandis que toute l’assemblée l’écoutait,
Jésus dit à ses disciples : 46 « Gardez-vous des
maîtres de la loi qui se plaisent à se promener en
longues robes et qui aiment à recevoir des salu-
tations respectueuses sur les places publiques; ils
choisissent les sièges les plus en vue dans les sy-
nagogues et les places d’honneur dans les grands
repas. 47 Ils prennent aux veuves tout ce qu’elles
possèdent et, en même temps, font de longues
prières pour se faire remarquer. Ils seront jugés
d’autant plus sévèrement. »

Le don offert par une veuve pauvre

21 1 Jésus regarda autour de lui et vit des
riches qui déposaient leurs dons dans
les troncs à offrandes du temple. 2 Il vit
aussi une veuve pauvre qui y mettait deux petites
pièces de cuivre. 3 Il dit alors : « Je vous le déclare,
c’est la vérité : cette veuve pauvre a mis plus que
tous les autres. 4 Car tous les autres ont donné
comme offrande de l’argent dont ils n’avaient pas
besoin; mais elle, dans sa pauvreté, a offert tout
ce dont elle avait besoin pour vivre. »

Jésus annonce la destruction du temple

5 Quelques personnes parlaient du temple
et disaient qu’il était magnifique avec ses belles
pierres et les objets offerts à Dieu. Mais Jésus dé-
clara : 6 « Les jours viendront où il ne restera pas
une seule pierre posée sur une autre de ce que
vous voyez là; tout sera renversé. »

Des malheurs et des persécutions

7 Ils lui demandèrent alors : « Maître, quand
cela se passera-t-il? Quel sera le signe qui indi-
quera le moment où ces choses doivent arriver? »
8 Jésus répondit : « Faites attention, ne vous lais-
sez pas tromper. Car beaucoup d’hommes vien-
dront en usant de mon nom et diront : “Je suis
le Messie!” et : “Le temps est arrivé!” Mais ne
les suivez pas. 9 Quand vous entendrez parler de
guerres et de révolutions, ne vous effrayez pas; il
faut que cela arrive d’abord, mais ce ne sera pas
tout de suite la fin de ce monde. » 10 Puis il ajouta :
« Un peuple combattra contre un autre peuple, et
un royaume attaquera un autre royaume; 11 il y
aura de terribles tremblements de terre et, dans
différentes régions, des famines et des épidé-
mies; il y aura aussi des phénomènes effrayants
et des signes impressionnants venant du ciel.
12 Mais avant tout cela, on vous arrêtera, on vous
persécutera, on vous livrera pour être jugés dans
les synagogues et l’on vous mettra en prison; on
vous fera comparaître devant des rois et des gou-
verneurs à cause de moi. 13 Ce sera pour vous
l’occasion d’apporter votre témoignage à mon
sujet. 14 Soyez donc bien décidés à ne pas vous
inquiéter par avance de la manière dont vous
vous défendrez. 15 Je vous donnerai moi-même
des paroles et une sagesse telles qu’aucun de vos
adversaires ne pourra leur résister ou les contre-
dire. 16 Vous serez livrés même par vos père et
mère, vos frères, vos parents et vos amis; on fera
condamner à mort plusieurs d’entre vous. 17 Tout

le monde vous haïra à cause de moi. [18] Mais pas
un cheveu de votre tête ne sera perdu. [19] Tenez
bon : c'est ainsi que vous sauverez vos vies. »

Jésus annonce la destruction de Jérusalem

[20] « Quand vous verrez Jérusalem encerclée
par des armées, vous saurez, à ce moment-là,
qu'elle sera bientôt détruite. [21] Alors, ceux qui
seront en Judée devront s'enfuir vers les monta-
gnes; ceux qui seront à l'intérieur de Jérusalem
devront s'éloigner, et ceux qui seront dans les
campagnes ne devront pas entrer dans la ville.
[22] Car ce seront les jours du Jugement, où se réa-
lisera tout ce que déclarent les Écritures. [23] Quel
malheur ce sera, en ces jours-là, pour les fem-
mes enceintes et pour celles qui allaiteront! Car
il y aura une grande détresse dans ce pays et la
colère de Dieu se manifestera contre ce peuple.
[24] Ils seront tués par l'épée, ils seront emmenés
prisonniers parmi toutes les nations, et les païens
piétineront Jérusalem jusqu'à ce que le temps
qui leur est accordé soit écoulé. »

La venue du Fils de l'homme

[25] « Il y aura des signes dans le soleil, dans la
lune et dans les étoiles. Sur la terre, les nations
seront dans l'angoisse, rendues inquiètes par
le bruit violent de la mer et des vagues. [26] Des
hommes mourront de frayeur en pensant à ce qui
devra survenir sur toute la terre, car les puissan-
ces des cieux seront ébranlées. [27] Alors on verra
le Fils de l'homme arriver sur un nuage, avec
beaucoup de puissance et de gloire. [28] Quand
ces événements commenceront à se produire,
redressez-vous et relevez la tête, car votre déli-
vrance sera proche. »

L'enseignement donné par le figuier

[29] Puis Jésus leur dit cette parabole : « Regardez
le figuier et tous les autres arbres : [30] quand vous
voyez leurs feuilles commencer à pousser, vous
savez que la bonne saison est proche. [31] De même,
quand vous verrez ces événements arriver, sachez
que le Royaume de Dieu est proche. [32] Je vous
le déclare, c'est la vérité : les gens d'aujourd'hui
n'auront pas tous disparu avant que tout cela ar-
rive. [33] Le ciel et la terre disparaîtront, tandis que
mes paroles ne disparaîtront jamais. »

La nécessité de veiller

[34] « Prenez garde! Ne laissez pas votre es-
prit s'alourdir dans les fêtes et l'ivrognerie, ainsi
que dans les soucis de cette vie, sinon le jour du
Jugement vous surprendra tout à coup, [35] comme
un piège; car il s'abattra sur tous les habitants de
la terre entière. [36] Ne vous endormez pas, priez en
tout temps; ainsi vous aurez la force de surmon-
ter tout ce qui doit arriver et vous pourrez vous
présenter debout devant le Fils de l'homme. »

[37] Pendant le jour, Jésus enseignait dans le
temple; mais, le soir, il s'en allait passer la nuit
sur la colline appelée mont des Oliviers. [38] Et
tout le peuple venait au temple tôt le matin pour
l'écouter.

La passion et la mort de Jésus

Les chefs complotent contre Jésus

22 1 La fête des pains sans levain, appe-
lée la Pâque, approchait. 2 Les chefs
des prêtres et les maîtres de la loi
cherchaient un moyen de mettre à mort Jésus,
mais ils avaient peur du peuple.

Judas est prêt à livrer Jésus aux chefs

3 Alors Satan entra dans Judas, appelé Iscariote,
qui était l'un des douze disciples. 4 Judas alla par-
ler avec les chefs des prêtres et les chefs des gar-
des du temple de la façon dont il pourrait leur livrer
Jésus. 5 Ils en furent très contents et promirent de
lui donner de l'argent. 6 Judas accepta et se mit à
chercher une occasion favorable pour leur livrer
Jésus sans que la foule le sache.

Jésus fait préparer le repas de la Pâque

7 Le jour arriva, pendant la fête des pains sans
levain, où l'on devait sacrifier les agneaux pour le
repas de la Pâque. 8 Jésus envoya alors Pierre et
Jean en avant avec l'ordre suivant : « Allez nous
préparer le repas de la Pâque. » 9 Ils lui demandè-
rent : « Où veux-tu que nous le préparions? » 10 Il
leur dit : « Écoutez : au moment où vous arriverez
en ville, vous rencontrerez un homme qui porte
une cruche d'eau. Suivez-le dans la maison où il
entrera 11 et dites au propriétaire de la maison : "Le
Maître te demande : Où est la pièce où je prendrai
le repas de la Pâque avec mes disciples?" 12 Et il
vous montrera, en haut de la maison, une grande
chambre avec tout ce qui est nécessaire. C'est là
que vous préparerez le repas. » 13 Ils s'en allèrent,
trouvèrent tout comme Jésus le leur avait dit et
préparèrent le repas de la Pâque.

La sainte cène

14 Quand l'heure fut venue, Jésus se mit à ta-
ble avec les apôtres. 15 Il leur dit : « Combien j'ai
désiré prendre ce repas de la Pâque avec vous
avant de souffrir! 16 Car, je vous le déclare, je ne le
prendrai plus jusqu'à ce que son sens soit pleine-
ment réalisé dans le Royaume de Dieu. » 17 Il sai-
sit alors une coupe, remercia Dieu et dit : « Prenez
cette coupe et partagez-en le contenu entre vous;
18 car, je vous le déclare, dès maintenant je ne boi-
rai plus de vin jusqu'à ce que vienne le Royaume
de Dieu. » 19 Puis il prit du pain et, après avoir
remercié Dieu, il le rompit et le leur donna en di-
sant : « Ceci est mon corps qui est donné pour
vous. Faites ceci en mémoire de moi. » 20 Il leur
donna de même la coupe, après le repas, en di-
sant : « Cette coupe est la nouvelle alliance de
Dieu, garantie par mon sang qui est versé pour
vous. 21 Mais regardez : celui qui me trahit est ici,
à table avec moi! 22 Certes, le Fils de l'homme va
mourir suivant le plan de Dieu; mais quel malheur
pour celui qui le trahit! » 23 Ils se mirent alors à se
demander les uns aux autres qui était celui d'en-
tre eux qui allait faire cela.

Qui est le plus important?

24 Les disciples se mirent à discuter vivement
pour savoir lequel d'entre eux devait être consi-
déré comme le plus important. 25 Jésus leur dit :
« Les rois des nations leur commandent et ceux
qui exercent le pouvoir sur elles se font appeler
"Bienfaiteurs". 26 Mais il n'en va pas ainsi pour
vous. Au contraire, le plus important parmi vous
doit être comme le plus jeune, et celui qui com-
mande doit être comme celui qui sert. 27 Car qui
est le plus important, celui qui est à table ou celui

qui sert? Celui qui est à table, n'est-ce pas? Eh bien, moi je suis parmi vous comme celui qui sert! 28 Vous êtes demeurés continuellement avec moi dans mes épreuves; 29 et de même que le Père a disposé du Royaume en ma faveur, de même j'en dispose pour vous : 30 vous mangerez et boirez à ma table dans mon Royaume, et vous siégerez sur des trônes pour juger les douze tribus d'Israël. »

Jésus annonce que Pierre le reniera

31 « Simon, Simon! Écoute : Satan a demandé de pouvoir vous passer tous au crible comme on le fait pour purifier le grain. 32 Mais j'ai prié pour toi, afin que la foi ne vienne pas à te manquer. Et quand tu seras revenu à moi, fortifie tes frères. » 33 Pierre lui dit : « Seigneur, je suis prêt à aller en prison avec toi et à mourir avec toi. » 34 Jésus lui répondit : « Je te le déclare, Pierre, le coq n'aura pas encore chanté aujourd'hui que tu auras déjà prétendu trois fois ne pas me connaître. »

La bourse, le sac et l'épée

35 Puis Jésus leur dit : « Quand je vous ai envoyés en mission sans bourse, ni sac, ni chaussures, avez-vous manqué de quelque chose? » — « De rien », répondirent-ils. 36 Alors il leur dit : « Mais maintenant, celui qui a une bourse doit la prendre, de même celui qui a un sac; et celui qui n'a pas d'épée doit vendre son manteau pour en acheter une. 37 Car, je vous le déclare, il faut que se réalise en ma personne cette parole de l'Écriture : "Il a été placé au nombre des malfaiteurs." En effet, ce qui me concerne va se réaliser. » 38 Les disciples dirent : « Seigneur, voici deux épées. » — « Cela suffit », répondit-il.

Jésus prie au mont des Oliviers

39 Jésus sortit et se rendit, selon son habitude, au mont des Oliviers. Ses disciples le suivirent. 40 Quand il fut arrivé à cet endroit, il leur dit : « Priez afin de ne pas tomber dans la tentation. » 41 Puis il s'éloigna d'eux à la distance d'un jet de pierre environ, se mit à genoux et pria 42 en ces termes : « Père, si tu le veux, éloigne de moi cette coupe de douleur. Toutefois, que ce ne soit pas ma volonté qui se fasse, mais la tienne. » [43 Alors un ange du ciel lui apparut pour le fortifier. 44 Saisi d'angoisse, Jésus priait avec encore plus d'ardeur. Sa sueur devint comme des gouttes de sang qui tombaient à terre.]

45 Après avoir prié, il se leva, revint vers les disciples et les trouva endormis, épuisés de tristesse. 46 Il leur dit : « Pourquoi dormez-vous? Levez-vous et priez, afin que vous ne tombiez pas dans la tentation. »

L'arrestation de Jésus

47 Il parlait encore quand une foule apparut. Judas, l'un des douze disciples, la conduisait; il s'approcha de Jésus pour l'embrasser. 48 Mais Jésus lui dit : « Judas, est-ce en l'embrassant que tu trahis le Fils de l'homme? » 49 Quand les compagnons de Jésus virent ce qui allait arriver, ils lui demandèrent : « Seigneur, devons-nous frapper avec nos épées? » 50 Et l'un d'eux frappa le serviteur du grand-prêtre et lui coupa l'oreille droite. 51 Mais Jésus dit : « Laissez, cela suffit. » Il toucha l'oreille de cet homme et le guérit. 52 Puis Jésus dit aux chefs des prêtres, aux chefs des gardes du temple et aux anciens qui étaient venus le prendre : « Deviez-vous venir armés d'épées et de bâtons, comme si j'étais un brigand? 53 Tous les jours j'étais avec vous dans le temple et vous n'avez pas cherché à m'arrêter. Mais cette heure est à vous et à la puissance de la nuit. »

Pierre renie Jésus

54 Ils se saisirent alors de Jésus, l'emmenèrent et le conduisirent dans la maison du grand-prêtre. Pierre suivait de loin. 55 On avait fait du feu au milieu de la cour et Pierre prit place parmi ceux qui étaient assis autour. 56 Une servante le vit assis près du feu; elle le fixa du regard et dit : « Cet homme aussi était avec lui! » 57 Mais Pierre le nia en lui déclarant : « Je ne le connais pas. » 58 Peu après, quelqu'un d'autre le vit et dit : « Toi aussi, tu es l'un d'eux! » Mais Pierre répondit à cet homme : « Non, je n'en suis pas. » 59 Environ une heure plus tard, un autre encore affirma avec force : « Certainement, cet homme était avec lui, car il est de Galilée. » 60 Mais Pierre répondit :

« Je ne sais pas ce que tu veux dire, toi. » Au moment même où il parlait un coq chanta. 61 Le Seigneur se retourna et regarda fixement Pierre. Alors Pierre se souvint de ce que le Seigneur lui avait dit : « Avant que le coq chante aujourd'hui, tu auras prétendu trois fois ne pas me connaître. » 62 Pierre sortit et pleura amèrement.

Jésus insulté et battu

63 Les hommes qui gardaient Jésus se moquaient de lui et le frappaient. 64 Ils lui couvraient le visage et lui demandaient : « Qui t'a frappé? Devine! » 65 Et ils lui adressaient beaucoup d'autres paroles insultantes.

Jésus devant le Conseil supérieur

66 Quand il fit jour, les anciens du peuple juif, les chefs des prêtres et les maîtres de la loi s'assemblèrent. Ils firent amener Jésus devant leur Conseil supérieur 67 et lui demandèrent : « Es-tu le Messie? Dis-le-nous. » Il leur répondit : « Si je vous le dis, vous ne me croirez pas, 68 et si je vous pose une question, vous ne me répondrez pas. 69 Mais dès maintenant le Fils de l'homme siégera à la droite du Dieu puissant. » 70 Tous s'exclamèrent : « Tu es donc le Fils de Dieu? » Il leur répondit : « Vous le dites : je le suis. » 71 Alors ils ajoutèrent : « Nous n'avons plus besoin de témoins! Nous avons nous-mêmes entendu ses propres paroles! »

Jésus devant Pilate

23 1 L'assemblée entière se leva et ils amenèrent Jésus devant Pilate. 2 Là, ils se mirent à l'accuser en disant : « Nous avons trouvé cet homme en train d'égarer notre peuple : il leur dit de ne pas payer les impôts à l'empereur et prétend qu'il est lui-même le Messie, un roi. » 3 Pilate l'interrogea en ces mots : « Es-tu le roi des Juifs? » Jésus lui répondit : « Tu le dis. » 4 Pilate s'adressa alors aux chefs des prêtres et à la foule : « Je ne trouve aucune raison de condamner cet homme. » 5 Mais ils déclarèrent avec encore plus de force : « Il pousse le peuple à la révolte par son enseignement. Il a commencé en Galilée, a passé par toute la Judée et, maintenant, il est venu jusqu'ici. »

Jésus devant Hérode

6 Quand Pilate entendit ces mots, il demanda : « Cet homme est-il de Galilée? » 7 Et lorsqu'il eut appris que Jésus venait de la région gouvernée par Hérode, il l'envoya à celui-ci, car il se trouvait aussi à Jérusalem ces jours-là. 8 Hérode fut très heureux de voir Jésus. En effet, il avait entendu parler de lui et désirait le rencontrer depuis longtemps; il espérait le voir faire un signe miraculeux. 9 Il lui posa beaucoup de questions, mais Jésus ne lui répondit rien. 10 Les chefs des prêtres et les maîtres de la loi étaient là et portaient de violentes accusations contre Jésus. 11 Hérode et ses soldats se moquèrent de lui et le traitèrent avec mépris. Ils lui mirent un vêtement magnifique et le renvoyèrent à Pilate. 12 Hérode et Pilate étaient ennemis auparavant; ce jour-là, ils devinrent amis.

Jésus est condamné à mort

13 Pilate réunit les chefs des prêtres, les dirigeants et le peuple, 14 et leur dit : « Vous m'avez amené cet homme en me disant qu'il égare le peuple. Eh bien, je l'ai interrogé devant vous et je ne l'ai trouvé coupable d'aucune des mauvaises actions dont vous l'accusez. 15 Hérode ne l'a pas non plus trouvé coupable, car il nous l'a renvoyé. Ainsi, cet homme n'a commis aucune faute pour laquelle il mériterait de mourir. 16 Je vais donc le faire battre à coups de fouet, puis je le relâcherai. » [17 À chaque fête de la Pâque, Pilate devait leur libérer un prisonnier.] 18 Mais ils se mirent à crier tous ensemble : « Fais mourir cet homme! Relâche-nous Barabbas! » 19 — Barabbas avait été mis en prison pour une révolte qui avait eu lieu dans la ville et pour un meurtre. — 20 Comme Pilate désirait libérer Jésus, il leur adressa de nouveau la parole. 21 Mais ils lui criaient : « Cloue-le sur une croix! Cloue-le sur une croix! » 22 Pilate prit la parole une troisième fois et leur dit : « Quel mal a-t-il commis? Je n'ai trouvé en lui aucune faute pour laquelle il mériterait de mourir. Je vais donc le faire battre à coups de fouet, puis je le relâcherai. » 23 Mais ils continuaient à réclamer à

grands cris que Jésus soit cloué sur une croix. Et leurs cris l'emportèrent : 24 Pilate décida de leur accorder ce qu'ils demandaient. 25 Il libéra l'homme qu'ils réclamaient, celui qui avait été mis en prison pour révolte et meurtre, et leur livra Jésus pour qu'ils en fassent ce qu'ils voulaient.

Jésus est cloué sur la croix

26 Tandis qu'ils emmenaient Jésus, ils rencontrèrent Simon, un homme de Cyrène, qui revenait des champs. Les soldats se saisirent de lui et le chargèrent de la croix pour qu'il la porte derrière Jésus. 27 Une grande foule de gens du peuple le suivait, ainsi que des femmes qui pleuraient et se lamentaient à cause de lui. 28 Jésus se tourna vers elles et dit : « Femmes de Jérusalem, ne pleurez pas à mon sujet! Pleurez plutôt pour vous et pour vos enfants! 29 Car le moment approche où l'on dira : "Heureuses celles qui ne peuvent pas avoir d'enfant, qui n'en ont jamais mis au monde et qui n'en ont jamais allaité!" 30 Alors les gens se mettront à dire aux montagnes : "Tombez sur nous!" et aux collines : "Cachez-nous!" 31 Car si l'on traite ainsi le bois vert, qu'arrivera-t-il au bois sec? »

32 On emmenait aussi deux autres hommes, des malfaiteurs, pour les mettre à mort avec Jésus. 33 Lorsqu'ils arrivèrent à l'endroit appelé « Le Crâne », les soldats clouèrent Jésus sur la croix à cet endroit-là et mirent aussi les deux malfaiteurs en croix, l'un à sa droite et l'autre à sa gauche. 34 Jésus dit alors : « Père, pardonne-leur, car ils ne savent pas ce qu'ils font. » Ils partagèrent ses vêtements entre eux en les tirant au sort. 35 Le peuple se tenait là et regardait. Les chefs juifs se moquaient de lui en disant : « Il a sauvé d'autres gens; qu'il se sauve lui-même, s'il est le Messie, celui que Dieu a choisi! » 36 Les soldats aussi se moquèrent de lui; ils s'approchèrent, lui présentèrent du vinaigre 37 et dirent : « Si tu es le roi des Juifs, sauve-toi toi-même! » 38 Au-dessus de lui, il y avait cette inscription : « Celui-ci est le roi des Juifs. »

39 L'un des malfaiteurs suspendus en croix l'insultait en disant : « N'es-tu pas le Messie? Sauve-toi toi-même et nous avec toi! » 40 Mais l'autre lui fit des reproches et lui dit : « Ne crains-tu pas Dieu, toi qui subis la même punition? 41 Pour nous, cette punition est juste, car nous recevons ce que nous avons mérité par nos actes; mais lui n'a rien fait de mal. » 42 Puis il ajouta : « Jésus, souviens-toi de moi quand tu viendras pour être roi. » 43 Jésus lui répondit : « Je te le déclare, c'est la vérité : aujourd'hui tu seras avec moi dans le paradis. »

La mort de Jésus

44 Il était environ midi quand le soleil cessa de briller : l'obscurité se fit sur tout le pays et dura jusqu'à trois heures de l'après-midi. 45 Le rideau suspendu dans le temple se déchira par le milieu. 46 Jésus s'écria d'une voix forte : « Père, je remets mon esprit entre tes mains. » Après avoir dit ces mots, il mourut. 47 Le capitaine romain vit ce qui était arrivé; il loua Dieu et dit : « Certainement cet homme était innocent! » 48 Tous ceux qui étaient venus, en foule, assister à ce spectacle virent ce qui était arrivé. Alors ils s'en retournèrent en se frappant la poitrine de tristesse. 49 Tous les amis de Jésus, ainsi que les femmes qui l'avaient accompagné depuis la Galilée, se tenaient à distance pour regarder ce qui se passait.

Jésus est mis dans un tombeau

50 Il y avait un homme appelé Joseph, qui était de la localité juive d'Arimathée. Cet homme était bon et juste, et espérait la venue du Royaume de Dieu. 51 Il était membre du Conseil supérieur, mais n'avait pas approuvé ce que les autres conseillers avaient décidé et fait. 52 Il alla trouver Pilate et lui demanda le corps de Jésus. 53 Puis il descendit le corps de la croix, l'enveloppa dans un drap de lin et le déposa dans un tombeau qui avait été creusé dans le roc, un tombeau dans lequel on n'avait jamais mis personne. 54 C'était vendredi et le sabbat allait commencer. 55 Les femmes qui avaient accompagné Jésus depuis la Galilée vinrent avec Joseph; elles regardèrent le tombeau et virent comment le corps de Jésus y était placé. 56 Puis elles retournèrent en ville et préparèrent les huiles et les parfums pour le corps. Le jour du sabbat, elles se reposèrent, comme la loi l'ordonnait.

Après la résurrection de Jésus

La résurrection de Jésus

24 1 Très tôt le dimanche matin, les
femmes se rendirent au tombeau,
en apportant les huiles parfumées
qu'elles avaient préparées. 2 Elles découvrirent
que la pierre fermant l'entrée du tombeau avait
été roulée de côté; 3 elles entrèrent, mais ne trou-
vèrent pas le corps du Seigneur Jésus. 4 Elles ne
savaient qu'en penser, lorsque deux hommes aux
vêtements brillants leur apparurent. 5 Comme elles
étaient saisies de crainte et tenaient leur visage
baissé vers la terre, ces hommes leur dirent :
« Pourquoi cherchez-vous parmi les morts celui
qui est vivant? 6 Il n'est pas ici, mais il est revenu
de la mort à la vie. Rappelez-vous ce qu'il vous a
dit lorsqu'il était encore en Galilée : 7 "Il faut que
le Fils de l'homme soit livré à des pécheurs, qu'il
soit cloué sur une croix et qu'il se relève de la
mort le troisième jour." »

8 Elles se rappelèrent alors les paroles de
Jésus. 9 Elles quittèrent le tombeau et allèrent
raconter tout cela aux onze et à tous les autres
disciples. 10 C'étaient Marie de Magdala, Jeanne
et Marie, mère de Jacques. Les autres femmes
qui étaient avec elles firent le même récit aux
apôtres. 11 Mais ceux-ci pensèrent que ce qu'elles
racontaient était absurde et ils ne les crurent pas.
12 Cependant Pierre se leva et courut au tombeau;
il se baissa et ne vit que les bandes de lin. Puis
il retourna chez lui, très étonné de ce qui s'était
passé.

Sur le chemin d'Emmaüs

13 Ce même jour, deux disciples se rendaient
à un village appelé Emmaüs, qui se trouvait à
environ deux heures de marche de Jérusalem.
14 Ils parlaient de tout ce qui s'était passé.
15 Pendant qu'ils parlaient et discutaient, Jésus
lui-même s'approcha et fit route avec eux. 16 Ils
le voyaient, mais quelque chose les empêchait
de le reconnaître. 17 Jésus leur demanda : « De
quoi discutez-vous en marchant? » Et ils s'arrêtè-
rent, tout attristés. 18 L'un d'eux, appelé Cléopas,
lui dit : « Es-tu le seul habitant de Jérusalem qui
ne connaisse pas ce qui s'est passé ces derniers
jours? » — 19 « Quoi donc? » leur demanda-t-il.
Ils lui répondirent : « Ce qui est arrivé à Jésus de
Nazareth! C'était un prophète puissant; il l'a mon-
tré par ses actes et ses paroles devant Dieu et
devant tout le peuple. 20 Les chefs de nos prêtres
et nos dirigeants l'ont livré pour le faire condam-
ner à mort et l'ont cloué sur une croix. 21 Nous
avions l'espoir qu'il était celui qui devait délivrer
Israël. Mais en plus de tout cela, c'est aujourd'hui
le troisième jour depuis que ces faits se sont pas-
sés. 22 Quelques femmes de notre groupe nous
ont étonnés, il est vrai. Elles se sont rendues tôt
ce matin au tombeau 23 mais n'ont pas trouvé son
corps. Elles sont revenues nous raconter que des
anges leur sont apparus et leur ont déclaré qu'il
est vivant. 24 Quelques-uns de nos compagnons
sont allés au tombeau et ont trouvé tout comme
les femmes l'avaient dit, mais lui, ils ne l'ont pas
vu. » 25 Alors Jésus leur dit : « Gens sans intelli-
gence, que vous êtes lents à croire tout ce qu'ont
annoncé les prophètes! 26 Ne fallait-il pas que le
Messie souffre ainsi avant d'entrer dans sa gloi-
re? » 27 Puis il leur expliqua ce qui était dit à son
sujet dans l'ensemble des Écritures, en commen-
çant par les livres de Moïse et en continuant par
tous les livres des Prophètes.

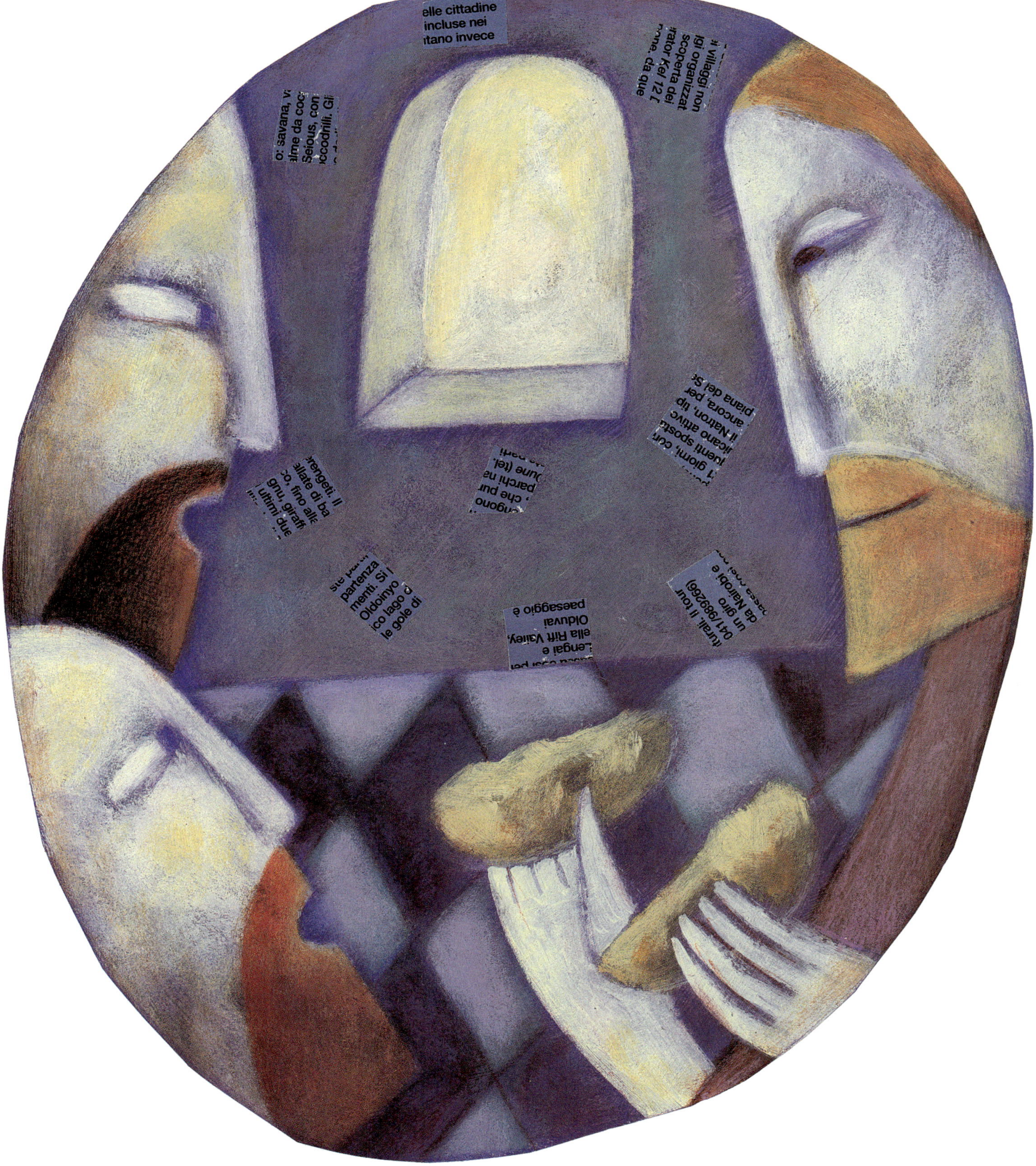
elle cittadine
incluse nei
itano invece

28 Quand ils arrivèrent près du village où ils se
rendaient, Jésus fit comme s'il voulait poursuivre
sa route. 29 Mais ils le retinrent en disant : « Reste
avec nous; le jour baisse déjà et la nuit appro-
che. » Il entra donc pour rester avec eux. 30 Il se
mit à table avec eux, prit le pain et remercia Dieu;
puis il rompit le pain et le leur donna. 31 Alors,
leurs yeux s'ouvrirent et ils le reconnurent; mais
il disparut de devant eux. 32 Ils se dirent l'un à
l'autre : « N'y avait-il pas comme un feu qui brû-
lait au-dedans de nous quand il nous parlait en
chemin et nous expliquait les Écritures? »

33 Ils se levèrent aussitôt et retournèrent à
Jérusalem. Ils y trouvèrent les onze disciples réu-
nis avec leurs compagnons, 34 qui disaient : « Le
Seigneur est vraiment ressuscité! Simon l'a vu! »
35 Et eux-mêmes leur racontèrent ce qui s'était
passé en chemin et comment ils avaient reconnu
Jésus au moment où il rompait le pain.

Jésus se montre à ses disciples

36 Ils parlaient encore, quand Jésus lui-même
se présenta au milieu d'eux et leur dit : « La paix
soit avec vous! » 37 Ils furent saisis de crainte, et
même de terreur, car ils croyaient voir un fan-
tôme. 38 Mais Jésus leur dit : « Pourquoi êtes-vous
troublés? Pourquoi avez-vous ces doutes dans vos
cœurs? 39 Regardez mes mains et mes pieds : c'est
bien moi! Touchez-moi et voyez, car un fantôme
n'a ni chair ni os, contrairement à moi, comme
vous pouvez le constater. » 40 Il dit ces mots et leur
montra ses mains et ses pieds. 41 Comme ils ne
pouvaient pas encore croire, tellement ils étaient
remplis de joie et d'étonnement, il leur demanda :
« Avez-vous ici quelque chose à manger? » 42 Ils
lui donnèrent un morceau de poisson grillé. 43 Il
le prit et le mangea devant eux. 44 Puis il leur dit :
« Quand j'étais encore avec vous, voici ce que je
vous ai déclaré : ce qui est écrit à mon sujet dans
la loi de Moïse, dans les livres des Prophètes et
dans les Psaumes, tout cela devait se réaliser. »
45 Alors il leur ouvrit l'intelligence pour qu'ils
comprennent les Écritures, 46 et il leur dit : « Voici
ce qui est écrit : le Messie doit souffrir, puis se
relever d'entre les morts le troisième jour, 47 et il
faut que l'on prêche en son nom devant toutes les
nations, en commençant par Jérusalem; on ap-
pellera les humains à changer de comportement
et à recevoir le pardon des péchés. 48 Vous êtes
témoins de tout cela. 49 Et je vais envoyer moi-
même sur vous ce que mon Père a promis. Quant
à vous, restez dans la ville jusqu'à ce que vous
soyez remplis de la puissance d'en haut. »

Jésus monte au ciel

50 Puis Jésus les emmena hors de la ville, près
de Béthanie, et là, il leva les mains et les bénit.
51 Pendant qu'il les bénissait, il se sépara d'eux et
fut enlevé au ciel. 52 Quant à eux, ils l'adorèrent et
retournèrent à Jérusalem, pleins d'une grande joie.
53 Ils se tenaient continuellement dans le temple
et louaient Dieu.

ÉVANGILE
selon
SAINT JEAN

Illustrations de Marisa Moretti

La Parole de lumière et de vie

1 1 Au commencement de toutes choses, la
Parole existait déjà; celui qui est la Parole
était avec Dieu, et il était Dieu. 2 Il était donc
avec Dieu au commencement. 3 Dieu a fait toutes
choses par lui; rien n'a été fait sans lui; 4 ce qui a
été fait avait la vie en lui. Cette vie était la lumière
des hommes. 5 La lumière brille dans l'obscurité,
mais l'obscurité ne l'a pas reçue. 6 Dieu envoya
son messager, un homme appelé Jean. 7 Il vint
comme témoin, pour rendre témoignage à la lu-
mière, afin que tous croient grâce à lui. 8 Il n'était
pas lui-même la lumière, mais il devait rendre
témoignage à la lumière. 9 Cette lumière était la
seule lumière véritable, celle qui vient dans le
monde et qui éclaire tous les hommes.

10 Celui qui est la Parole était dans le monde.
Dieu a fait le monde par lui, et pourtant le monde
ne l'a pas reconnu. 11 Il est venu dans son pro-
pre pays, mais les siens ne l'ont pas accueilli.
12 Cependant, certains l'ont reçu et ont cru en lui;
il leur a donné le droit de devenir enfants de Dieu.
13 Ils ne sont pas devenus enfants de Dieu par une
naissance naturelle, par une volonté humaine;
c'est Dieu qui leur a donné une nouvelle vie.

14 Celui qui est la Parole est devenu un hom-
me et il a vécu parmi nous, plein de grâce et de
vérité. Nous avons vu sa gloire, la gloire que le
Fils unique reçoit du Père. 15 Jean lui a rendu
témoignage; il s'est écrié : « C'est de lui que j'ai
parlé quand j'ai dit : "Il vient après moi, mais il
est plus important que moi, car il existait déjà
avant moi." » 16 Nous avons tous reçu notre part
des richesses de sa grâce; nous avons reçu une
bénédiction après l'autre. 17 Dieu nous a donné
la loi par Moïse; mais la grâce et la vérité sont
venues par Jésus-Christ. 18 Personne n'a jamais
vu Dieu. Mais le Fils unique, qui est Dieu et
demeure auprès du Père, lui seul l'a fait connaître.

Le témoignage de Jean-Baptiste

19 Voici le témoignage rendu par Jean lorsque
les autorités juives de Jérusalem envoyèrent des
prêtres et des lévites pour lui demander : « Qui
es-tu? » 20 Il ne refusa pas de répondre, mais il
affirma très clairement devant tous : « Je ne suis
pas le Messie. » 21 Ils lui demandèrent : « Qui es-tu
donc? Es-tu Élie? » — « Non, répondit Jean, je ne
le suis pas. » — « Es-tu le Prophète? » dirent-ils.
« Non », répondit-il. 22 Ils lui dirent alors : « Qui es-
tu donc? Nous devons donner une réponse à ceux
qui nous ont envoyés. Que dis-tu à ton sujet? »
23 Jean répondit : « Je suis
“celui qui crie dans le désert :
Préparez un chemin bien droit
pour le Seigneur!” »
— C'est ce qu'a dit le prophète Ésaïe. —
24 Parmi les messagers envoyés à Jean, il y
avait des Pharisiens; 25 ils lui demandèrent encore :
« Si tu n'es pas le Messie, ni Élie, ni le Prophète,
pourquoi donc baptises-tu? » 26 Jean leur répon-
dit : « Moi, je vous baptise avec de l'eau; mais
il y a au milieu de vous quelqu'un que vous ne
connaissez pas. 27 Il vient après moi, mais je ne
suis pas même digne de délier la courroie de ses
sandales. » 28 Tout cela se passait à Béthanie, de
l'autre côté de la rivière, le Jourdain, là où Jean
baptisait.

Jésus, l'Agneau de Dieu

29 Le lendemain, Jean vit Jésus venir à lui, et
il dit : « Voici l'Agneau de Dieu qui enlève le pé-
ché du monde. 30 C'est de lui que j'ai parlé quand
j'ai dit : “Un homme vient après moi, mais il est
plus important que moi, car il existait déjà avant
moi.” 31 Je ne savais pas qui ce devait être, mais
je suis venu baptiser avec de l'eau afin de le faire
connaître au peuple d'Israël. »
32 Jean déclara encore : « J'ai vu l'Esprit de
Dieu descendre du ciel comme une colombe et
demeurer sur lui. 33 Je ne savais pas encore qui
il était, mais Dieu, qui m'a envoyé baptiser avec
de l'eau, m'a dit : “Tu verras l'Esprit descendre et
demeurer sur un homme; c'est lui qui va bapti-
ser avec le Saint-Esprit.” 34 J'ai vu cela, dit Jean,
et j'atteste donc que cet homme est le Fils de
Dieu. »

Les premiers disciples de Jésus

35 Le lendemain, Jean était de nouveau là,
avec deux de ses disciples. 36 Quand il vit Jésus
passer, il dit : « Voici l'Agneau de Dieu! » 37 Les
deux disciples de Jean entendirent ces paroles, et
ils suivirent Jésus. 38 Jésus se retourna, il vit qu'ils
le suivaient et leur demanda : « Que cherchez-
vous? » Ils lui dirent : « Où demeures-tu, Rabbi? »
— Ce mot signifie « Maître ». — 39 Il leur répondit :
« Venez, et vous verrez. » Ils allèrent donc et virent
où il demeurait, et ils passèrent le reste de ce jour
avec lui. Il était alors environ quatre heures de
l'après-midi.
40 L'un des deux qui avaient entendu les pa-
roles de Jean et avaient suivi Jésus, était André,
le frère de Simon Pierre. 41 La première personne
que rencontra André fut son frère Simon; il lui dit :
« Nous avons trouvé le Messie. » — Ce mot signi-
fie « Christ ». — 42 Et il conduisit Simon auprès de
Jésus. Jésus le regarda et dit : « Tu es Simon, le
fils de Jean; on t'appellera Céphas. » — Ce nom
signifie « Pierre ». —

Philippe et Nathanaël

43 Le lendemain, Jésus décida de partir
pour la Galilée. Il rencontra Philippe et lui dit :
« Suis-moi! » 44 — Philippe était de Bethsaïda, la
localité d'où provenaient aussi André et Pierre.
— 45 Ensuite, Philippe rencontra Nathanaël et
lui dit : « Nous avons trouvé celui dont Moïse a
parlé dans le livre de la Loi et dont les prophè-
tes aussi ont parlé. C'est Jésus, le fils de Joseph,
de Nazareth. » 46 Nathanaël lui dit : « Peut-il venir
quelque chose de bon de Nazareth? » Philippe lui
répondit : « Viens, et tu verras. »

47 Quand Jésus vit Nathanaël s'approcher de
lui, il dit à son sujet : « Voici un véritable Israélite;
il n'y a rien de faux en lui. » 48 Nathanaël lui
demanda : « Comment me connais-tu? » Jésus
répondit : « Je t'ai vu quand tu étais sous le figuier,
avant que Philippe t'appelle. » 49 Alors Nathanaël
lui dit : « Maître, tu es le Fils de Dieu, tu es le roi
d'Israël! » 50 Jésus lui répondit : « Ainsi, tu crois
en moi parce que je t'ai dit que je t'avais vu sous
le figuier? Tu verras de bien plus grandes choses
que celle-ci! » 51 Et il ajouta : « Oui, je vous le dé-
clare, c'est la vérité : vous verrez le ciel ouvert et
les anges de Dieu monter et descendre au-dessus
du Fils de l'homme! »

Le mariage à Cana

2 1 Deux jours après, il y eut un mariage à
Cana, en Galilée. La mère de Jésus était là,
2 et on avait aussi invité Jésus et ses disci-
ples à ce mariage. 3 À un moment donné, il ne
resta plus de vin. La mère de Jésus lui dit alors :
« Ils n'ont plus de vin. » 4 Mais Jésus lui répon-
dit : « Mère, est-ce à toi de me dire ce que j'ai à
faire? Mon heure n'est pas encore venue. » 5 La
mère de Jésus dit alors aux serviteurs : « Faites
tout ce qu'il vous dira. » 6 Il y avait là six récipients
de pierre que les Juifs utilisaient pour leurs rites
de purification. Chacun d'eux pouvait contenir
une centaine de litres. 7 Jésus dit aux serviteurs :
« Remplissez d'eau ces récipients. » Ils les rempli-
rent jusqu'au bord. 8 Alors Jésus leur dit : « Puisez
maintenant un peu de cette eau et portez-en au
maître de la fête. » C'est ce qu'ils firent. 9 Le maî-
tre de la fête goûta l'eau changée en vin. Il ne
savait pas d'où venait ce vin, mais les serviteurs
qui avaient puisé l'eau le savaient. Il appela donc
le marié 10 et lui dit : « Tout le monde commence
par offrir le meilleur vin, puis, quand les invités
ont beaucoup bu, on sert le moins bon. Mais toi,
tu as gardé le meilleur vin jusqu'à maintenant! »

11 Voilà comment Jésus fit le premier de ses
signes miraculeux, à Cana en Galilée; il manifes-
ta ainsi sa gloire, et ses disciples crurent en lui.
12 Après cela, il se rendit à Capernaüm avec sa
mère, ses frères et ses disciples. Ils n'y restèrent
que peu de jours.

Jésus dans le temple

13 La fête juive de la Pâque était proche et
Jésus alla donc à Jérusalem. 14 Dans le temple,
il trouva des gens qui vendaient des bœufs, des
moutons et des pigeons; il trouva aussi des chan-
geurs d'argent assis à leurs tables. 15 Alors, il fit
un fouet avec des cordes et les chassa tous hors
du temple, avec leurs moutons et leurs bœufs; il
jeta par terre l'argent des changeurs en renversant
leurs tables; 16 et il dit aux vendeurs de pigeons :
« Enlevez tout cela d'ici! Ne faites pas de la mai-
son de mon Père une maison de commerce! »
17 Ses disciples se rappelèrent ces paroles de
l'Écriture : « L'amour que j'ai pour ta maison,
ô Dieu, me consumera comme un feu. »

18 Alors les chefs juifs lui demandèrent : « Quel
signe miraculeux peux-tu faire pour nous prouver
que tu as le droit d'agir ainsi? » 19 Jésus leur ré-
pondit : « Détruisez ce temple, et en trois jours je le
rebâtirai. » — 20 « On a mis quarante-six ans pour
bâtir ce temple, et toi, tu vas le rebâtir en trois
jours? » lui dirent-ils. 21 Mais le temple dont parlait
Jésus, c'était son corps. 22 Plus tard, quand Jésus
revint d'entre les morts, ses disciples se rappelè-
rent qu'il avait dit cela; et ils crurent à l'Écriture et
aux paroles que Jésus avait dites.

Jésus connaît bien le cœur humain

23 Pendant que Jésus était à Jérusalem, au
moment de la fête de la Pâque, beaucoup cru-
rent en lui en voyant les signes miraculeux qu'il
faisait. 24 Mais Jésus n'avait pas confiance en
eux, parce qu'il les connaissait tous très bien. 25 Il
n'avait pas besoin qu'on le renseigne sur qui que
ce soit, car il savait lui-même ce qu'il y a dans le
cœur humain.

Jésus et Nicodème

3 1 Il y avait un homme appelé Nicodème, qui était du parti des Pharisiens et qui était l'un des chefs juifs. 2 Il vint une nuit trouver Jésus et lui dit : « Maître, nous savons que Dieu t'a envoyé pour nous apporter un enseignement; car personne ne peut faire des signes miraculeux comme tu en fais si Dieu n'est pas avec lui. » 3 Jésus lui répondit : « Oui, je te le déclare, c'est la vérité : personne ne peut voir le Royaume de Dieu s'il ne naît pas de nouveau. » 4 Nicodème lui demanda : « Comment un homme déjà âgé peut-il naître de nouveau? Il ne peut pourtant pas retourner dans le ventre de sa mère et naître une seconde fois? » 5 Jésus répondit : « Oui, je te le déclare, c'est la vérité : personne ne peut entrer dans le Royaume de Dieu s'il ne naît pas d'eau et de l'Esprit. 6 Ce qui naît de parents humains est humain; ce qui naît de l'Esprit de Dieu est esprit. 7 Ne sois pas étonné parce que je t'ai dit : “Il vous faut tous naître de nouveau.” 8 Le vent souffle où il veut; tu entends le bruit qu'il fait, mais tu ne sais pas d'où il vient ni où il va. Voilà ce qui se passe pour quiconque naît de l'Esprit de Dieu. »

9 Alors Nicodème lui dit : « Comment cela peut-il se faire? » 10 Jésus lui répondit : « Toi qui es un maître réputé en Israël, tu ne sais pas ces choses? 11 Oui, je te le déclare, c'est la vérité : nous parlons de ce que nous savons, et nous témoignons de ce que nous avons vu, mais vous ne voulez pas accepter notre témoignage. 12 Vous ne me croyez pas quand je vous parle des choses terrestres; comment donc me croirez-vous si je vous parle des choses célestes? 13 Personne n'est jamais monté au ciel, excepté le Fils de l'homme qui est descendu du ciel! 14 De même que Moïse a élevé le serpent de bronze sur une perche dans le désert, de même le Fils de l'homme doit être élevé, 15 afin que quiconque croit en lui ait la vie éternelle. 16 Car Dieu a tellement aimé le monde qu'il a donné son Fils unique, afin que quiconque croit en lui ne soit pas perdu mais qu'il ait la vie éternelle. 17 Dieu n'a pas envoyé son Fils dans le monde pour condamner le monde, mais pour sauver le monde par lui. 18 Celui qui croit au Fils n'est pas condamné; mais celui qui ne croit pas est déjà condamné, parce qu'il n'a pas cru au Fils unique de Dieu. 19 Voici comment la condamnation se manifeste : la lumière est venue dans le monde, mais les hommes préfèrent l'obscurité à la lumière, parce qu'ils agissent mal. 20 Quiconque fait le mal déteste la lumière et s'en écarte, car il a peur que ses mauvaises actions apparaissent en plein jour. 21 Mais celui qui obéit à la vérité vient à la lumière, afin qu'on voie clairement que ses actions sont accomplies en accord avec Dieu. »

Jésus et Jean

22 Après cela, Jésus et ses disciples allèrent en Judée. Il y resta quelque temps avec eux, et il baptisait. 23 Jean aussi baptisait, à Énon près de Salim, parce qu'il y avait là beaucoup d'eau. Les gens venaient à lui et il les baptisait. 24 En effet, Jean n'avait pas encore été mis en prison.

25 Alors quelques-uns des disciples de Jean commencèrent à discuter avec un Juif des rites de purification. 26 Ils allèrent trouver Jean et lui dirent : « Maître, tu te rappelles l'homme qui était avec toi de l'autre côté du Jourdain, celui auquel tu as rendu témoignage? Eh bien, il baptise maintenant et tout le monde va le voir! » 27 Jean leur répondit : « Personne ne peut avoir quoi que ce soit si Dieu ne le lui a pas donné. 28 Vous pouvez vous-mêmes témoigner que j'ai dit : “Je ne suis

pas le Messie, mais j'ai été envoyé devant lui."
29 Celui à qui appartient la mariée, c'est le marié; mais l'ami du marié se tient près de lui et l'écoute, et il est tout joyeux d'entendre la voix du marié. Cette joie est la mienne, et elle est maintenant complète.
30 Il faut que son influence grandisse et que la mienne diminue. »

Celui qui vient du ciel

31 « Celui qui vient d'en haut est au-dessus de tous; celui qui est de la terre appartient à la terre et parle des choses de la terre. Celui qui vient du ciel [est au-dessus de tous];
32 il témoigne de ce qu'il a vu et entendu, mais personne n'accepte son témoignage.
33 Celui qui accepte son témoignage certifie ainsi que Dieu dit la vérité.
34 Celui que Dieu a envoyé dit les paroles de Dieu, car Dieu lui donne pleinement son Esprit.
35 Le Père aime le Fils et a tout mis en son pouvoir.
36 Celui qui croit au Fils a la vie éternelle; celui qui refuse de croire au Fils n'aura pas cette vie, mais il reste exposé à la colère de Dieu. »

Jésus et la femme de Samarie

4 1 Les Pharisiens entendirent raconter que Jésus faisait et baptisait plus de disciples que Jean. 2 — En réalité, Jésus lui-même ne baptisait personne, c'étaient ses disciples qui baptisaient. 3 — Quand Jésus apprit ce que l'on racontait, il quitta la Judée et retourna en Galilée. 4 Pour y aller, il devait traverser la Samarie. 5 Il arriva près d'une localité de Samarie appelée Sychar, qui est proche du champ que Jacob avait donné à son fils Joseph. 6 Là se trouvait le puits de Jacob. Jésus, fatigué du voyage, s'assit au bord du puits. Il était environ midi.

7 Une femme de Samarie vint pour puiser de l'eau et Jésus lui dit : « Donne-moi à boire. » 8 — Ses disciples étaient allés à la ville acheter de quoi manger. — 9 La femme samaritaine dit à Jésus : « Mais, tu es Juif! Comment oses-tu donc me demander à boire, à moi, une Samaritaine? » — En effet, les Juifs n'ont pas de relations avec les Samaritains. — 10 Jésus lui répondit : « Si tu connaissais ce que Dieu donne, et qui est celui qui te demande à boire, c'est toi qui lui aurais demandé de l'eau et il t'aurait donné de l'eau vive. » 11 La femme répliqua : « Maître, tu n'as pas de seau et le puits est profond. Comment pourrais-tu avoir cette eau vive? 12 Notre ancêtre Jacob nous a donné ce puits; il a bu lui-même de son eau, ses fils et ses troupeaux en ont bu aussi. Penses-tu être plus grand que Jacob? » 13 Jésus lui répondit : « Quiconque boit de cette eau aura de nouveau soif; 14 mais celui qui boira de l'eau que je lui donnerai n'aura plus jamais soif : l'eau que je lui donnerai deviendra en lui une source d'où jaillira la vie éternelle. » 15 La femme lui dit : « Maître, donne-moi cette eau, pour que je n'aie plus soif et que je n'aie plus besoin de venir puiser de l'eau ici. »

16 Jésus lui dit : « Va chercher ton mari et reviens ici. » 17 La femme lui répondit : « Je n'ai pas de mari. » Et Jésus lui déclara : « Tu as raison d'affirmer que tu n'as pas de mari; 18 car tu as eu cinq maris, et l'homme avec lequel tu vis maintenant n'est pas ton mari. Tu as dit la vérité. » 19 Alors la femme s'exclama : « Maître, je vois que tu es un prophète. 20 Nos ancêtres samaritains ont adoré Dieu sur cette montagne, mais vous, les Juifs, vous dites que l'endroit où l'on doit adorer Dieu est à Jérusalem. » 21 Jésus lui répondit : « Crois-moi, le moment vient où vous n'adorerez le Père ni sur cette montagne, ni à Jérusalem. 22 Vous, les Samaritains, vous adorez Dieu sans le connaître; nous, les Juifs, nous l'adorons et le connaissons, car le salut vient des Juifs. 23 Mais le moment vient, et il est même déjà là, où les vrais adorateurs adoreront le Père en étant guidés par son Esprit et selon sa vérité; car tels sont les adorateurs que veut le Père. 24 Dieu est Esprit, et ceux qui l'adorent doivent l'adorer en étant guidés par son Esprit et selon sa vérité. » 25 La femme lui dit : « Je sais que le Messie — c'est-à-dire le Christ — va venir. Quand il viendra, il nous expliquera tout. » 26 Jésus lui répondit : « Je le suis, moi qui te parle. »

27 À ce moment, les disciples de Jésus revinrent; et ils furent étonnés de le voir parler avec une femme. Mais aucun d'eux n'osa lui demander : « Que lui veux-tu? » ou : « Pourquoi parles-tu avec elle? » 28 Alors la femme laissa là sa cruche d'eau et retourna à la ville, où elle dit aux gens : 29 « Venez voir un homme qui m'a dit tout ce que j'ai fait. Serait-il peut-être le Messie? » 30 Ils sortirent donc de la ville et vinrent trouver Jésus.

31 Pendant ce temps, les disciples priaient Jésus de manger : « Maître, mange quelque chose! »

disaient-ils. 32 Mais il leur répondit : « J'ai à man-
ger une nourriture que vous ne connaissez pas. »
33 Les disciples se demandèrent alors les uns aux
autres : « Quelqu'un lui a-t-il apporté à manger? »
34 Jésus leur dit : « Ma nourriture, c'est d'obéir à
la volonté de celui qui m'a envoyé et d'achever
le travail qu'il m'a confié. 35 Vous dites, vous :
“Encore quatre mois et ce sera la moisson.”
Mais moi je vous dis, regardez bien les champs :
les grains sont mûrs et prêts pour la moisson!
36 Celui qui moissonne reçoit déjà son salaire et il
rassemble le grain pour la vie éternelle; ainsi, ce-
lui qui sème et celui qui moissonne se réjouissent
ensemble. 37 Car il est vrai le proverbe qui dit :
“Un homme sème et un autre moissonne.” 38 Je
vous ai envoyés moissonner dans un champ où
vous n'avez pas travaillé; d'autres y ont travaillé
et vous profitez de leur travail. »

39 Beaucoup de Samaritains de cette ville cru-
rent en Jésus parce que la femme leur avait dé-
claré : « Il m'a dit tout ce que j'ai fait. » 40 C'est
pourquoi, quand les Samaritains arrivèrent
auprès de lui, ils le prièrent de rester avec eux;
et Jésus resta là deux jours. 41 Ils furent encore
bien plus nombreux à croire, à cause de ce qu'il
disait lui-même; 42 et ils déclaraient à la femme :
« Maintenant nous ne croyons plus seulement à
cause de ce que tu as raconté, mais parce que
nous l'avons entendu nous-mêmes, et nous sa-
vons qu'il est vraiment le Sauveur du monde. »

Jésus guérit le fils d'un haut fonctionnaire

43 Après avoir passé deux jours à cet endroit,
Jésus partit et se rendit en Galilée. 44 Il avait lui-
même déclaré : « Un prophète n'est pas respecté
dans son propre pays. » 45 Cependant, quand il
arriva en Galilée, les habitants de la région le re-
çurent bien, car ils étaient allés eux aussi à la fête
de la Pâque à Jérusalem et avaient vu tout ce
qu'il avait fait pendant cette fête.

46 Jésus revint alors à Cana de Galilée, où il
avait changé de l'eau en vin. Il y avait là un haut
fonctionnaire du roi, qui avait un fils malade à
Capernaüm. 47 Quand il apprit que Jésus était
arrivé de Judée en Galilée, il alla le trouver et le
pria de se rendre à Capernaüm pour guérir son
fils, qui était mourant. 48 Jésus lui dit : « Vous se-
rez toujours incapables de croire si vous ne voyez
pas des signes miraculeux et des prodiges! »
49 Le fonctionnaire lui répondit : « Maître, viens
chez moi avant que mon enfant soit mort. »
50 Jésus lui dit : « Retourne chez toi, ton fils a re-
pris vie. » L'homme crut à ce que Jésus lui disait
et partit. 51 Il était sur le chemin du retour, quand
ses serviteurs vinrent à sa rencontre et lui dirent :
« Ton enfant a repris vie! » 52 Il leur demanda à
quelle heure son fils s'était senti mieux, et ils lui
répondirent : « Il était une heure de l'après-midi,
hier, quand la fièvre l'a quitté. » 53 Le père se ren-
dit compte que c'était l'heure même où Jésus lui
avait dit : « Ton fils a repris vie ». Alors lui et toute
sa famille crurent en Jésus. 54 Ce fut le second
signe miraculeux que fit Jésus, après son retour
de Judée en Galilée.

Jésus guérit un homme paralysé

5 1 Peu après, les Juifs célébrèrent une fête
religieuse et Jésus se rendit alors à Jérusalem.
2 Dans cette ville, il y a, près de la porte des
Brebis, une piscine avec cinq galeries à colonnes;
on l'appelle en hébreu Bethzatha. 3 Dans ces ga-
leries, une foule de malades étaient couchés : des
aveugles, des boiteux, des paralysés. [Ils atten-
daient que l'eau fasse des remous; 4 car un ange
du Seigneur descendait à certains moments dans
la piscine et agitait l'eau. Le premier malade qui
descendait dans l'eau ainsi agitée, était guéri de
sa maladie, quelle qu'elle fût.] 5 Il y avait là un
homme malade depuis trente-huit ans. 6 Quand
Jésus le vit étendu à terre et apprit qu'il était
malade depuis longtemps déjà, il lui demanda :
« Veux-tu être guéri? » 7 Le malade lui répondit :
« Maître, je n'ai personne pour me plonger dans
la piscine quand l'eau est agitée; pendant que
j'essaie d'y aller, un autre y descend avant moi. »
8 Jésus lui dit : « Lève-toi, prends ta natte et mar-
che. » 9 Aussitôt, l'homme fut guéri; il prit sa natte
et se mit à marcher. Or, cela se passait le jour
du sabbat, 10 et les chefs juifs dirent à l'homme
qui avait été guéri : « C'est le sabbat, tu n'as donc
pas le droit de porter ta natte. » 11 Il leur répondit :
« Celui qui m'a guéri m'a dit : "Prends ta natte et
marche." » 12 Ils lui demandèrent alors : « Qui est
celui qui t'a dit : "Prends ta natte et marche"? »
13 Mais l'homme qui avait été guéri l'ignorait, car
Jésus avait disparu dans la foule qui se trouvait
à cet endroit.

14 Plus tard, Jésus le rencontra dans le temple
et lui dit : « Te voilà guéri maintenant. Ne pèche
plus, pour qu'il ne t'arrive pas quelque chose de
pire. » 15 L'homme alla dire aux chefs juifs que
c'était Jésus qui l'avait guéri. 16 Ils s'en prirent
alors à Jésus, parce qu'il avait fait cela le jour du
sabbat. 17 Mais Jésus leur répondit : « Mon Père
est continuellement à l'œuvre et moi aussi je suis
à l'œuvre. » 18 À cause de cette parole, les autori-
tés juives cherchaient encore plus à faire mourir
Jésus; car il avait non seulement agi contre la loi
du sabbat, mais il disait encore que Dieu était son
propre Père et se faisait ainsi l'égal de Dieu.

L'autorité du Fils de Dieu

19 Jésus reprit la parole et leur dit : « Oui, je
vous le déclare, c'est la vérité : le Fils ne peut
rien faire par lui-même; il ne fait que ce qu'il voit
faire au Père. Tout ce que le Père fait, le Fils le
fait également. 20 Car le Père aime le Fils et lui
montre tout ce qu'il fait lui-même. Il lui montrera
des œuvres à faire encore plus grandes que cel-
les-ci et vous en serez étonnés. 21 Car, de même
que le Père relève les morts et leur donne la vie,
de même le Fils donne la vie à qui il veut. 22 Et
le Père ne juge personne, mais il a donné au Fils
tout le pouvoir de juger, 23 afin que tous hono-
rent le Fils comme ils honorent le Père. Celui qui
n'honore pas le Fils, n'honore pas le Père qui l'a
envoyé.

24 « Oui, je vous le déclare, c'est la vérité : qui-
conque écoute mes paroles, et croit en celui qui
m'a envoyé, possède la vie éternelle. Il ne sera
pas condamné, mais il est déjà passé de la mort
à la vie. 25 Oui, je vous le déclare, c'est la vérité :
le moment vient, et il est même déjà là, où les
morts entendront la voix du Fils de Dieu et ceux
qui l'auront entendue vivront. 26 Car, de même
que le Père est la source de la vie, de même il
a accordé au Fils d'être source de vie. 27 Et il a
accordé au Fils le pouvoir de juger, parce qu'il est
le Fils de l'homme. 28 Ne vous en étonnez pas,

car le moment vient où tous les morts qui sont enterrés entendront sa voix [29] et sortiront de leurs tombes. Ceux qui ont fait le bien ressusciteront pour recevoir la vie, mais ceux qui ont fait le mal ressusciteront pour être condamnés.

Témoignage en faveur de Jésus

[30] Je ne peux rien faire par moi-même. Je juge d'après ce que Dieu me dit, et mon jugement est juste parce que je ne cherche pas à faire ce que je veux, mais ce que veut celui qui m'a envoyé. »

[31] « Si je témoignais en ma faveur, mon témoignage ne serait pas valable. [32] Mais c'est un autre qui témoigne en ma faveur et je sais que ce témoignage à mon sujet est vrai. [33] Vous avez envoyé des messagers à Jean et il a rendu témoignage à la vérité. [34] Je n'ai pas besoin, moi, du témoignage d'un homme; mais je dis cela seulement pour que vous puissiez être sauvés. [35] Jean était comme une lampe qu'on allume pour qu'elle éclaire et vous avez accepté de vous réjouir un moment à sa lumière. [36] Mais j'ai pour moi un témoignage plus grand que celui de Jean : les œuvres que je fais, celles-là mêmes que le Père m'a donné à accomplir, parlent en ma faveur et montrent que le Père m'a envoyé. [37] Et le Père qui m'a envoyé témoigne aussi en ma faveur. Seulement, vous n'avez jamais entendu sa voix et vous n'avez jamais vu son visage. [38] Vous ne gardez pas ses paroles en vous, parce que vous ne croyez pas en celui qu'il a envoyé. [39] Vous étudiez avec soin les Écritures parce que vous pensez trouver en elles la vie éternelle : ce sont justement elles qui témoignent de moi! [40] Pourtant, vous ne voulez pas venir à moi pour avoir la vraie vie.

[41] « Je ne recherche pas les éloges qui viennent des hommes. [42] D'ailleurs je vous connais : je sais que vous n'avez pas en vous d'amour pour Dieu. [43] Je suis venu de la part de mon Père et vous refusez de me recevoir. Mais si quelqu'un d'autre vient de sa propre autorité, vous le recevrez! [44] Vous aimez recevoir des éloges les uns des autres et vous ne recherchez pas l'éloge qui vient du seul Dieu; comment donc pourriez-vous me croire? [45] Mais ne pensez pas que je vous accuserai devant mon Père. C'est Moïse qui vous accusera, lui en qui vous avez mis votre espérance. [46] Si vous croyiez vraiment Moïse, vous me croiriez aussi, car il a écrit à mon sujet. [47] Mais puisque vous ne croyez pas ce qu'il a écrit, comment pourriez-vous croire mes paroles? »

Jésus nourrit cinq mille hommes

6 1 Après cela, Jésus s'en alla de l'autre
côté du lac de Galilée — appelé aussi lac
de Tibériade —. 2 Une grande foule le sui-
vait, parce que les gens voyaient les signes
miraculeux qu'il faisait en guérissant les malades.
3 Jésus monta sur une colline et s'assit là avec
ses disciples. 4 La Pâque, la fête des Juifs, était
proche. 5 Jésus regarda et vit qu'une grande fou-
le venait à lui; il demanda donc à Philippe : « Où
pourrions-nous acheter du pain pour leur donner
à manger à tous? » 6 — Il disait cela pour mettre
Philippe à l'épreuve, car il savait déjà ce qu'il
allait faire. — 7 Philippe lui répondit : « Même avec
deux cents pièces d'argent, nous n'aurions pas de
quoi acheter assez de pain pour que chacun d'eux
en reçoive un petit morceau. » 8 Un autre de ses
disciples, André, le frère de Simon Pierre, lui dit :
9 « Il y a ici un garçon qui a cinq pains d'orge et
deux poissons. Mais qu'est-ce que cela pour un si
grand nombre de personnes? » 10 Jésus dit alors :
« Faites asseoir tout le monde. » Il y avait beau-
coup d'herbe à cet endroit. Ils s'assirent donc; ils
étaient environ cinq mille hommes. 11 Jésus prit
les pains et, après avoir remercié Dieu, il les dis-
tribua à ceux qui étaient là. Il leur donna de même
du poisson, autant qu'ils en voulaient. 12 Quand
ils eurent tous mangé à leur faim, Jésus dit à ses
disciples : « Ramassez les morceaux qui restent,
afin que rien ne soit perdu. » 13 Ils les ramassèrent
et remplirent douze corbeilles avec les morceaux
qui restaient des cinq pains d'orge dont on avait
mangé. 14 Les gens, voyant le signe miraculeux
que Jésus avait fait, déclarèrent : « Cet homme
est vraiment le Prophète qui devait venir dans le
monde! » 15 Jésus se rendit compte qu'ils allaient
venir l'enlever de force pour le faire roi. Il se retira
donc de nouveau sur la colline, tout seul.

Jésus marche sur le lac

16 Quand vint le soir, les disciples de Jésus
descendirent au bord du lac, 17 ils montèrent dans
une barque et se mirent à traverser le lac en di-
rection de Capernaüm. Il faisait déjà nuit et Jésus
ne les avait pas encore rejoints. 18 L'eau du lac
était agitée, car le vent soufflait avec force. 19 Les
disciples avaient ramé sur une distance de cinq à
six kilomètres quand ils virent Jésus s'approcher
de la barque en marchant sur l'eau; et ils furent
saisis de peur. 20 Mais Jésus leur dit : « C'est moi,
n'ayez pas peur! » 21 Les disciples voulaient le
prendre dans la barque, mais aussitôt la barque
toucha terre, à l'endroit où ils se rendaient.

La foule cherche Jésus

22 Le lendemain, la foule qui était restée de
l'autre côté du lac se rendit compte qu'il n'y avait
eu là qu'une seule barque; les gens savaient que
Jésus n'était pas monté dans cette barque avec
ses disciples, mais que ceux-ci étaient partis seuls.
23 Cependant, d'autres barques, venant de la ville
de Tibériade, étaient arrivées près de l'endroit où
ils avaient mangé le pain après que le Seigneur
eut remercié Dieu. 24 Quand les gens virent que
ni Jésus ni ses disciples n'étaient là, ils montèrent
dans ces barques et se rendirent à Capernaüm
pour le chercher.

Jésus, le pain de vie

25 Ils trouvèrent Jésus de l'autre côté du lac
et lui dirent : « Maître, quand es-tu arrivé ici? »
26 Jésus leur répondit : « Oui, je vous le déclare,
c'est la vérité : vous me cherchez parce que vous
avez mangé du pain à votre faim, et non parce

que vous avez saisi le sens de mes signes mira-
culeux. 27 Travaillez non pas pour la nourriture
qui se gâte, mais pour la nourriture qui dure et
qui est source de vie éternelle. Cette nourriture,
le Fils de l'homme vous la donnera, parce que
Dieu, le Père, a mis sur lui la marque de son
autorité. » 28 Ils lui demandèrent alors : « Que de-
vons-nous faire pour travailler aux œuvres vou-
lues par Dieu? » 29 Jésus leur répondit : « L'œuvre
que Dieu attend de vous, c'est que vous croyiez
en celui qu'il a envoyé. » 30 Ils lui dirent : « Quel
signe miraculeux peux-tu nous faire voir pour
que nous te croyions? Quelle œuvre vas-tu
accomplir? 31 Nos ancêtres ont mangé la manne
dans le désert, comme le dit l'Écriture : "Il leur a
donné à manger du pain venu du ciel." » 32 Jésus
leur répondit : « Oui, je vous le déclare, c'est la
vérité : ce n'est pas Moïse qui vous a donné le
pain du ciel, mais c'est mon Père qui vous donne
le vrai pain du ciel. 33 Car le pain que Dieu donne,
c'est celui qui descend du ciel et qui donne la
vie au monde. » 34 Ils lui dirent alors : « Maître,
donne-nous toujours de ce pain-là. »

35 Jésus leur déclara : « Je suis le pain de vie.
Celui qui vient à moi n'aura jamais faim et ce-
lui qui croit en moi n'aura jamais soif. 36 Mais je
vous l'ai dit : vous m'avez vu et pourtant vous ne
croyez pas. 37 Chacun de ceux que le Père me
donne viendra à moi et je ne rejetterai jamais ce-
lui qui vient à moi; 38 car je suis descendu du ciel
non pas pour faire ma volonté, mais pour faire
la volonté de celui qui m'a envoyé. 39 Et voici ce
que veut celui qui m'a envoyé : c'est que je ne
perde aucun de ceux qu'il m'a confiés, mais que
je les relève de la mort au dernier jour. 40 Oui,
voici ce que veut mon Père : que tous ceux qui
voient le Fils et croient en lui aient la vie éternelle
et que je les relève de la mort au dernier jour. »

41 Les Juifs critiquaient Jésus parce qu'il
avait dit : « Je suis le pain descendu du ciel. »
— 42 « N'est-ce pas Jésus, disaient-ils, le fils de
Joseph? Nous connaissons bien son père et sa
mère. Comment peut-il dire maintenant qu'il
est descendu du ciel? » 43 Jésus leur répondit :
« Cessez de critiquer entre vous. 44 Personne ne
peut venir à moi si le Père qui m'a envoyé ne
l'y conduit, et moi, je le relèverai de la mort au

dernier jour. 45 Les prophètes ont écrit ceci : “Ils
seront tous instruits par Dieu.” Quiconque écou-
te le Père et reçoit son enseignement vient à moi.
46 Cela ne signifie pas que quelqu'un ait vu le
Père; seul celui qui est venu de Dieu a vu le Père.
47 Oui, je vous le déclare, c'est la vérité : celui qui
croit possède la vie éternelle. 48 Je suis le pain de
vie. 49 Vos ancêtres ont mangé la manne dans le
désert et ils sont pourtant morts. 50 Mais le pain
qui descend du ciel est tel que celui qui en mange
ne mourra pas. 51 Je suis le pain vivant descendu
du ciel. Si quelqu'un mange de ce pain, il vivra
pour toujours. Le pain que je donnerai, c'est ma
chair; je la donne afin que le monde vive. »

52 Là-dessus, les Juifs discutaient vivement
entre eux : « Comment cet homme peut-il nous
donner sa chair à manger? » demandaient-ils.
53 Jésus leur dit : « Oui, je vous le déclare, c'est la
vérité : si vous ne mangez pas la chair du Fils de
l'homme et si vous ne buvez pas son sang, vous
n'aurez pas la vie en vous. 54 Celui qui mange ma
chair et boit mon sang possède la vie éternelle et
je le relèverai de la mort au dernier jour. 55 Car
ma chair est une vraie nourriture et mon sang est
une vraie boisson. 56 Celui qui mange ma chair
et boit mon sang demeure uni à moi et moi à lui.
57 Le Père qui m'a envoyé est vivant et je vis par
lui; de même, celui qui me mange vivra par moi.
58 Voici donc le pain qui est descendu du ciel.
Il n'est pas comme celui qu'ont mangé vos an-
cêtres, qui sont morts. Mais celui qui mange ce
pain vivra pour toujours. » 59 Jésus prononça ces
paroles alors qu'il enseignait dans la synagogue
de Capernaüm.

Les paroles de la vie éternelle

60 Après avoir entendu Jésus, beaucoup de
ses disciples dirent : « Là, il exagère! Comment
admettre un tel discours? »

61 Jésus s'aperçut que ses disciples le cri-
tiquaient à ce sujet. C'est pourquoi il leur dit :
« Cela vous choque-t-il? 62 Qu'arrivera-t-il alors
si vous voyez le Fils de l'homme monter là où
il était auparavant? 63 C'est l'Esprit de Dieu qui
donne la vie; l'homme seul n'aboutit à rien. Les
paroles que je vous ai dites sont Esprit et vie.
64 Mais quelques-uns parmi vous ne croient pas. »
En effet, Jésus savait depuis le commencement
qui étaient ceux qui ne croyaient pas et il savait
qui allait le trahir. 65 Il ajouta : « Voilà pourquoi je
vous ai dit que personne ne peut venir à moi si le
Père ne lui en a pas donné la possibilité. »

66 Dès lors, beaucoup de ses disciples se
retirèrent et cessèrent d'aller avec lui. 67 Jésus
demanda alors aux douze disciples : « Voulez-
vous partir, vous aussi? » 68 Simon Pierre lui
répondit : « Seigneur, à qui irions-nous? Tu as les
paroles qui donnent la vie éternelle. 69 Nous le
croyons, nous le savons : tu es le Saint envoyé de
Dieu. » 70 Jésus leur répondit : « Ne vous ai-je pas
choisis vous les douze? Et pourtant l'un de vous
est un diable! » 71 Il parlait de Judas, fils de Simon
Iscariote. Car Judas, quoiqu'il fût un des douze
disciples, allait le trahir.

Le manque de foi des frères de Jésus

7 1 Après cela, Jésus parcourut la Galilée; il
ne voulait pas aller et venir en Judée, car
les autorités juives cherchaient à le faire
mourir. 2 La fête juive des Huttes était proche 3 et
les frères de Jésus lui dirent : « Pars d'ici et va en
Judée, afin que tes disciples, eux aussi, voient les
œuvres que tu fais. 4 Personne n'agit en cachette
s'il désire être connu. Puisque tu fais de telles
œuvres, agis en sorte que tout le monde te voie. »
5 En effet, ses frères eux-mêmes ne croyaient pas
en lui. 6 Jésus leur dit : « Le moment n'est pas
encore venu pour moi. Pour vous, tout moment
est bon. 7 Le monde ne peut pas vous haïr, mais
il a de la haine pour moi, parce que j'atteste que
ses actions sont mauvaises. 8 Allez à la fête, vous.
Moi, je ne vais pas à cette fête, parce que le mo-
ment n'est pas encore arrivé pour moi. » 9 Après
avoir dit cela, il resta en Galilée.

Jésus à la fête des Huttes

10 Quand ses frères se furent rendus à la fête,
Jésus y alla aussi, mais sans se faire voir, presque
en secret. 11 Les autorités juives le cherchaient
pendant cette fête et demandaient : « Où donc
est-il? » 12 On discutait beaucoup à son sujet, dans
la foule. « C'est un homme de bien », disaient les
uns. « Non, disaient les autres, il égare les gens. »
13 Mais personne ne parlait librement de lui, parce
que tous avaient peur des autorités juives.
14 La fête était déjà à moitié passée, quand
Jésus se rendit au temple et se mit à enseigner.
15 Les Juifs s'étonnaient et disaient : « Comment cet
homme en sait-il autant, lui qui n'a pas étudié? »
16 Jésus leur répondit : « L'enseignement
que je donne ne vient pas de moi, mais de Dieu
qui m'a envoyé. 17 Celui qui est disposé à faire
ce que Dieu veut saura si mon enseignement
vient de Dieu ou si je parle en mon propre nom.
18 L'homme qui parle en son propre nom recherche
la gloire pour lui-même. Mais celui qui travaille à
la gloire de celui qui l'a envoyé dit la vérité et il
n'y a rien de faux en lui. 19 Moïse vous a donné la
loi, n'est-ce pas? Mais aucun de vous ne la met
en pratique. Pourquoi cherchez-vous à me faire
mourir? » 20 La foule lui répondit : « Tu es pos-
sédé d'un esprit mauvais! Qui cherche à te faire
mourir? »
21 Jésus leur répondit : « J'ai fait une seule
œuvre et vous voilà tous étonnés! 22 Parce que
Moïse vous a donné l'ordre de circoncire les
garçons — bien que ce ne soit pas Moïse qui ait
commencé à le faire, mais déjà nos premiers
ancêtres —, vous acceptez de circoncire quel-
qu'un même le jour du sabbat. 23 Si vous pouvez
circoncire un garçon le jour du sabbat pour que
la loi de Moïse soit respectée, pourquoi êtes-vous
irrités contre moi parce que j'ai guéri un homme
tout entier le jour du sabbat? 24 Cessez de juger
d'après les apparences. Jugez de façon correcte. »

Jésus est-il le Messie?

25 Quelques habitants de Jérusalem disaient :
« N'est-ce pas cet homme qu'on cherche à faire
mourir? 26 Voyez : il parle en public et on ne lui
dit rien! Nos chefs auraient-ils vraiment reconnu
qu'il est le Messie? 27 Mais quand le Messie appa-
raîtra, personne ne saura d'où il vient, tandis que
nous savons d'où vient cet homme. »
28 Jésus enseignait alors dans le temple; il
s'écria : « Savez-vous vraiment qui je suis et d'où
je viens? Je ne suis pas venu de moi-même, mais
celui qui m'a envoyé est digne de confiance.

Vous ne le connaissez pas. 29 Moi, je le connais
parce que je viens d'auprès de lui et que c'est lui
qui m'a envoyé. » 30 Ils cherchèrent alors à l'arrê-
ter, mais personne ne mit la main sur lui, car son
heure n'était pas encore venue. 31 Dans la foule,
cependant, beaucoup crurent en lui. Ils disaient :
« Quand le Messie viendra, fera-t-il plus de signes
miraculeux que n'en a fait cet homme? »

Des gardes sont envoyés pour arrêter Jésus

32 Les Pharisiens apprirent ce que l'on disait
à voix basse dans la foule au sujet de Jésus. Les
chefs des prêtres et les Pharisiens envoyèrent
alors des gardes pour l'arrêter. 33 Jésus déclara :
« Je suis avec vous pour un peu de temps encore,
puis je m'en irai auprès de celui qui m'a envoyé.
34 Vous me chercherez, mais vous ne me trou-
verez pas, car vous ne pouvez pas aller là où je
serai. » 35 Les Juifs se demandèrent entre eux :
« Où va-t-il se rendre pour que nous ne puissions
pas le trouver? Va-t-il se rendre chez les Juifs
dispersés parmi les Grecs et apporter son ensei-
gnement aux Grecs? 36 Que signifient ces mots
qu'il a dits : Vous me chercherez, mais vous ne
me trouverez pas, car vous ne pouvez pas aller là
où je serai? »

Des fleuves d'eau vive

37 Le dernier jour de la fête était le plus so-
lennel. Ce jour-là, Jésus, debout, s'écria : « Si
quelqu'un a soif, qu'il vienne à moi et qu'il boive.
38 "Celui qui croit en moi, des fleuves d'eau vive
jailliront de son cœur", comme dit l'Écriture. »
39 Jésus parlait de l'Esprit de Dieu que ceux qui
croyaient en lui allaient recevoir. À ce moment-là,
l'Esprit n'avait pas encore été donné, parce que
Jésus n'avait pas encore été élevé à la gloire.

La foule se divise à cause de Jésus

40 Après avoir entendu ces paroles, certains,
dans la foule, disaient : « Cet homme est vrai-
ment le Prophète! » 41 D'autres disaient : « C'est
le Messie! » — « Mais, répliquaient d'autres, le
Messie pourrait-il venir de Galilée? 42 L'Écriture
déclare que le Messie sera un descendant de
David et qu'il viendra de Bethléem, le village où
a vécu David. » 43 La foule se divisa donc à cause
de Jésus. 44 Certains d'entre eux voulaient qu'on
l'arrête, mais personne ne mit la main sur lui.

L'incrédulité des chefs juifs

45 Les gardes retournèrent auprès des chefs
des prêtres et des Pharisiens qui leur demandè-
rent : « Pourquoi n'avez-vous pas amené Jésus? »
46 Les gardes répondirent : « Jamais personne
n'a parlé comme lui! » — 47 « Vous êtes-vous
laissé tromper, vous aussi? leur demandèrent les
Pharisiens. 48 Y a-t-il un seul membre des auto-
rités ou un seul des Pharisiens qui ait cru en lui?
49 Mais ces gens ne connaissent pas la loi de
Moïse, ce sont des maudits! »

50 Nicodème était l'un des Pharisiens pré-
sents : c'est lui qui était allé voir Jésus quelque
temps auparavant. Il leur dit : 51 « Selon notre loi,
nous ne pouvons pas condamner un homme sans
l'avoir d'abord entendu et sans savoir ce qu'il a
fait. » 52 Ils lui répondirent : « Es-tu de Galilée, toi
aussi? Examine les Écritures et tu verras qu'aucun
prophète n'est jamais venu de Galilée. »

Jésus et la femme adultère

[53 Ensuite, chacun s'en alla dans sa maison.
8 1 Mais Jésus se rendit au mont des Oliviers.
2 Tôt le lendemain matin, il retourna dans le
temple et tous les gens s'approchèrent de
lui. Il s'assit et se mit à leur donner son enseigne-
ment. 3 Les maîtres de la loi et les Pharisiens lui
amenèrent alors une femme qu'on avait surprise
en train de commettre un adultère. Ils la placèrent
devant tout le monde 4 et dirent à Jésus : « Maître,
cette femme a été surprise au moment même
où elle commettait un adultère. 5 Moïse nous a
ordonné dans la loi de tuer de telles femmes à
coups de pierres. Et toi, qu'en dis-tu? »

6 Ils disaient cela pour lui tendre un piège, afin
de pouvoir l'accuser. Mais Jésus se baissa et se
mit à écrire avec le doigt sur le sol. 7 Comme ils
continuaient à le questionner, Jésus se redressa
et leur dit : « Que celui d'entre vous qui n'a ja-
mais péché lui jette la première pierre. » 8 Puis il
se baissa de nouveau et se remit à écrire sur le
sol. 9 Quand ils entendirent ces mots, ils partirent
l'un après l'autre, les plus âgés d'abord. Jésus
resta seul avec la femme, qui se tenait encore
devant lui. 10 Alors il se redressa et lui dit : « Eh
bien, où sont-ils? Personne ne t'a condamnée? »
— 11 « Personne, Maître », répondit-elle. « Je ne te
condamne pas non plus, dit Jésus. Tu peux t'en
aller, mais désormais ne pèche plus. »]

Jésus, la lumière du monde

12 Jésus adressa de nouveau la parole à la foule
et dit : « Je suis la lumière du monde. Celui qui
me suit aura la lumière de la vie et ne marchera
plus jamais dans l'obscurité. » 13 Les Pharisiens
lui dirent : « Tu te rends témoignage à toi-même;
ton témoignage est sans valeur. » 14 Jésus leur
répondit : « Même si je me rends témoignage à
moi-même, mon témoignage est valable, parce
que je sais d'où je suis venu et où je vais. Mais
vous, vous ne savez ni d'où je viens ni où je vais.
15 Vous jugez à la manière des hommes; moi je
ne juge personne. 16 Cependant, s'il m'arrive
de juger, mon jugement est valable, parce que
je ne suis pas tout seul pour juger, mais le Père
qui m'a envoyé est avec moi. 17 Il est écrit dans
votre loi que si deux personnes apportent le
même témoignage, ce témoignage est valable.
18 Je me rends témoignage à moi-même et le
Père qui m'a envoyé témoigne aussi pour moi. »
19 Ils lui demandèrent : « Où est ton Père? » Jésus
répondit : « Vous ne connaissez ni moi ni mon
Père. Si vous me connaissiez, vous connaîtriez
aussi mon Père. »

20 Jésus prononça ces paroles alors qu'il en-
seignait dans le temple, à l'endroit où se trouvent
les troncs à offrandes. Personne ne l'arrêta, parce
que son heure n'était pas encore venue.

« Vous ne pouvez pas aller là où je vais »

21 Jésus leur dit encore : « Je vais partir; vous
me chercherez, mais vous mourrez dans votre
péché. Vous ne pouvez pas aller là où je vais. »
22 Les Juifs se disaient : « Va-t-il se suicider,
puisqu'il dit : "Vous ne pouvez pas aller là où je
vais"? » 23 Jésus leur répondit : « Vous êtes d'en
bas, mais moi je viens d'en haut. Vous appartenez
à ce monde, mais moi je n'appartiens pas à ce
monde. 24 C'est pourquoi je vous ai dit que vous
mourrez dans vos péchés. Car vous mourrez dans
vos péchés si vous ne croyez pas que "je suis qui
je suis". » — 25 « Qui es-tu? » lui demandèrent-
ils. Jésus leur répondit : « Celui que je vous ai dit

depuis le commencement. 26 J'ai beaucoup à dire
et à juger à votre sujet. Mais j'annonce au monde
seulement ce que j'ai appris de celui qui m'a en-
voyé; et lui, il dit la vérité. »
27 Ils ne comprirent pas qu'il leur parlait du
Père. 28 Jésus leur dit alors : « Quand vous aurez
élevé le Fils de l'homme, vous reconnaîtrez que
"je suis qui je suis"; vous reconnaîtrez que je ne
fais rien par moi-même : je dis seulement ce que
le Père m'a enseigné. 29 Celui qui m'a envoyé est
avec moi; il ne m'a pas laissé seul, parce que je
fais toujours ce qui lui plaît. » 30 Tandis que Jésus
parlait ainsi, beaucoup crurent en lui.

Les hommes libres et les esclaves

31 Jésus dit alors aux Juifs qui avaient cru en
lui : « Si vous restez fidèles à mes paroles, vous
êtes vraiment mes disciples; 32 ainsi vous connaî-
trez la vérité et la vérité vous rendra libres. »
33 Ils lui répondirent : « Nous sommes les descen-
dants d'Abraham et nous n'avons jamais été les
esclaves de personne. Comment peux-tu nous
dire : "Vous deviendrez libres"? » 34 Jésus leur ré-
pondit : « Oui, je vous le déclare, c'est la vérité :
tout homme qui pèche est un esclave du péché.
35 Un esclave ne fait pas pour toujours partie de
la famille, mais un fils en fait partie pour toujours.
36 Si le Fils vous libère, vous serez alors vraiment
libres. 37 Je sais que vous êtes les descendants
d'Abraham. Mais vous cherchez à me faire mou-
rir, parce que vous refusez mes paroles. 38 Moi,
je parle de ce que mon Père m'a montré, mais
vous, vous faites ce que votre père vous a dit. »
39 Ils lui répliquèrent : « Notre père, c'est Abraham. »
— « Si vous étiez vraiment les enfants d'Abraham,
leur dit Jésus, vous feriez les actions qu'il a faites.
40 Mais maintenant, bien que je vous aie dit la vé-
rité que j'ai apprise de Dieu, vous cherchez à me
faire mourir. Abraham n'a rien fait de semblable!
41 Vous, vous faites les mêmes actions que votre
père. » Ils lui répondirent : « Nous ne sommes pas
des enfants illégitimes. Nous avons un seul Père,
Dieu. » 42 Jésus leur dit : « Si Dieu était vraiment
votre Père, vous m'aimeriez, car je suis venu de
Dieu et je suis ici de sa part. Je ne suis pas venu
de moi-même, mais c'est lui qui m'a envoyé.
43 Pourquoi ne comprenez-vous pas ce que je
vous dis? Parce que vous êtes incapables d'écou-
ter mes paroles. 44 Vous avez pour père le diable
et vous voulez faire ce que votre père désire. Il a
été meurtrier dès le commencement. Il ne s'est
jamais tenu dans la vérité parce qu'il n'y a pas de
vérité en lui. Quand il dit des mensonges, il parle
de la manière qui lui est naturelle, parce qu'il est
menteur et père du mensonge. 45 Mais moi je dis
la vérité et c'est pourquoi vous ne me croyez pas.
46 Qui d'entre vous peut prouver que j'ai péché?
Et si je dis la vérité, pourquoi ne me croyez-vous
pas? 47 Celui qui est de Dieu écoute les paroles de
Dieu. Mais vous n'êtes pas de Dieu et c'est pour-
quoi vous n'écoutez pas. »

Jésus et Abraham

48 Les Juifs répondirent à Jésus : « N'avons-
nous pas raison de dire que tu es un Samaritain et
que tu es possédé d'un esprit mauvais? » — 49 « Je
ne suis pas possédé, répondit Jésus, mais j'hono-
re mon Père et vous, vous refusez de m'honorer.
50 Je ne cherche pas la gloire pour moi-même.
Il en est un qui la cherche pour moi et qui juge.
51 Oui, je vous le déclare, c'est la vérité : celui qui
obéit à mes paroles ne mourra jamais. »
52 Les Juifs lui dirent : « Maintenant nous som-
mes sûrs que tu es possédé d'un esprit mauvais!
Abraham est mort, les prophètes sont morts, et
toi, tu dis : "Celui qui obéit à mes paroles ne mourra
jamais." 53 Abraham, notre père, est mort : penses-
tu être plus grand que lui? Les prophètes aussi
sont morts. Pour qui te prends-tu? » 54 Jésus ré-
pondit : « Si je me glorifiais moi-même, ma gloire
ne vaudrait rien. Celui qui me glorifie, c'est mon
Père. Vous dites de lui : "Il est notre Dieu", 55 alors
que vous ne le connaissez pas. Moi je le connais.
Si je disais que je ne le connais pas, je serais un
menteur comme vous. Mais je le connais et j'obéis
à ses paroles. 56 Abraham, votre père, s'est réjoui à
la pensée de voir mon jour; il l'a vu et en a été heu-
reux. » 57 Les Juifs lui dirent : « Tu n'as pas encore
cinquante ans et tu as vu Abraham? » 58 Jésus leur
répondit : « Oui, je vous le déclare, c'est la vérité :
avant qu'Abraham soit né, "je suis". » 59 Ils ramas-
sèrent alors des pierres pour les jeter contre lui.
Mais Jésus se cacha et sortit du temple.

Jésus guérit un homme aveugle de naissance

9 1 En chemin, Jésus vit un homme qui était aveugle depuis sa naissance. 2 Ses disciples lui demandèrent : « Maître, pourquoi cet homme est-il né aveugle : à cause de son propre péché ou à cause du péché de ses parents? » 3 Jésus répondit : « Ce n'est ni à cause de son péché, ni à cause du péché de ses parents. Il est aveugle pour que l'œuvre de Dieu puisse se manifester en lui. 4 Pendant qu'il fait jour, nous devons accomplir les œuvres de celui qui m'a envoyé. La nuit s'approche, où personne ne peut travailler. 5 Pendant que je suis dans le monde, je suis la lumière du monde. » 6 Après avoir dit ces mots, Jésus cracha par terre et fit un peu de boue avec sa salive; il frotta les yeux de l'aveugle avec cette boue 7 et lui dit : « Va te laver la figure à la piscine de Siloé. » — Ce nom signifie « Envoyé ». — L'aveugle y alla, se lava la figure et, quand il revint, il voyait! 8 Ses voisins et ceux qui l'avaient vu mendier auparavant demandaient : « N'est-ce pas cet homme qui se tenait assis pour mendier? » 9 Les uns disaient : « C'est lui. » D'autres disaient : « Non, ce n'est pas lui, mais il lui ressemble. » Et l'homme disait : « C'est bien moi. » 10 Ils lui demandèrent : « Comment donc tes yeux ont-ils été guéris? » 11 Il répondit : « L'homme appelé Jésus a fait un peu de boue, il en a frotté mes yeux et m'a dit : "Va à Siloé te laver la figure." J'y suis allé et, après m'être lavé, je voyais! » 12 Ils lui demandèrent : « Où est cet homme? » — « Je ne sais pas », répondit-il.

Les Pharisiens interrogent l'aveugle guéri

13 On amena alors aux Pharisiens l'homme qui avait été aveugle. 14 Or, Jésus avait fait de la boue et lui avait guéri les yeux un jour de sabbat. 15 C'est pourquoi les Pharisiens, eux aussi, demandèrent à l'homme ce qui s'était passé pour qu'il voie maintenant. Il leur dit : « Il m'a mis un peu de boue sur les yeux, je me suis lavé la figure et maintenant je vois. » 16 Quelques Pharisiens disaient : « Celui qui a fait cela ne peut pas venir de Dieu, car il n'obéit pas à la loi du sabbat. » Mais d'autres répliquaient : « Comment un pécheur pourrait-il faire de tels signes miraculeux? » Et ils étaient divisés entre eux. 17 Les Pharisiens demandèrent encore à l'aveugle guéri : « Et toi, que dis-tu de celui qui a guéri tes yeux? » — « C'est un prophète », répondit-il.

18 Cependant, les chefs juifs ne voulaient pas croire qu'il avait été aveugle et que maintenant il voyait. C'est pourquoi ils convoquèrent ses parents 19 pour les interroger. Ils leur demandèrent : « Est-ce bien là votre fils? Affirmez-vous qu'il est né aveugle? Que s'est-il donc passé pour qu'il voie maintenant? » 20 Les parents répondirent : « Nous savons que c'est notre fils et qu'il est né aveugle. 21 Mais nous ne savons pas ce qui s'est passé pour qu'il voie maintenant et nous ne savons pas non plus qui a guéri ses yeux. Interrogez-le : il est d'âge à répondre lui-même! » 22 Ils parlèrent ainsi parce qu'ils avaient peur des chefs juifs. En effet, ceux-ci s'étaient déjà mis d'accord pour exclure de la synagogue toute personne qui affirmerait que Jésus est le Messie. 23 Voilà pourquoi les parents dirent : « Il est d'âge à répondre, interrogez-le! »

24 Les Pharisiens appelèrent une seconde fois l'homme qui avait été aveugle et lui dirent : « Dis la vérité devant Dieu. Nous savons que cet homme est un pécheur. » 25 Il répondit : « Je ne sais pas s'il est pécheur ou non. Mais je sais une chose : j'étais aveugle et maintenant je vois. »

26 Ils lui demandèrent : « Que t'a-t-il fait? Comment
a-t-il guéri tes yeux? » — 27 « Je vous l'ai déjà
dit, répondit-il, mais vous ne m'avez pas écouté.
Pourquoi voulez-vous me l'entendre dire encore
une fois? Peut-être désirez-vous, vous aussi,
devenir ses disciples? » 28 Ils l'injurièrent et dirent :
« C'est toi qui es disciple de cet homme! Nous,
nous sommes disciples de Moïse. 29 Nous savons
que Dieu a parlé à Moïse; mais lui, nous ne sa-
vons même pas d'où il vient! » 30 L'homme leur
répondit : « Voilà bien ce qui est étonnant : vous
ne savez pas d'où il vient et pourtant il a guéri
mes yeux! 31 Nous savons que Dieu n'écoute pas
les pécheurs, mais qu'il écoute tout être qui le
respecte et obéit à sa volonté. 32 On n'a jamais
entendu dire que quelqu'un ait guéri les yeux
d'une personne née aveugle. 33 Si cet homme
ne venait pas de Dieu, il ne pourrait rien faire. »
34 Ils lui répondirent : « Tu es tout entier dans le
péché depuis ta naissance et tu veux nous faire la
leçon? » Et ils le chassèrent de la synagogue.

L'aveuglement spirituel

35 Jésus apprit qu'ils l'avaient chassé. Il le
rencontra et lui demanda : « Crois-tu au Fils
de l'homme? » — 36 « Dis-moi qui c'est, Maître,
répondit l'homme, pour que je puisse croire en
lui. » 37 Jésus lui dit : « Eh bien, tu le vois; c'est
lui qui te parle maintenant. » — 38 « Je crois,
Seigneur », dit l'homme. Et il se mit à genoux
devant Jésus. 39 Jésus dit alors : « Je suis venu
dans ce monde pour qu'un jugement ait lieu : pour
que les aveugles voient et que ceux qui voient
deviennent aveugles. » 40 Quelques Pharisiens,
qui se trouvaient près de lui, entendirent ces pa-
roles et lui demandèrent : « Sommes-nous des
aveugles, nous aussi? » 41 Jésus leur répondit :
« Si vous étiez aveugles, vous ne seriez pas cou-
pables; mais comme vous dites : "Nous voyons",
vous restez coupables. »

La parabole du berger et des brebis

10 1 Jésus dit : « Oui, je vous le déclare, c'est la vérité : celui qui n'entre pas par la porte dans l'enclos des brebis, mais qui passe par-dessus le mur à un autre endroit, celui-là est un voleur, un brigand. 2 Mais celui qui entre par la porte est le berger des brebis. 3 Le gardien lui ouvre la porte et les brebis écoutent sa voix. Il appelle ses brebis chacune par son nom et les mène dehors. 4 Quand il les a toutes fait sortir, il marche devant elles et les brebis le suivent, parce qu'elles connaissent sa voix. 5 Mais elles ne suivront pas un inconnu; au contraire, elles fuiront loin de lui, parce qu'elles ne connaissent pas sa voix. »

6 Jésus leur raconta cette parabole, mais ses auditeurs ne comprirent pas ce qu'il voulait dire.

Jésus, le bon berger

7 Jésus dit encore : « Oui, je vous le déclare, c'est la vérité : je suis la porte de l'enclos des brebis. 8 Tous ceux qui sont venus avant moi sont des voleurs, des brigands; mais les brebis ne les ont pas écoutés. 9 Je suis la porte. Celui qui entre en passant par moi sera sauvé; il pourra entrer et sortir, et il trouvera sa nourriture. 10 Le voleur vient uniquement pour voler, tuer et détruire. Moi, je suis venu pour que les humains aient la vie et l'aient en abondance. 11 Je suis le bon berger. Le bon berger est prêt à donner sa vie pour ses brebis. 12 L'homme qui ne travaille que pour de l'argent n'est pas vraiment le berger; les brebis ne lui appartiennent pas. Il les abandonne et s'enfuit quand il voit venir le loup. Alors le loup se jette sur les brebis et disperse le troupeau. 13 Voilà ce qui arrive parce que cet homme ne travaille que pour de l'argent et ne se soucie pas des brebis. 14 Je suis le bon berger. Je connais mes brebis et elles me connaissent, 15 de même que le Père me connaît et que je connais le Père. Et je donne ma vie pour mes brebis. 16 J'ai encore d'autres brebis qui ne sont pas dans cet enclos. Je dois aussi les conduire; elles écouteront ma voix, et elles deviendront un seul troupeau avec un seul berger. 17 Le Père m'aime parce que je donne ma vie, pour ensuite l'obtenir à nouveau. 18 Personne ne me prend la vie, mais je la donne volontairement. J'ai le pouvoir de la donner et j'ai le pouvoir de l'obtenir à nouveau. Cela correspond à l'ordre que mon Père m'a donné. »

19 Les Juifs furent de nouveau divisés à cause de ces paroles. 20 Beaucoup d'entre eux disaient : « Il est possédé d'un esprit mauvais! Il est fou! Pourquoi l'écoutez-vous? » 21 D'autres disaient : « Un possédé ne parlerait pas ainsi. Un esprit mauvais peut-il rendre la vue aux aveugles? »

Jésus est rejeté

22 C'était l'hiver et l'on célébrait à Jérusalem la fête de la Dédicace. 23 Jésus allait et venait dans la galerie à colonnes de Salomon, au temple. 24 Les Juifs se rassemblèrent alors autour de lui et lui dirent : « Jusqu'à quand vas-tu nous maintenir dans l'incertitude? Si tu es le Messie, dis-le-nous franchement. » 25 Jésus leur répondit : « Je vous l'ai déjà dit, mais vous ne me croyez pas. Les œuvres que je fais au nom de mon Père témoignent en ma faveur. 26 Mais vous ne croyez pas, parce que vous ne faites pas partie de mes brebis. 27 Mes brebis écoutent ma voix; je les connais et elles me suivent. 28 Je leur donne la vie éternelle, elles ne seront jamais perdues et personne ne les arrachera de ma main. 29 Ce que mon Père m'a

cette année-là, leur dit : « Vous n'y comprenez
rien! 50 Ne saisissez-vous pas qu'il est de votre
intérêt qu'un seul homme meure pour le peuple
et qu'ainsi la nation entière ne soit pas détruite? »
51 Or, ce n'est pas de lui-même qu'il disait cela;
mais, comme il était grand-prêtre cette année-
là, il prophétisait que Jésus devait mourir pour la
nation juive, 52 et non seulement pour cette na-
tion, mais aussi pour rassembler en un seul corps
tous les enfants de Dieu dispersés.

53 Dès ce jour-là, les autorités juives décidè-
rent de faire mourir Jésus. 54 C'est pourquoi Jésus
cessa d'aller et venir en public parmi les Juifs.
Il se rendit dans une région voisine du désert,
dans une localité appelée Éfraïm, où il resta avec
ses disciples.

55 La fête juive de la Pâque était proche, et beau-
coup de gens du pays se rendirent à Jérusalem
pour se purifier avant cette fête. 56 Ils cherchaient
Jésus et, alors qu'ils se tenaient dans le temple,
ils se demandaient les uns aux autres : « Qu'en
pensez-vous? Viendra-t-il à la fête ou non? » 57 Les
chefs des prêtres et les Pharisiens avaient ordonné
que si quelqu'un savait où était Jésus, il devait les
avertir, afin qu'on puisse l'arrêter.

L'onction de Béthanie

12 1 Six jours avant la Pâque, Jésus se rendit à Béthanie, où vivait Lazare, l'homme qu'il avait ramené d'entre les morts. 2 Là, on lui offrit un repas, servi par Marthe. Lazare était un de ceux qui se trouvaient à table avec Jésus. 3 Marie prit alors un demi-litre d'un parfum très cher, fait de nard pur, et le répandit sur les pieds de Jésus, puis elle les essuya avec ses cheveux. Toute la maison se remplit de l'odeur du parfum. 4 L'un des disciples de Jésus, Judas Iscariote — celui qui allait le trahir — dit alors : 5 « Pourquoi n'a-t-on pas vendu ce parfum trois cents pièces d'argent pour les donner aux pauvres? » 6 Il disait cela non parce qu'il se souciait des pauvres, mais parce qu'il était voleur : il tenait la bourse et prenait ce qu'on y mettait. 7 Mais Jésus dit : « Laisse-la tranquille! Elle a fait cela en vue du jour où l'on me mettra dans la tombe. 8 Vous aurez toujours des pauvres avec vous, mais moi, vous ne m'aurez pas toujours avec vous. »

Le complot contre Lazare

9 La foule nombreuse des Juifs apprit que Jésus était à Béthanie. Ils y allèrent non seulement à cause de Jésus, mais aussi pour voir Lazare que Jésus avait ramené d'entre les morts. 10 Les chefs des prêtres décidèrent alors de faire mourir aussi Lazare, 11 parce que beaucoup de Juifs les quittaient à cause de lui et croyaient en Jésus.

Jésus entre à Jérusalem

12 Le lendemain, la foule nombreuse qui était venue pour la fête de la Pâque apprit que Jésus arrivait à Jérusalem. 13 Tous prirent alors des branches de palmiers et sortirent de la ville pour aller à sa rencontre; ils criaient : « Gloire à Dieu! Que Dieu bénisse celui qui vient au nom du Seigneur! Que Dieu bénisse le roi d'Israël! » 14 Jésus trouva un âne et s'assit dessus, comme le déclare l'Écriture :

> 15 « N'aie pas peur, ville de Sion!
> Regarde, ton roi vient,
> assis sur le petit d'une ânesse. »

16 Tout d'abord, ses disciples ne comprirent pas ces faits; mais lorsque Jésus eut été élevé à la gloire, ils se rappelèrent que l'Écriture avait annoncé cela à son sujet et qu'on avait accompli pour lui ce qu'elle disait.

17 Tous ceux qui étaient avec Jésus quand il avait appelé Lazare hors du tombeau et l'avait ramené d'entre les morts, racontaient ce qu'ils avaient vu. 18 C'est pourquoi la foule vint à sa rencontre : les gens avaient appris qu'il avait fait ce signe miraculeux. 19 Les Pharisiens se dirent alors entre eux : « Vous voyez que vous n'y pouvez rien : tout le monde s'est mis à le suivre! »

Quelques Grecs cherchent Jésus

20 Quelques Grecs se trouvaient parmi ceux qui étaient venus à Jérusalem pour adorer Dieu pendant la fête. 21 Ils s'approchèrent de Philippe, qui était de Bethsaïda en Galilée, et lui dirent : « Maître, nous désirons voir Jésus. » 22 Philippe alla le dire à André, puis tous deux allèrent le dire à Jésus. 23 Jésus leur répondit : « L'heure est maintenant venue où le Fils de l'homme va être élevé à la gloire. 24 Oui, je vous le déclare, c'est la vérité : un grain de blé reste un seul grain s'il ne tombe pas en terre et ne meurt pas. Mais s'il

meurt, il produit beaucoup de grains. [25] Celui qui
aime sa vie la perdra, mais celui qui refuse de s'y
attacher dans ce monde la gardera pour la vie
éternelle. [26] Si quelqu'un veut me servir, il doit
me suivre; ainsi, mon serviteur sera aussi là où je
suis. Mon Père honorera celui qui me sert. »

Jésus parle de sa mort

[27] « Maintenant mon cœur est troublé. Et que
dirai-je? Dirai-je : Père, délivre-moi de cette heure
de souffrance? Mais c'est précisément pour cette
heure que je suis venu. [28] Père, donne gloire à ton
nom! » Une voix se fit alors entendre du ciel : « Je
l'ai déjà glorifié et je le glorifierai de nouveau. »
[29] La foule qui se trouvait là et avait entendu
la voix disait : « C'était un coup de tonnerre! »
D'autres disaient : « Un ange lui a parlé! » [30] Mais
Jésus leur déclara : « Ce n'est pas pour moi que
cette voix s'est fait entendre, mais pour vous.
[31] C'est maintenant le moment où ce monde va
être jugé; maintenant, le dominateur de ce monde
va être chassé. [32] Et moi, quand j'aurai été élevé
de la terre, j'attirerai à moi tous les humains. »
[33] Par ces mots, Jésus indiquait de quel genre
de mort il allait mourir. [34] La foule lui répondit :
« Nous avons appris dans les livres de notre loi
que le Messie vivra toujours. Alors, comment
peux-tu dire que le Fils de l'homme doit être éle-
vé? Qui est ce Fils de l'homme? » [35] Jésus leur
dit : « La lumière est encore parmi vous, mais
pour peu de temps. Marchez pendant que vous
avez la lumière, pour que l'obscurité ne vous sur-
prenne pas, car celui qui marche dans l'obscurité
ne sait pas où il va. [36] Croyez donc en la lumière
pendant que vous l'avez, afin que vous deveniez
des êtres de lumière. »

Après avoir ainsi parlé, Jésus s'en alla et se cacha loin d'eux.

Les Juifs ne croient pas en Jésus

[37] Bien qu'il eût fait tant de signes miraculeux
devant eux, ils ne croyaient pas en lui. [38] Ainsi se
réalisait ce qu'avait dit le prophète Ésaïe :

« Seigneur, qui a cru notre message?
À qui le Seigneur a-t-il révélé
son intervention? »

39 Ésaïe a dit aussi pourquoi ces gens ne pouvaient pas croire :
40 « Dieu a rendu leurs yeux aveugles,
il a fermé leur intelligence,
afin que leurs yeux ne voient pas,
que leur intelligence ne comprenne pas.
Et voilà pourquoi, dit Dieu, ils ne se tournent pas vers moi
pour que je les guérisse. »
41 Ésaïe a dit cela parce qu'il avait vu la gloire de Jésus et qu'il parlait de lui.
42 Cependant, parmi les chefs juifs eux-mêmes, beaucoup crurent en Jésus. Mais, à cause des Pharisiens, ils ne le déclaraient pas, pour ne
pas être exclus de la synagogue. 43 Ils préféraient
l'approbation qui vient des hommes à celle qui vient de Dieu.

Le jugement par la parole de Jésus

44 Jésus s'écria : « Celui qui croit en moi, croit en réalité non pas en moi, mais en celui qui m'a
envoyé. 45 Celui qui me voit, voit celui qui m'a en-
voyé. 46 Moi, je suis venu dans le monde comme lumière, afin que quiconque croit en moi ne reste
pas dans l'obscurité. 47 Si quelqu'un entend mes paroles et ne les met pas en pratique, ce n'est pas moi qui le condamne, car je suis venu pour sauver le monde et non pas pour le condamner.
48 Celui qui me rejette et n'accepte pas mes paroles trouve là ce qui le condamne : c'est l'enseignement que j'ai donné qui le condamnera au
dernier jour. 49 En effet, je n'ai pas parlé de ma propre initiative, mais le Père qui m'a envoyé m'a ordonné lui-même ce que je devais dire et ensei-
gner. 50 Et je le sais : ce qu'il ordonne produit la vie éternelle. Ainsi, ce que je dis, je le dis comme mon Père me l'a ordonné. »

Jésus lave les pieds de ses disciples

13 1 C'était la veille de la fête de la Pâque.
Jésus savait que l'heure était venue
pour lui de quitter ce monde pour aller
auprès du Père. Il avait toujours aimé les siens
qui étaient dans le monde et il les aima jusqu'à
la fin. 2 Jésus et ses disciples prenaient le repas
du soir. Le diable avait déjà persuadé Judas, fils
de Simon Iscariote, de trahir Jésus. 3 Jésus savait
que lui-même était venu de Dieu et retournait à
Dieu, et que le Père avait tout mis en son pouvoir.
4 Il se leva de table, ôta son vêtement de dessus
et prit un linge dont il s'entoura la taille. 5 Ensuite,
il versa de l'eau dans une cuvette et se mit à laver
les pieds de ses disciples, puis à les essuyer avec
le linge qu'il avait autour de la taille. 6 Il arriva
ainsi près de Simon Pierre, qui lui dit : « Seigneur,
vas-tu me laver les pieds, toi? » 7 Jésus lui répon-
dit : « Tu ne saisis pas maintenant ce que je fais,
mais tu comprendras plus tard. » 8 Pierre lui dit :
« Non, tu ne me laveras jamais les pieds! » Jésus
lui répondit : « Si je ne te les lave pas, tu n'auras
aucune part à ce que j'apporte. » 9 Simon Pierre
lui dit : « Alors, Seigneur, ne me lave pas seule-
ment les pieds, mais aussi les mains et la tête! »
10 Jésus lui dit : « Celui qui a pris un bain n'a plus
besoin de se laver, sinon les pieds, car il est entiè-
rement propre. Vous êtes propres, vous, mais pas
tous cependant. » 11 Jésus savait bien qui allait le
trahir; c'est pourquoi il dit : « Vous n'êtes pas tous
propres. »

12 Après leur avoir lavé les pieds, Jésus re-
prit son vêtement, se remit à table et leur dit :
« Comprenez-vous ce que je vous ai fait? 13 Vous
m'appelez "Maître" et "Seigneur", et vous avez
raison, car je le suis. 14 Si donc moi, le Seigneur
et le Maître, je vous ai lavé les pieds, vous aussi
vous devez vous laver les pieds les uns aux autres.
15 Je vous ai donné un exemple pour que vous agis-
siez comme je l'ai fait pour vous. 16 Oui, je vous le
déclare, c'est la vérité : un serviteur n'est pas plus
grand que son maître et un envoyé n'est pas plus
grand que celui qui l'envoie. 17 Maintenant vous
savez cela; vous serez heureux si vous le met-
tez en pratique. 18 Je ne parle pas de vous tous;
je connais ceux que j'ai choisis. Mais il faut que
cette parole de l'Écriture se réalise : "Celui avec
qui je partageais mon pain s'est tourné contre
moi." 19 Je vous le dis déjà maintenant, avant que
la chose arrive, afin que lorsqu'elle arrivera vous
croyiez que "je suis qui je suis". 20 Oui, je vous
le déclare, c'est la vérité : quiconque reçoit celui
que j'envoie me reçoit aussi; et quiconque me re-
çoit, reçoit celui qui m'a envoyé. »

Jésus annonce que Judas va le trahir

21 Après ces mots, Jésus fut profondément
troublé et dit solennellement : « Oui, je vous le
déclare, c'est la vérité : l'un de vous me trahira. »
22 Les disciples se regardaient les uns les autres,
sans savoir du tout de qui il parlait. 23 L'un des
disciples, celui que Jésus aimait, était placé à
côté de Jésus. 24 Simon Pierre lui fit un signe pour
qu'il demande à Jésus de qui il parlait. 25 Le dis-
ciple se pencha alors vers Jésus et lui demanda :
« Seigneur, qui est-ce? » 26 Jésus répondit : « Je
vais tremper un morceau de pain dans le plat :
celui à qui je le donnerai, c'est lui. » Jésus prit
alors un morceau de pain, le trempa et le donna
à Judas, fils de Simon Iscariote. 27 Dès que Judas
eut pris le morceau, Satan entra en lui. Jésus lui
dit : « Ce que tu as à faire, fais-le vite! » 28 Aucun
de ceux qui étaient à table ne comprit pourquoi il
lui disait cela. 29 Comme Judas tenait la bourse,

plusieurs pensaient que Jésus lui demandait d'aller acheter ce qui leur était nécessaire pour la fête, ou d'aller faire un don aux pauvres.
30 Judas
prit donc le morceau de pain et sortit aussitôt. Il faisait nuit.

Le nouveau commandement

31 Après que Judas fut sorti, Jésus dit : « Maintenant la gloire du Fils de l'homme est révélée et la gloire de Dieu se révèle en lui.
32 [Et
si la gloire de Dieu se révèle en lui,] Dieu aussi manifestera en lui-même la gloire du Fils et il le fera bientôt.
33 Mes enfants, je ne suis avec vous que pour peu de temps encore. Vous me chercherez, mais je vous dis maintenant ce que j'ai dit aux autres Juifs : vous ne pouvez pas aller là où je vais.
34 Je vous donne un commandement nouveau : aimez-vous les uns les autres. Il faut que vous vous aimiez les uns les autres comme je vous ai aimés.
35 Si vous vous aimez les uns les autres, alors tous sauront que vous êtes mes disciples. »

Jésus annonce que Pierre le reniera

36 Simon Pierre lui demanda : « Seigneur, où vas-tu? » Jésus lui répondit : « Tu ne peux pas me suivre maintenant là où je vais, mais tu me suivras plus tard. »
37 Pierre lui dit : « Seigneur, pourquoi ne puis-je pas te suivre maintenant? Je suis prêt à donner ma vie pour toi! »
38 Jésus
répondit : « Es-tu vraiment prêt à donner ta vie pour moi? Eh bien, je te le déclare, c'est la vérité : avant que le coq chante, tu auras prétendu trois fois ne pas me connaître. »

Jésus est le chemin qui conduit au Père

14 1 « Ne soyez pas si inquiets, leur dit
Jésus. Ayez confiance en Dieu et ayez
aussi confiance en moi. 2 Il y a beau-
coup de place dans la maison de mon Père; sinon
vous aurais-je dit que j'allais vous préparer le lieu
où vous serez? 3 Et après être allé vous préparer
une place, je reviendrai et je vous prendrai auprès
de moi, afin que vous soyez, vous aussi, là où je
suis. 4 Vous connaissez le chemin qui conduit où
je vais. » 5 Thomas lui dit : « Seigneur, nous ne
savons pas où tu vas. Comment pourrions-nous
en connaître le chemin? » 6 Jésus lui répondit :
« Je suis le chemin, la vérité, la vie. Personne ne
peut aller au Père autrement que par moi. 7 Si
vous me connaissez, vous connaîtrez aussi mon
Père. Et dès maintenant vous le connaissez, vous
l'avez vu. »

8 Philippe lui dit : « Seigneur, montre-nous le
Père et nous serons satisfaits. » 9 Jésus lui répon-
dit : « Il y a si longtemps que je suis avec vous
et tu ne me connais pas encore, Philippe? Celui
qui m'a vu a vu le Père. Pourquoi donc dis-tu :
"Montre-nous le Père"? 10 Ne crois-tu pas que je
vis dans le Père et que le Père vit en moi? Les
paroles que je vous dis à tous ne viennent pas
de moi. C'est le Père qui demeure en moi qui ac-
complit ses propres œuvres. 11 Croyez-moi quand
je dis : je vis dans le Père et le Père vit en moi. Ou,
du moins, croyez à cause de ces œuvres. 12 Oui,
je vous le déclare, c'est la vérité : celui qui croit
en moi fera aussi les œuvres que je fais. Il en fera
même de plus grandes, parce que je vais auprès
du Père. 13 Et je ferai tout ce que vous deman-
derez en mon nom, afin que le Fils manifeste la
gloire du Père. 14 Si vous me demandez quelque
chose en mon nom, je le ferai. »

La promesse de l'envoi du Saint-Esprit

15 « Si vous m'aimez, vous obéirez à mes com-
mandements. 16 Je demanderai au Père de vous
donner quelqu'un d'autre pour vous venir en aide,
afin qu'il soit toujours avec vous : 17 c'est l'Esprit
de vérité. Le monde ne peut pas le recevoir, parce
qu'il ne peut ni le voir ni le connaître. Mais vous,
vous le connaissez, parce qu'il demeure avec
vous et qu'il sera toujours en vous. 18 Je ne vous
laisserai pas seuls comme des orphelins; je re-
viendrai auprès de vous. 19 Dans peu de temps
le monde ne me verra plus, mais vous, vous me
verrez, parce que je vis et que vous vivrez aussi.
20 Ce jour-là, vous comprendrez que je vis uni à
mon Père et que vous êtes unis à moi et moi à
vous.

21 « Celui qui retient mes commandements et
leur obéit, voilà celui qui m'aime. Mon Père aimera
celui qui m'aime; je l'aimerai aussi et je me mon-
trerai à lui. »

22 Jude — non pas Judas Iscariote — lui dit :
« Seigneur, comment se fait-il que tu doives te
montrer à nous et non au monde? » 23 Jésus lui
répondit : « Celui qui m'aime obéira à ce que je
dis. Mon Père l'aimera; nous viendrons à lui, mon
Père et moi, et nous habiterons chez lui. 24 Celui
qui ne m'aime pas n'obéit pas à mes paroles. Ce
que vous m'entendez dire ne vient pas de moi,
mais de mon Père qui m'a envoyé. 25 Je vous ai
dit cela pendant que je suis encore avec vous.
26 Celui qui doit vous venir en aide, le Saint-Esprit
que le Père enverra en mon nom, vous enseignera
tout et vous rappellera tout ce que je vous ai dit.

27 « C'est la paix que je vous laisse, c'est ma
paix que je vous donne. Je ne vous la donne pas
à la manière du monde. Ne soyez pas inquiets,

ne soyez pas effrayés. 28 Vous m'avez entendu
dire : "Je m'en vais, mais je reviendrai auprès de
vous." Si vous m'aimiez, vous vous réjouiriez de
savoir que je vais auprès du Père, parce que le
Père est plus grand que moi. 29 Je vous l'ai dit
maintenant, avant que ces choses arrivent, afin
que lorsqu'elles arriveront vous croyiez. 30 Je ne
parlerai plus beaucoup avec vous, car le domi-
nateur de ce monde vient. Il n'a aucun pouvoir
sur moi, 31 mais il faut que le monde sache que
j'aime le Père et que j'agis comme le Père me l'a
ordonné. Levez-vous, partons d'ici! »

Jésus, la vraie vigne

15 1 « Je suis la vraie vigne et mon Père
est le vigneron. 2 Il enlève tout ra-
meau qui, uni à moi, ne porte pas de
fruit, mais il taille, il purifie, chaque rameau qui
porte des fruits pour qu'il en porte encore plus.
3 L'enseignement que je vous ai donné vous a
déjà rendus purs. 4 Demeurez unis à moi, comme
je suis uni à vous. Un rameau ne peut pas porter
de fruit par lui-même, sans être uni à la vigne; de
même, vous ne pouvez pas porter de fruit si vous
ne demeurez pas unis à moi. 5 Je suis la vigne,
vous êtes les rameaux. Celui qui demeure uni à
moi, et à qui je suis uni, porte beaucoup de fruits,
car vous ne pouvez rien faire sans moi. 6 Celui qui
ne demeure pas uni à moi est jeté dehors, com-
me un rameau, et il sèche; les rameaux secs, on
les ramasse, on les jette au feu et ils brûlent. 7 Si
vous demeurez unis à moi et que mes paroles de-
meurent en vous, demandez ce que vous voulez
et vous le recevrez. 8 Voici comment la gloire de
mon Père se manifeste : quand vous portez beau-
coup de fruits et que vous vous montrez ainsi mes
disciples. 9 Je vous aime comme le Père m'aime.
Demeurez dans mon amour. 10 Si vous obéissez
à mes commandements, vous demeurerez dans
mon amour, comme moi j'ai obéi aux comman-
dements de mon Père et que je demeure dans son
amour.

11 « Je vous ai dit cela afin que ma joie soit en
vous et que votre joie soit complète. 12 Voici mon
commandement : aimez-vous les uns les autres
comme je vous aime. 13 Le plus grand amour
que quelqu'un puisse montrer, c'est de donner sa
vie pour ses amis. 14 Vous êtes mes amis si vous
faites ce que je vous commande. 15 Je ne vous
appelle plus serviteurs, parce que le serviteur ne
sait pas ce que fait son maître. Je vous appelle
amis, parce que je vous ai fait connaître tout ce
que j'ai appris de mon Père. 16 Ce n'est pas vous
qui m'avez choisi, c'est moi qui vous ai choisis;
je vous ai chargés d'aller, de porter des fruits et
des fruits durables. Alors, le Père vous donnera
tout ce que vous lui demanderez en mon nom.
17 Ce que je vous commande, donc, c'est de vous
aimer les uns les autres. »

Le monde hait Jésus et les siens

18 « Si le monde a de la haine pour vous, sachez
qu'il m'a haï avant vous. 19 Si vous apparteniez au
monde, le monde vous aimerait parce que vous
seriez à lui. Mais je vous ai choisis et pris hors
du monde, et vous n'appartenez plus au monde :
c'est pourquoi le monde vous hait. 20 Rappelez-
vous ce que je vous ai dit : "Un serviteur n'est
pas plus grand que son maître." Si les gens m'ont
persécuté, ils vous persécuteront aussi; s'ils ont
obéi à mon enseignement, ils obéiront aussi au
vôtre. 21 Mais ils vous feront tout cela à cause de
moi, parce qu'ils ne connaissent pas celui qui m'a
envoyé. 22 Ils ne seraient pas coupables de péché
si je n'étais pas venu et si je ne leur avais pas par-
lé. Mais maintenant, ils n'ont pas d'excuse pour
leur péché. 23 Celui qui a de la haine pour moi, en
a aussi pour mon Père. 24 Ils n'auraient pas été
coupables de péché si je n'avais pas fait parmi
eux des œuvres que personne d'autre n'a jamais
faites. Or, maintenant, ils ont vu mes œuvres et
ils me haïssent, ainsi que mon Père. 25 Mais cela
arrive pour que se réalise la parole écrite dans
leur loi : "Ils m'ont haï sans raison."

26 « Celui qui doit vous venir en aide viendra :
c'est l'Esprit de vérité qui vient du Père. Je vous
l'enverrai de la part du Père et il me rendra témoi-
gnage. 27 Et vous aussi, vous me rendrez témoi-
gnage, parce que vous avez été avec moi depuis
le commencement. »

16 1 « Je vous ai dit cela pour que vous
n'abandonniez pas la foi. 2 On vous
exclura des synagogues. Et même, le
moment viendra où ceux qui vous tueront s'ima-

gineront servir Dieu de cette façon. 3 Ils agiront
ainsi parce qu'ils n'ont connu ni le Père, ni moi.
4 Mais je vous ai dit cela pour que, lorsque ce
moment sera venu, vous vous rappeliez que je
vous l'avais dit. »

« Je ne vous ai pas dit cela dès le commence-
ment, car j'étais avec vous.

L'œuvre du Saint-Esprit

5 Maintenant, je m'en vais auprès de celui
qui m'a envoyé et aucun d'entre vous ne me
demande : "Où vas-tu?" 6 Mais la tristesse a rempli
votre cœur parce que je vous ai parlé ainsi.
7 Cependant, je vous dis la vérité : il est préféra-
ble pour vous que je parte; en effet, si je ne pars
pas, celui qui doit vous venir en aide ne viendra
pas à vous. Mais si je pars, je vous l'enverrai.
8 Et quand il viendra, il prouvera aux gens de ce
monde leur erreur au sujet du péché, de la jus-
tice et du jugement de Dieu. 9 Quant au péché, il
réside en ceci : ils ne croient pas en moi; 10 quant
à la justice, elle se révèle en ceci : je vais auprès
du Père et vous ne me verrez plus; 11 quant au
jugement, il consiste en ceci : le dominateur de
ce monde est déjà jugé.

12 « J'ai encore beaucoup de choses à vous
dire, mais vous ne pourriez pas les supporter
maintenant. 13 Quand viendra l'Esprit de vérité,
il vous conduira dans toute la vérité. Il ne par-
lera pas en son propre nom, mais il dira tout ce
qu'il aura entendu et vous annoncera ce qui doit
arriver. 14 Il révélera ma gloire, car il recevra de
ce qui est à moi et vous l'annoncera. 15 Tout ce
que le Père possède est aussi à moi. C'est pour-
quoi j'ai dit que l'Esprit recevra de ce qui est à
moi et vous l'annoncera. »

La tristesse se changera en joie

16 « D'ici peu vous ne me verrez plus, puis peu
de temps après vous me reverrez. » 17 Quelques-
uns de ses disciples se dirent alors entre eux :
« Qu'est-ce que cela signifie? Il nous déclare :
"D'ici peu vous ne me verrez plus, puis peu de
temps après vous me reverrez", et aussi : "C'est
parce que je m'en vais auprès du Père". 18 Que
signifie ce "peu de temps" dont il parle? Nous ne

comprenons pas ce qu'il veut dire. » 19 Jésus se
rendit compte qu'ils désiraient l'interroger. Il leur
dit donc : « Je vous ai déclaré : "D'ici peu vous ne
me verrez plus, puis peu de temps après vous me
reverrez." Est-ce à ce sujet que vous vous posez
des questions entre vous? 20 Oui, je vous le dé-
clare, c'est la vérité : vous pleurerez et vous vous
lamenterez, tandis que le monde se réjouira; vous
serez dans la peine, mais votre peine se chan-
gera en joie. 21 Quand une femme va mettre un
enfant au monde, elle est en peine parce que
le moment de souffrir est arrivé pour elle; mais
quand le bébé est né, elle oublie ses souffrances
tant elle a de joie qu'un être humain soit venu
au monde. 22 De même, vous êtes dans la peine,
vous aussi, maintenant; mais je vous reverrai,
alors votre cœur se réjouira, et votre joie, per-
sonne ne peut vous l'enlever.

23 « Quand viendra ce jour, vous ne m'interro-
gerez plus sur rien. Oui, je vous le déclare, c'est
la vérité : le Père vous donnera tout ce que vous
lui demanderez en mon nom. 24 Jusqu'à main-
tenant, vous n'avez rien demandé en mon nom.
Demandez et vous recevrez, et ainsi votre joie
sera complète. »

Jésus est vainqueur du monde

25 « Je vous ai dit tout cela en utilisant des pa-
raboles. Le moment viendra où je ne vous parlerai
plus ainsi, mais où je vous annoncerai clairement
ce qui se rapporte au Père. 26 Ce jour-là, vous
adresserez vos demandes au Père en mon nom;
et je ne vous dis pas que je le prierai pour vous,
27 car le Père lui-même vous aime. Il vous aime
parce que vous m'aimez et que vous croyez que je
suis venu de Dieu. 28 Je suis venu du Père et je suis
arrivé dans le monde. Maintenant je quitte le mon-
de et je retourne auprès du Père. » 29 Ses disciples
lui dirent alors : « Voilà, maintenant tu parles clai-
rement, sans utiliser de paraboles. 30 Maintenant
nous savons que tu connais tout et que tu n'as pas
besoin d'attendre qu'on t'interroge. C'est pourquoi
nous croyons que tu es venu de Dieu. » 31 Jésus
leur répondit : « Vous croyez maintenant? 32 Eh
bien, le moment vient, et il est déjà là, où vous
serez tous dispersés, chacun retournera chez soi
et vous me laisserez seul. Non, je ne suis pas vrai-
ment seul, car le Père est avec moi. 33 Je vous ai
dit tout cela pour que vous ayez la paix en restant
unis à moi. Vous aurez à souffrir dans le monde.
Mais courage! J'ai vaincu le monde! »

Jésus prie pour ses disciples

17 1 Après avoir ainsi parlé, Jésus leva
les yeux vers le ciel et dit : « Père,
l'heure est venue. Manifeste la gloire
de ton Fils, afin que le Fils manifeste aussi ta
gloire. 2 Tu lui as donné le pouvoir sur tous les
êtres humains, pour qu'il donne la vie éternelle
à ceux que tu lui as confiés. 3 La vie éternelle
consiste à te connaître, toi le seul véritable Dieu,
et à connaître Jésus-Christ, que tu as envoyé.
4 J'ai manifesté ta gloire sur la terre; j'ai achevé
l'œuvre que tu m'as donné à faire. 5 Maintenant
donc, Père, accorde-moi en ta présence la gloire
que j'avais auprès de toi avant que le monde
existe. 6 Je t'ai fait connaître à ceux que tu as
pris dans le monde pour me les confier. Ils t'ap-
partenaient, tu me les as confiés, et ils ont obéi à
ta parole. 7 Ils savent maintenant que tout ce que
tu m'as donné vient de toi, 8 car je leur ai donné
les paroles que tu m'as données et ils les ont
accueillies. Ils ont reconnu que je suis vraiment
venu de toi et ils ont cru que tu m'as envoyé.

9 « Je te prie pour eux. Je ne prie pas pour
le monde, mais pour ceux que tu m'as confiés,
car ils t'appartiennent. 10 Tout ce que j'ai est à
toi et tout ce que tu as est à moi; et ma gloi-
re se manifeste en eux. 11 Je ne suis plus dans
le monde, mais eux sont dans le monde; moi
je vais à toi. Père saint, garde-les par ton divin
pouvoir, celui que tu m'as accordé, afin qu'ils
soient un comme toi et moi nous sommes un.
12 Pendant que j'étais avec eux, je les gardais
par ton divin pouvoir, celui que tu m'as accordé.
Je les ai protégés et aucun d'eux ne s'est perdu,
à part celui qui devait se perdre, pour que l'Écri-
ture se réalise. 13 Et maintenant je vais à toi.
Je parle ainsi pendant que je suis encore dans le
monde, afin qu'ils aient en eux-mêmes ma joie,
une joie complète. 14 Je leur ai donné ta parole,
et le monde les a haïs parce qu'ils n'appartien-
nent pas au monde, comme moi je n'appartiens
pas au monde. 15 Je ne te prie pas de les retirer
du monde, mais de les garder du Mauvais. 16 Ils
n'appartiennent pas au monde, comme moi je
n'appartiens pas au monde. 17 Fais qu'ils soient
entièrement à toi, par le moyen de la vérité; ta
parole est la vérité. 18 Je les ai envoyés dans le
monde comme tu m'as envoyé dans le monde.
19 Je m'offre entièrement à toi pour eux, afin
qu'eux aussi soient vraiment à toi.

20 « Je ne prie pas seulement pour eux, mais
aussi pour ceux qui croiront en moi grâce à leur
message. 21 Je prie pour que tous soient un.
Père, qu'ils soient unis à nous, comme toi tu es
uni à moi et moi à toi. Qu'ils soient un pour que
le monde croie que tu m'as envoyé. 22 Je leur ai
donné la gloire que tu m'as donnée, pour qu'ils
soient un comme toi et moi nous sommes un.
23 Je vis en eux, tu vis en moi; c'est ainsi qu'ils
pourront être parfaitement un, afin que le monde
reconnaisse que tu m'as envoyé et que tu les
aimes comme tu m'aimes. 24 Père, tu me les as
donnés, et je désire qu'ils soient avec moi là où

je suis, afin qu'ils voient ma gloire, la gloire que
tu m'as donnée, parce que tu m'as aimé avant
la création du monde. 25 Père juste, le monde ne
t'a pas connu, mais moi je t'ai connu et ceux-ci
ont reconnu que tu m'as envoyé. 26 Je t'ai fait
connaître à eux et te ferai encore connaître, afin
que l'amour que tu as pour moi soit en eux et
que je sois moi-même en eux. »

L'arrestation de Jésus

18 1 Après ces mots, Jésus s'en alla avec ses disciples de l'autre côté du ruisseau du Cédron. Il y avait là un jardin dans lequel il entra avec ses disciples. 2 Judas, celui qui le trahissait, connaissait aussi l'endroit, parce que Jésus et ses disciples y étaient souvent venus ensemble. 3 Judas se rendit donc au jardin, emmenant avec lui une troupe de soldats et des gardes fournis par les chefs des prêtres et le parti des Pharisiens; ils étaient armés et portaient des lanternes et des flambeaux. 4 Alors Jésus, qui savait tout ce qui devait lui arriver, s'avança vers eux et leur demanda : « Qui cherchez-vous? » 5 Ils lui répondirent : « Jésus de Nazareth. » Jésus leur dit : « C'est moi. » Et Judas, celui qui le leur livrait, se tenait là avec eux. 6 Lorsque Jésus leur dit : « C'est moi », ils reculèrent et tombèrent à terre. 7 Jésus leur demanda de nouveau : « Qui cherchez-vous? » Ils dirent : « Jésus de Nazareth. » 8 Jésus leur répondit : « Je vous l'ai déjà dit, c'est moi. Si donc c'est moi que vous cherchez, laissez partir les autres. »

9 C'est ainsi que devait se réaliser la parole qu'il avait dite : « Je n'ai perdu aucun de ceux que toi, Père, tu m'as confiés. » 10 Simon Pierre avait une épée; il la tira, frappa le serviteur du grand-prêtre et lui coupa l'oreille droite. Ce serviteur s'appelait Malchus. 11 Mais Jésus dit à Pierre : « Remets ton épée dans son fourreau. Penses-tu que je ne boirai pas la coupe de douleur que le Père m'a donnée? »

Jésus est amené devant Hanne

12 La troupe de soldats avec leur commandant et les gardes des autorités juives se saisirent alors de Jésus et le ligotèrent. 13 Ils le conduisirent tout d'abord chez Hanne. Celui-ci était le beau-père de Caïphe qui était grand-prêtre cette année-là. 14 Or, c'est Caïphe qui avait donné ce conseil aux autorités juives : « Il est de votre intérêt qu'un seul homme meure pour tout le peuple. »

Pierre nie être disciple de Jésus

15 Simon Pierre et un autre disciple suivaient Jésus. Cet autre disciple était connu du grand-prêtre, si bien qu'il entra en même temps que Jésus dans la cour intérieure de la maison du grand-prêtre. 16 Mais Pierre resta dehors, près de la porte. Alors l'autre disciple, celui qui était connu du grand-prêtre, sortit et parla à la femme qui gardait la porte, puis il fit entrer Pierre. 17 La servante qui gardait la porte dit à Pierre : « N'es-tu pas, toi aussi, un des disciples de cet homme-là? » — « Non, je n'en suis pas », répondit-il.

18 Il faisait froid; c'est pourquoi les serviteurs et les gardes avaient allumé un feu autour duquel ils se tenaient pour se réchauffer. Pierre aussi se tenait avec eux et se réchauffait.

Le grand-prêtre interroge Jésus

19 Le grand-prêtre interrogea alors Jésus sur ses disciples et sur l'enseignement qu'il donnait. 20 Jésus lui répondit : « J'ai parlé ouvertement à tout le monde; j'ai toujours enseigné dans les synagogues et dans le temple, où se rassemblent tous les Juifs; je n'ai rien dit en cachette. 21 Pourquoi m'interroges-tu? Demande à ceux qui m'ont entendu ce que je leur ai dit : ils savent bien, eux, de quoi je leur ai parlé. » 22 À ces mots, un des gardes qui se trouvaient là donna une gifle à Jésus en disant : « Est-ce ainsi que tu réponds

au grand-prêtre? » [23] Jésus lui répondit : « Si j'ai dit quelque chose de mal, montre-nous en quoi; mais si ce que j'ai dit est juste, pourquoi me frappes-tu? » [24] Hanne l'envoya alors, toujours ligoté, à Caïphe le grand-prêtre.

Pierre renie de nouveau Jésus

[25] Pendant ce temps, Simon Pierre, lui, restait là à se réchauffer. On lui demanda : « N'es-tu pas, toi aussi, un des disciples de cet homme? » Mais Pierre le nia en disant : « Non, je n'en suis pas. » [26] L'un des serviteurs du grand-prêtre, qui était parent de l'homme à qui Pierre avait coupé l'oreille, lui dit : « Est-ce que je ne t'ai pas vu avec lui dans le jardin? » [27] Mais Pierre le nia de nouveau. Et à ce moment même un coq chanta.

Jésus devant Pilate

[28] Puis on emmena Jésus de chez Caïphe au palais du gouverneur romain. C'était tôt le matin. Mais les chefs juifs n'entrèrent pas dans le palais afin de ne pas se rendre impurs et de pouvoir manger le repas de la Pâque. [29] C'est pourquoi le gouverneur Pilate vint les trouver au dehors. Il leur demanda : « De quoi accusez-vous cet homme? » [30] Ils lui répondirent : « Si ce n'était pas un malfaiteur, nous ne serions pas venus te le livrer. » [31] Pilate leur dit : « Prenez-le vous-mêmes et jugez-le selon votre loi. » — « Nous n'avons pas le droit de condamner quelqu'un à mort », répondirent-ils.

[32] C'est ainsi que devait se réaliser la parole que Jésus avait dite pour indiquer de quelle mort il allait mourir. [33] Pilate rentra alors dans le palais; il fit venir Jésus et lui demanda : « Es-tu le roi des Juifs? » [34] Jésus répondit : « Dis-tu cela parce que tu y as pensé toi-même ou parce que d'autres te l'ont dit de moi? » [35] Pilate répondit : « Suis-je un Juif, moi? Ceux de ta nation et les chefs des prêtres t'ont livré à moi; qu'as-tu donc fait? » [36] Jésus répondit : « Mon royaume n'appartient pas à ce monde; si mon royaume appartenait à ce monde, mes serviteurs auraient combattu pour empêcher qu'on me livre aux autorités juives. Mais non, mon royaume n'est pas d'ici-bas. » [37] Pilate lui dit alors : « Tu es donc roi? » Jésus répondit : « Tu le dis : je suis roi. Je suis né et je suis venu dans le monde pour rendre témoignage à la vérité. Quiconque appartient à la vérité écoute ce que je dis. » — [38] « Qu'est-ce que la vérité? » lui demanda Pilate.

Jésus est condamné à mort

Après ces mots, Pilate alla de nouveau trouver les Juifs au dehors. Il leur déclara : « Je ne trouve aucune raison de condamner cet homme.

[39] Mais selon la coutume que vous avez, je vous libère toujours un prisonnier à la fête de la Pâque. Voulez-vous que je vous libère le roi des Juifs? » [40] Ils lui répondirent en criant : « Non, pas lui! C'est Barabbas que nous voulons! » Or, ce Barabbas était un brigand.

La passion et la mort de Jésus

19 1 Alors Pilate ordonna d'emmener Jésus et de le frapper à coups de fouet. 2 Les soldats tressèrent une couronne avec des branches épineuses et la posèrent sur la tête de Jésus; ils le revêtirent aussi d'un manteau rouge. 3 Ils s'approchaient de lui et lui disaient : « Salut, roi des Juifs! » Et ils lui donnaient des gifles.

4 Pilate sortit une nouvelle fois et dit à la foule : « Eh bien, je vais vous l'amener ici, dehors, afin que vous compreniez que je ne trouve aucune raison de condamner cet homme. » 5 Jésus sortit donc; il portait la couronne d'épines et le manteau rouge. Et Pilate leur dit : « Voilà l'homme! » 6 Mais lorsque les chefs des prêtres et les gardes le virent, ils crièrent : « Cloue-le sur une croix! Cloue-le sur une croix! » Pilate leur dit : « Allez le clouer vous-mêmes sur une croix, car je ne trouve personnellement aucune raison de le condamner. » 7 Les Juifs lui répondirent : « Nous avons une loi, et selon cette loi il doit mourir, car il a prétendu être le Fils de Dieu. » 8 Quand Pilate entendit ces mots, il eut encore plus peur. 9 Il rentra dans le palais et demanda à Jésus : « D'où es-tu? » Mais Jésus ne lui donna pas de réponse. 10 Pilate lui dit alors : « Tu ne veux pas me répondre? Ne sais-tu pas que j'ai le pouvoir de te relâcher et aussi celui de te faire clouer sur une croix? » 11 Jésus lui répondit : « Tu n'as aucun pouvoir sur moi à part celui que Dieu t'a accordé. C'est pourquoi, l'homme qui m'a livré à toi est plus coupable que toi. »

12 Dès ce moment, Pilate cherchait un moyen de relâcher Jésus. Mais les Juifs se mirent à crier : « Si tu relâches cet homme, tu n'es pas un ami de l'empereur! Quiconque se prétend roi est un ennemi de l'empereur! » 13 Quand Pilate entendit ces mots, il fit amener Jésus dehors; il s'assit sur le siège du juge à l'endroit appelé « Place pavée » — qu'on nomme « Gabbatha » en hébreu —. 14 C'était le jour qui précédait la fête de la Pâque, vers midi. Pilate dit aux Juifs : « Voilà votre roi! » 15 Mais ils se mirent à crier : « À mort! À mort! Cloue-le sur une croix! » Pilate leur dit : « Faut-il que je cloue votre roi sur une croix? » Les chefs des prêtres répondirent : « Nous n'avons pas d'autre roi que l'empereur. » 16 Alors Pilate leur livra Jésus, pour qu'on le cloue sur une croix.

Jésus est cloué sur une croix

Ils emmenèrent donc Jésus. 17 Celui-ci dut porter lui-même sa croix pour sortir de la ville et aller à un endroit appelé « le lieu du Crâne » — qu'on nomme « Golgotha » en hébreu —. 18 C'est là que les soldats clouèrent Jésus sur la croix. En même temps, ils mirent deux autres hommes en croix, de chaque côté de Jésus, qui se trouvait ainsi au milieu. 19 Pilate ordonna aussi de faire un écriteau et de le mettre sur la croix; il portait cette inscription : « Jésus de Nazareth, le roi des Juifs. » 20 Beaucoup de Juifs lurent cet écriteau, car l'endroit où l'on avait mis Jésus en croix était près de la ville et l'inscription était en hébreu, en latin et en grec. 21 Alors les chefs des prêtres juifs dirent à Pilate : « Tu ne dois pas laisser cette inscription "le roi des Juifs" mais tu dois mettre : "Cet homme a dit : Je suis le roi des Juifs". » 22 Pilate répondit : « Ce que j'ai écrit reste écrit. »

23 Quand les soldats eurent mis Jésus en croix, ils prirent ses vêtements et les divisèrent en quatre parts, une pour chaque soldat. Ils prirent aussi sa tunique, qui était sans couture, tissée en une seule pièce du haut en bas. 24 Les soldats se dirent

les uns aux autres : « Ne déchirons pas cette
tunique, mais tirons au sort pour savoir à qui elle
appartiendra. » C'est ainsi que devait se réaliser
le passage de l'Écriture qui déclare :

« Ils se sont partagé mes habits
et ils ont tiré au sort mon vêtement. »
Voilà ce que firent les soldats.

[25] Près de la croix de Jésus se tenaient sa
mère, la sœur de sa mère, Marie la femme de
Clopas et Marie du village de Magdala. [26] Jésus
vit sa mère et, auprès d'elle, le disciple qu'il
aimait. Il dit à sa mère : « Voici ton fils, mère. »
[27] Puis il dit au disciple : « Voici ta mère. » Et dès
ce moment, le disciple la prit chez lui.

La mort de Jésus

[28] Après cela, comme Jésus savait que, main-
tenant, tout était achevé, il dit pour accomplir le
texte de l'Écriture : « J'ai soif. » [29] Il y avait là un
vase plein de vinaigre. Les soldats trempèrent
donc une éponge dans le vinaigre, la fixèrent à une
branche d'hysope et l'approchèrent de la bouche
de Jésus. [30] Jésus prit le vinaigre, puis il dit : « Tout
est achevé! » Alors, il baissa la tête et mourut.

Un soldat perce le côté de Jésus

[31] C'était vendredi et les chefs juifs ne vou-
laient pas que les corps restent sur les croix du-
rant le sabbat, d'autant plus que ce sabbat-là était
spécialement important; ils demandèrent donc
à Pilate de faire briser les jambes des crucifiés
et de faire enlever les corps. [32] Alors les soldats
vinrent briser les jambes du premier condamné
mis en croix en même temps que Jésus, puis du
second. [33] Quand ils arrivèrent à Jésus, ils virent
qu'il était déjà mort; c'est pourquoi ils ne lui bri-
sèrent pas les jambes. [34] Mais un des soldats lui
perça le côté avec sa lance, et du sang et de l'eau
en sortirent aussitôt. [35] L'homme qui témoigne
de ces faits les a vus, et son témoignage est vrai;
il sait, lui, qu'il dit la vérité. Il en témoigne afin
que vous aussi vous croyiez. [36] En effet, cela est
arrivé pour que ce passage de l'Écriture se réa-
lise : « On ne lui brisera aucun os. » [37] Et un autre
texte dit encore : « Ils regarderont à celui qu'ils
ont transpercé. »

Jésus est mis dans un tombeau

[38] Après cela, Joseph, qui était
d'Arimathée, demanda à Pilate l'auto-
risation d'emporter le corps de Jésus.
— Joseph était un disciple de Jésus,
mais en secret parce qu'il avait peur
des autorités juives. — Et Pilate le lui
permit. Joseph alla donc emporter le
corps de Jésus. [39] Nicodème, cet hom-
me qui était allé trouver une fois Jésus
pendant la nuit, vint aussi et apporta
environ trente kilos d'un mélange de
myrrhe et d'aloès. [40] Tous deux prirent
le corps de Jésus et l'enveloppèrent de
bandes de lin, en y mettant les huiles
parfumées, comme les Juifs ont cou-
tume de le faire quand ils enterrent
leurs morts. [41] À l'endroit où l'on avait
mis Jésus en croix, il y avait un jardin,
et dans ce jardin il y avait un tombeau
neuf dans lequel on n'avait jamais dé-
posé personne. [42] Comme c'était la
veille du sabbat des Juifs et que le tom-
beau était tout proche, ils y déposèrent
Jésus.

Le tombeau vide

20 1 Tôt le dimanche matin, alors qu'il
faisait encore nuit, Marie de Magdala
se rendit au tombeau. Elle vit que
la pierre avait été ôtée de l'entrée du tombeau.
2 Elle courut alors trouver Simon Pierre et l'autre
disciple, celui qu'aimait Jésus, et leur dit : « On
a enlevé le Seigneur de son tombeau, et nous
ne savons pas où on l'a mis. » 3 Pierre et l'autre
disciple partirent et se rendirent au tombeau.
4 Ils couraient tous les deux; mais l'autre disciple
courut plus vite que Pierre et arriva le premier au
tombeau. 5 Il se baissa pour regarder et vit les
bandes de lin posées à terre, mais il n'entra pas.
6 Simon Pierre, qui le suivait, arriva à son tour
et entra dans le tombeau. Il vit les bandes de lin
posées à terre 7 et aussi le linge qui avait recou-
vert la tête de Jésus; ce linge n'était pas avec les
bandes de lin, mais il était enroulé à part, à une
autre place. 8 Alors, l'autre disciple, celui qui était
arrivé le premier au tombeau, entra aussi. Il vit et
il crut. 9 En effet, jusqu'à ce moment les disciples
n'avaient pas compris l'Écriture qui annonce que
Jésus devait se relever d'entre les morts. 10 Puis
les deux disciples s'en retournèrent chez eux.

Jésus se montre à Marie de Magdala

11 Marie se tenait près du tombeau, dehors,
et pleurait. Tandis qu'elle pleurait, elle se baissa
pour regarder dans le tombeau; 12 elle vit deux
anges en vêtements blancs assis à l'endroit où
avait reposé le corps de Jésus, l'un à la place
de la tête et l'autre à la place des pieds. 13 Les
anges lui demandèrent : « Pourquoi pleures-tu? »
Elle leur répondit : « On a enlevé mon Seigneur,
et je ne sais pas où on l'a mis. » 14 Cela dit, elle se
retourna et vit Jésus qui se tenait là, mais sans se
rendre compte que c'était lui. 15 Jésus lui deman-
da : « Pourquoi pleures-tu? Qui cherches-tu? » Elle
pensa que c'était le jardinier, c'est pourquoi elle
lui dit : « Si c'est toi qui l'as emporté, dis-moi où
tu l'as mis, et j'irai le reprendre. » 16 Jésus lui dit :
« Marie! » Elle se tourna vers lui et lui dit en hé-
breu : « Rabbouni! » — ce qui signifie « Maître » —.
17 Jésus lui dit : « Ne me retiens pas, car je ne suis
pas encore monté vers le Père. Mais va dire à mes
frères que je monte vers mon Père qui est aussi
votre Père, vers mon Dieu qui est aussi votre Dieu. »
18 Alors, Marie de Magdala se rendit auprès des
disciples et leur annonça : « J'ai vu le Seigneur! »
Et elle leur raconta ce qu'il lui avait dit.

Jésus se montre à ses disciples

19 Le soir de ce même dimanche, les disciples
étaient réunis dans une maison. Ils en avaient fer-
mé les portes à clé, car ils craignaient les autori-
tés juives. Jésus vint et, debout au milieu d'eux,
il leur dit : « La paix soit avec vous! » 20 Cela dit,
il leur montra ses mains et son côté. Les disci-
ples furent remplis de joie en voyant le Seigneur.
21 Jésus leur dit de nouveau : « La paix soit avec
vous! Comme le Père m'a envoyé, moi aussi je
vous envoie. » 22 Après ces mots, il souffla sur eux
et leur dit : « Recevez le Saint-Esprit! 23 Ceux à
qui vous pardonnerez leurs péchés obtiendront le
pardon; ceux à qui vous refuserez le pardon ne
l'obtiendront pas. »

Jésus et Thomas

24 Or, l'un des douze disciples, Thomas — sur-
nommé le Jumeau — n'était pas avec eux quand
Jésus vint. 25 Les autres disciples lui dirent :

« Nous avons vu le Seigneur. » Mais Thomas leur répondit : « Si je ne vois pas la marque des clous dans ses mains, si je ne mets pas mon doigt à la place des clous et ma main dans son côté, je ne croirai pas. »

26 Une semaine plus tard, les disciples de Jésus étaient de nouveau réunis dans la maison, et Thomas était avec eux. Les portes étaient fermées à clé, mais Jésus vint et, debout au milieu d'eux, il dit : « La paix soit avec vous! » 27 Puis il dit à Thomas : « Mets ton doigt ici et regarde mes mains; avance ta main et mets-la dans mon côté. Cesse de douter et crois! » 28 Thomas lui répondit : « Mon Seigneur et mon Dieu! » 29 Jésus lui dit : « C'est parce que tu m'as vu que tu as cru? Heureux sont ceux qui croient sans m'avoir vu! »

Le but de ce livre

30 Jésus a fait encore, devant ses disciples, beaucoup d'autres signes miraculeux qui ne sont pas racontés dans ce livre. 31 Mais ce qui s'y trouve a été écrit pour que vous croyiez que Jésus est le Messie, le Fils de Dieu. Et si vous croyez en lui, vous aurez la vie par lui.

Jésus se montre à sept disciples

21
1 Quelque temps après, Jésus se
montra de nouveau à ses disciples,
au bord du lac de Tibériade. Voici
dans quelles circonstances il leur apparut :
2 Simon Pierre, Thomas — surnommé le
Jumeau —, Nathanaël — qui était de Cana en
Galilée —, les fils de Zébédée, et deux autres dis-
ciples de Jésus, étaient ensemble. 3 Simon Pierre
leur dit : « Je vais à la pêche. » Ils lui dirent : « Nous
aussi, nous allons avec toi. » Ils partirent donc
et montèrent dans la barque. Mais ils ne prirent
rien cette nuit-là. 4 Quand il commença à faire
jour, Jésus se tenait là, au bord de l'eau, mais les
disciples ne savaient pas que c'était lui. 5 Jésus
leur dit alors : « Avez-vous pris du poisson, mes
enfants? » — « Non », lui répondirent-ils. 6 Il leur
dit : « Jetez le filet du côté droit de la barque et
vous en trouverez. » Ils jetèrent donc le filet, et ils
n'arrivaient plus à le retirer de l'eau, tant il était
plein de poissons. 7 Le disciple que Jésus aimait
dit à Pierre : « C'est le Seigneur! » Quand Simon
Pierre entendit ces mots : « C'est le Seigneur », il
remit son vêtement de dessus, car il l'avait enlevé
pour pêcher, et il se jeta à l'eau. 8 Les autres dis-
ciples revinrent en barque, en tirant le filet plein
de poissons : ils n'étaient pas très loin du bord, à
cent mètres environ. 9 Lorsqu'ils furent descendus
à terre, ils virent là un feu avec du poisson posé
dessus, et du pain. 10 Jésus leur dit : « Apportez
quelques-uns des poissons que vous venez de
prendre. » 11 Simon Pierre monta dans la barque
et tira à terre le filet plein de gros poissons : cent
cinquante-trois en tout. Et quoiqu'il y en eût tant,
le filet ne se déchira pas. 12 Jésus leur dit : « Venez
manger. » Aucun des disciples n'osait lui deman-
der : « Qui es-tu? », car ils savaient que c'était
le Seigneur. 13 Jésus s'approcha, prit le pain et
le leur partagea; il leur donna aussi du poisson.
14 C'était la troisième fois que Jésus se montrait
à ses disciples, depuis qu'il était revenu d'entre
les morts.

Jésus et Pierre

15 Après le repas, Jésus demanda à Simon
Pierre : « Simon, fils de Jean, m'aimes-tu plus
que ceux-ci? » — « Oui, Seigneur, répondit-il, tu
sais que je t'aime. » Jésus lui dit : « Prends soin
de mes agneaux. » 16 Puis il lui demanda une
deuxième fois : « Simon, fils de Jean, m'aimes-
tu? » — « Oui, Seigneur, répondit-il, tu sais que
je t'aime. » Jésus lui dit : « Prends soin de mes
brebis. » 17 Puis il lui demanda une troisième fois :
« Simon, fils de Jean, m'aimes-tu? » Pierre fut
attristé de ce que Jésus lui avait demandé pour la
troisième fois : « M'aimes-tu? » et il lui répondit :
« Seigneur, tu sais tout; tu sais que je t'aime! »
Jésus lui dit : « Prends soin de mes brebis. 18 Oui,
je te le déclare, c'est la vérité : quand tu étais jeu-
ne, tu attachais toi-même ta ceinture et tu allais
où tu voulais; mais quand tu seras vieux, tu éten-
dras les bras, un autre attachera ta ceinture et te
mènera où tu ne voudras pas aller. » 19 Par ces
mots, Jésus indiquait de quelle façon Pierre allait
mourir et servir ainsi la gloire de Dieu. Puis Jésus
lui dit : « Suis-moi! »

Jésus et le disciple qu'il aimait

20 Pierre se retourna et vit derrière eux le dis-
ciple que Jésus aimait — celui qui s'était penché
vers Jésus pendant le repas et lui avait demandé :
« Seigneur, qui est celui qui va te trahir? » —
21 Pierre le vit donc et dit à Jésus : « Et lui, Seigneur,

que lui arrivera-t-il? » 22 Jésus lui répondit : « Si
je désire qu'il vive jusqu'à ce que je revienne,
que t'importe? Toi, suis-moi! » 23 La nouvelle se
répandit alors parmi les croyants que ce disciple
ne mourrait pas. Pourtant Jésus n'avait pas dit à
Pierre : « Il ne mourra pas », mais il avait dit : « Si
je désire qu'il vive jusqu'à ce que je revienne, que
t'importe? »

24 C'est ce même disciple qui témoigne de
ces faits et les a mis par écrit, et nous savons que
son témoignage est vrai.

Conclusion

25 Jésus a fait encore beaucoup d'autres choses. Si on les racontait par écrit l'une après l'autre, je pense que le monde entier ne pourrait pas contenir les livres qu'on écrirait.

Les illustratrices

Les splendides illustrations de **Alida Massari** nous sont proposées comme un premier commentaire de l'Évangile selon saint Matthieu. Le beau a toujours été le chemin le plus direct pour atteindre Dieu, la source de la vie et de la vérité. L'artiste approche le texte biblique avec beaucoup de respect et une pleine participation intérieure. À n'en pas douter, elle a saisi la majesté du Messie. Elle a surtout été attirée par la bonté et la beauté lumineuses du Fils de l'Homme qui nous révèle l'amour de Dieu.

Née à Rome en 1970, Alida Massari est diplômée de l'Institut européen de Design de Rome. Elle travaille comme scénariste pour plusieurs bandes dessinées et courts-métrages. Elle a participé à de nombreux concours d'illustrations et a illustré de nombreux livres pour diverses maisons d'édition.

Donata Dal Molin Casagrande a relevé le défi d'illustrer l'Évangile selon saint Marc. Une trentaine d'illustrations entrecoupent la lecture du texte biblique et font pleinement écho à l'art de conter qu'on a reconnu à Marc. On est frappé par les regards des différents personnages mis en scène — regards de bonté, d'interrogation, de stupéfaction ou d'émerveillement — qui rendent bien compte du projet de Marc qui entendait répondre à la question « Qui donc est cet homme-Jésus? »

Italienne d'origine, Donata Dal Molin Casagrande enseigne depuis plus de vingt ans en éducation artistique. Elle excelle particulièrement dans l'art de l'illustration pour les enfants. Elle anime plusieurs séminaires pour les enseignants qui travaillent auprès des enfants.

Alessandra Cimatoribus est l'une des meilleures illustratrices de livres pour enfants. Autodidacte, elle a développé un style propre, puis a fréquenté l'École internationale d'Arts graphiques de Venise. Son œuvre est connue internationalement. Elle vit actuellement en Italie du Nord.

Ses splendides illustrations donnent à l'Évangile selon saint Luc un relief intense, plein de lumière, de paix et de liberté. L'artiste met ici tout son art au service de la foi, art qui entend toucher les cœurs des hommes et des femmes d'aujourd'hui pour les inviter à mieux connaître « le Sauveur qui est le Christ Seigneur ».

Marisa Moretti est une artiste italienne qui a illustré plusieurs livres pour les enfants et les jeunes. Elle a entrepris l'illustration de l'Évangile selon saint Jean avec une grande ardeur spirituelle. Ses images sont délicates et expressives. Même durant les moments les plus ardus de la passion, le Jésus qu'elle peint manifeste sérénité, force et foi en sa mission de Sauveur de l'humanité.